LAURA INCALCATERRA MCLOUGHLIN

SPAZIO E SPAZIALITÀ POETICA

nella poesia italiana del Novecento

GU00802426

A mio padre

Laura Incalcaterra McLoughlin

SPAZIO E SPAZIALITÀ POETICA

nella poesia italiana del Novecento

con saggi su Franco Fortini, Eugenio Montale, Amelia Rosselli, Giuseppe Ungaretti

TRANSFERENCE

Troubador Publishing Ltd
9 De Montfort Mews
Leicester, LE1 7FW, UK
Tel: +44 116 255 9311
Email: books@troubador.co.uk

Cover illustration: E. Passannanti, "Verso la torre", 2005.

ISBN 1-905237-34-0

This publication was grant-aided by the Publications Fund of National University of Ireland, Galway.

www.troubador.co.uk/transference

Indice

Ringraziamenti 7

Note sugli autori 8

Introduzione: Spazio e spazialità poetica
Laura Incalcaterra McLoughlin 11

Spazialità poetica delle strutture urbane
Laura Incalcaterra McLoughlin 17

Spazi liminali nella poesia di Eugenio Montale
Mario Moroni 51

Logos, afasia e spazialità nella poesia di Amelia Rosselli
Erminia Passannanti 67

La spazialità e il potere dell'immagine nel
Manierismo tardomoderno di Fortini, Duncan e Bonnefoy
Thomas E. Peterson 89

"Attraverso la mobile speranza". Spazio e sintassi nella
poesia di Franco Fortini
Fabrizio Podda 127

Immagini-memoria di Alessandria d'Egitto in
Ungaretti (e 'dialogo' con Kavafis)
Mirella Scriboni 155

Minuzie montaliane
Marco Sonzogni 189

5

Ringraziamenti

Si ringrazia il "Fondo Manoscritti" dell'Università degli Studi di Pavia, nella persona di Renzo Cremante, per avere concesso l'autorizzazione alla pubblicazione parziale dei testi di Amelia Rosselli (Passannanti), in data 30 luglio 2004 e l'Archivio Fortini, Università di Siena per le estese citazioni dalle poesie di Franco Fortini (Peterson e Podda).

Ringrazio la direttrice di collana, Erminia Passannanti, abile nonché amabile sub-editor di quest'opera, che con il suo parere, con il suo aiuto e con fermo, ma gentile tocco ha contribuito notevolmente alla realizzazione di questo progetto sulla nozione di spazio in poesia

Note sugli autori

LAURA INCALCATERRA MCLOUGHLIN (Dott. Lingue, Ph.D.) ha conseguito un dottorato di ricerca in letteratura italiana presso la National University of Ireland, Galway, con una tesi su "L'immagine lirica della città nelle interpretazioni letterarie del Novecento italiano". Attualmente insegna presso il Dipartimento di Italiano della National University of Ireland, Galway. Tra le pubblicazioni piú recenti, "Erminia Passannanti nella lirica del dis-senso" in *Poesia del dissenso* (Troubador, Leicester, 2004), "Uno slancio positivo oltre il soggettivismo lirico: la poesia di Biagia Marniti", in *Punto di vista. Rassegna di arti e letteratura.* (n. 41, luglio-settembre 2004); "La città come dinamismo nella poesia sperimentale italiana", in *From Eugenio Montale to Amelia Rosselli. Italian poetry in the Sixties and Seventies* (Troubador, Leicester, 2004).

ERMINIA PASSANNANTI (Dott. Lett., Ph.D.) ha conseguito un dottorato di ricerca presso lo University College London (Londra) con una tesi sui linguaggi di Franco Fortini. Le sue pubblicazioni includono *Il corpo & il potere: Salò o le 120 Giornate di Sodoma, di Pier Paolo Pasolini* (Troubador, Leicester, 2004), e *Poem of the Roses: Linguistic Expressionism in the Poetry of Franco Fortini* (Troubador, Leicester, 2004); *Gli uomini sono una beffa degli angeli. Poesia britannica contemporanea* (Ripostes, Salerno, 1993) e *Poesia del dissenso* (Troubador, Leicester, 2004); Emily, Charlotte e Anne Brontë, *Poesie* (Ripostes, Salerno, 1989); Leonard Woolf, *A caccia di intellettuali* (Ripostes, Salerno, 1990); Hubert Crackanthorpe, *Racconti contadini* (Guerini, Milano, 1991); R. S. Thomas, *Liriche alla svolta del millennio* (Manni, Lecce, 1998), Emily, Charlotte e Anne Brontë, *Lettere inedite* (Tesauro, Salerno, 2000). È docente di ruolo (Ministero Pubblica Istruzione) di lingua e cultura inglese.

THOMAS E. PETERSON (Ph.D.) è professore di Letteratura Italiana presso la University of Georgia. I suoi interessi di ricerca includono Dante, Petrarca, Boccaccio, Tasso, la letteratura italiana del diciannovesimo e ventesimo secolo, il cinema, la teoria della critica e la teoria della traduzione. Nel 1990 ha ricevuto il NEMLA-Peter Lang Foreign Language Book Award con *The Paraphrase of an Imaginary*

Dialogue: The Poetics and Poetry of Pier Paolo Pasolini; nel 1996 ha conseguito il SAMLA Book Award con la monografia *The Ethical Muse of Franco Fortini* (UP of Florida, 1997). Altre pubblicazioni includono *Alberto Moravia* (Twayne, Boston, 1996) e *The Rose in Contemporary Italian Poetry* (UP of Florida, 2000).

FABRIZIO PODDA (Dott. Lett, Dottore di Ricerca) si è laureato in Lettere presso l'Università degli Studi di Siena con una tesi sulla *Poesia delle rose* di Franco Fortini. Ha completato il suo dottorato di ricerca in Teoria della Letteratura presso la stessa Università, con una tesi sui modi dell'iconicità nella lirica contemporanea italiana, con particolare attenzione alla poesia fortiniana. Collabora col Centro Studi Franco Fortini ed è redattore della rivista *L'Ospite Ingrato*. Oltre a diversi saggi su rivista, ha pubblicato due raccolte di poesie, *Nel giardino del re* (LibroItaliano, Ragusa, 1997) e *Amen* (Anterem, Verona, 2004).

MARIO MORONI è il Paul and Marilyn Paganucci Assistant Professor of Italian presso il Colby College (USA). Ha pubblicato numerosi articoli sulla poesia italiana del diciannovesimo e del ventesimo secolo, sul modernismo internazionale e sull'avanguardia. I suoi libri di critica letteraria sono *Essere e fare* (Luise, Rimini, 1991) e *La presenza complessa* (Longo, Ravenna, 1998). Ha curato con John Butcher il volume di saggi *From Eugenio Montale to Amelia Rosselli* (Troubador, Leicester, 2004) e con Luca Somigli il volume *Italian Modernism* (University of Toronto Press, Toronto, 2004).

MIRELLA SCRIBONI si è laureata in Lettere presso l'Università degli Studi di Pisa e attualmente insegna al Dipartimento di Italiano dell'Università di Galway. Ha insegnato in altre università d'Australia (Sydney), degli Stati Uniti (New York) e all'università di Alessandria d'Egitto. Si occupa di letteratura di viaggio e di donne scrittrici e viaggiatrici dell''800, oltre che di romanzo gotico e "giallo". Le sue pubblicazioni comprendono saggi sulle viaggiatrici italiane dell' '800 in Medio Oriente. Ha curato la riedizione di racconti di viaggio in Turchia di Cristina Trivulzio di Belgiojoso: *Emina* (Tufani, Ferrara, 1997) e *Il principe curdo* (Tufani, Ferrara, 1998) e una antologia di racconti gialli di scrittrici inglesi e americane tra fine Ottocento e inizi Novecento (*Un mestiere da donne*, Tufani, Ferrara, 1996).

MARCO SONZOGNI (MA, Ph.D) è stato Faculty Fellow in Italian all'University College Dublin (2001-2004) ed è ora Lecturer in Italian alla Victoria University di Wellington, Nuova Zelanda. Ha pubblicato articoli e recensioni di letteratura italiana, letteratura comparata e teoria della traduzione letteraria. Ha diretto *Translation Ireland*, la rivista trimestrale dell'ITIA "Irish Translators' and Interpreters' Association" (1999-2004) e ha curato *Or volge l'anno. An Anthology of Irish Poets Responding to Leopardi* (Dedalus Press, Dublin, 1998, Premio Angelini 1998) e *Corno inglese. An Anthology of Montale's Poetry in English Translation* (di prossima pubblicazione per i tipi della Foundation for Italian Studies dell'University College Dublin). *Assenze*, la sua prima raccolta di poesie, è di prossima uscita presso le Edizioni dell'Ulivo.

Introduzione

Spazio e spazialità poetica

Spazio: in termini filosofici e matematici, entità e concetto indefinito, entro cui si collocano i corpi.[1]

Nell'esperienza quotidiana, il termine spazio indica livelli diversi di referenza, dallo spazio astrale allo spazio abitativo, ma la consapevolezza dell'esistenza dello spazio nasce necessariamente da una percezione sensoriale dell'alterità, del dualismo io-altro e determina sia la nostra comprensione del mondo, sia le nostre modalità di organizzazione e classificazione di oggetti, persone e avvenimenti. Di conseguenza il linguaggio dello spazio esterna una serie di rapporti che non sono sempre e solo spaziali ma anche interpersonali, religiosi, politici, e cosí via.

In letteratura, nell'arte, nella musica, il modo di concepire lo spazio e di relazionarsi con esso rivela come l'artista viva questi rapporti con l'alterità, come viva il confronto con la trascendenza, cioè con tutto quello che sta al di là dell'orizzonte rappresentato dall'io. Culture diverse e momenti storici diversi hanno dato diverse interpretazioni semantiche alla nozione di spazio, unendole a concetti etici, morali, sociali specifici. Per esempio, in linea con la cultura tolemaica medievale, la spazialità verticale della *Divina Commedia* aveva valore simbolico assiologico: il male era in basso, il bene in alto. Nel Settecento, con l'Illuminismo, le opposizioni spaziali si giocano invece sull'asse della natura e dell'artificio, nel Romanticismo tra contingente e infinito, tra storia e Storia. In generale, però, lo spazio ha una sua esistenza a priori, dentro la quale si muovono e si determinano personaggi ed eventi. Ma le nuove valenze simboliche del Novecento conferiscono alla profondità spaziale uno spessore diverso e sfaccettato, con la rinuncia definitiva dell'idea cartesiana dell'identità tra materia ed espansione spaziale e dello spazio come un'entità la cui esistenza oggettiva era indipendente sia dall'uomo che dalle cose.

---

[1] Per la nozione di spazio, cfr. Sabatini-Coletti, *Dizionario della lingua italiana,* Milano, Rizzoli Larousse, 2003.

Se ancora nell'Ottocento romantico era possibile credere alla realizzazione dell'infinito nell'uomo e alla continuità storica della vita umana che assomma e supera i momenti del passato, già alla fine di quel secolo il presupposto romantico era crollato e la sicurezza che il Romanticismo aveva dato all'uomo come manifestazione di un destino infinito non era piú applicabile. L'instabilità fondamentale del mondo diventa quindi sempre piú evidente, cosicché ogni conquista, ogni valore, ogni 'realtà' oggettiva, deve necessariamente essere messa in discussione. Anche lo stesso orizzonte dell'io, lo spazio dell'io, è tutt'altro che definito e si sposta in continuazione. In questo modo porsi il problema della conoscenza, quindi del riconoscimento dell'alterità di oggetti e di persone, significa anche introdurre e identificare uno spazio in cui l'altro possa manifestarsi senza ricondursi al soggetto conoscente.

Il rapporto tra la poesia e lo spazio è sicuramente più stretto e più immediato di quello che si intreccia invece tra prosa e spazio, per la relazione immediatamente evidente che balza agli occhi nell'osservare un verso e l'insieme dei versi sulla pagina. Le sperimentazioni tipografiche delle varie avanguardie sono basate proprio sul nuovo rapporto tra il verso e lo spazio che lo circonda, fino ad arrivare, in alcuni casi, a privilegiare la scrittura e l'impatto visivo rispetto all'oralità originaria della poesia. La spazialità in questo senso si articola allora su due livelli fondamentali in continua simbiosi: uno intrinseco alla forma poesia che è il suo rapporto con la pagina, ed un secondo livello che esterna invece la relazione tra la poesia e il mondo degli oggetti e della realtà. Tra questi due livelli si situa tutta una rete di relazioni che alle varie geometrie spaziali sovrappongono dati emotivi e sensoriali che spostano e ridefiniscono in continuazione l'intimità primordiale e arcana delle cose.

Per questo motivo si è voluto parlare anche di spazialità piuttosto che esclusivamente di spazio, si è voluto cioè dare rilievo ad un modo di organizzarsi, definirsi e definire che, a differenza dello spazio in sé, non può prescindere da valenze storiche, filosofiche, religiose, socio-culturali e cosí via. La spazialità ingloba quindi lo spazio della Storia e quello del Linguaggio, racchiudendo in sé i sistemi di segni e di simboli che parlano del mondo. La poesia vive in questa spazialità, che, ormai è ovvio, non è una dimensione fisica, ma una struttura emotiva di cui i versi sono l'espressione.

Il libro raccoglie una serie di saggi che analizzano i concetti di spazio e spazialità nella poesia italiana del Novecento, accostandosi all'argomento da punti di vista molto diversi.

Il saggio di apertura, "La spazialità poetica delle strutture urbane"

(Laura Incalcaterra McLoughlin), si concentra sulla rappresentazione lirica dello spazio moderno per eccellenza, la città, la cui complessità organizzativa contribuisce a creare, o quantomeno ad acuire, quel senso di alienazione che caratterizza tanta letteratura novecentesca. In particolare, si ipotizza la presenza di due forze opposte nella percezione lirica della città, una "introversa" e una "estroversa", che si inseguono in un gioco di incastri e di esclusioni. Lo spazio città, analizzato nelle poesie del primo Novecento, è qui inteso come una metafora della modernità, piuttosto che come riferimento topografico e geografico preciso. Nelle poesie della sezione "città di donne" si esamina, invece, la possibilità di una diversa percezione dello spazio città nella poesia femminile degli anni Sessanta e Settanta.

L'idea dello spazio-città è ripresa nel saggio "Immagini-memoria di Alessandria d'Egitto in Ungaretti (e "dialogo" con Kavafis)", in cui Mirella Scriboni presenta una importante città mediterranea: l'Alessandria d'Egitto dei decenni a cavallo tra Ottocento e Novecento – città cosmopolita e multiculturale di una fase storica irripetibile – che è anche la "mia terra affricana" dell'infanzia e prima giovinezza di Giuseppe Ungaretti. Nel percorso della sua originale e stimolante lettura delle "immagini-memoria" di Alessandria nella poesia e nella prosa del *Quaderno Egiziano* di Ungaretti, l'autrice segue le tracce lasciate dall'esperienza di vita del poeta nella costruzione dello spazio della città, e individua, in molte delle immagini, echi di un "dialogo" tra Ungaretti e il grande poeta greco-alessandrino Costantino Kavafis, suo conterraneo e contemporaneo.

Mario Moroni analizza l'idea di limine nel suo saggio "Spazi liminari nella poesia di Eugenio Montale". La liminalità viene usata sulla base della formulazione che di essa è stata data in ambito antropologico e applicata alla poesia montaliana, come proposto dalla critica americana Margaret Brose. Partendo da queste premesse, il saggio esamina le poesie "In limine" e "Meriggiare pallido e assorto". Nella prima la condizione liminare montaliana viene interpretata come strumento della soggettività poetica per costruire intorno a sé uno stato di sospensione protettiva rispetto alla storia. Nella seconda poesia si esamina l'aspetto liminare della temporalità, costituito dal "meriggio", inteso come l'ora avente funzione intermedia, preposta a demarcare il passaggio tra le ore mattutine e quelle pomeridiane.

Nell'intervento di Marco Sonzogni il tema della *spazialità* – topgrafica e poetica – è legato al tema della *traducibilità*. Il poeta e traduttore in esame è ancora Eugenio Montale, un autore per il quale le due tematiche affrontate sono particolarmente importanti. Partendo dalla lettura di una poesia del 1976, 'Interno/Esterno', Sonzogni si sposta abilmente di quarant'anni nel tempo e nello spazio, per esaminare due traduzioni poetiche del 1933: 'La figlia che piange' e 'Lullaby', dall'inglese di T.S. Eliot e Léonie Adams rispettivamente. Un documento ancora inedito conservato presso il "Fondo Montale" della Biblioteca Comunale "Sormani" di Milano getta nuova luce su queste traduzioni d'autore. Il documento in questione, la poesia 'Interno/Esterno' e le due traduzioni sono accomumate non soltanto in termini di spazialità ma anche di ispirazione: ruotano infatti attorno alla presenza-assenza di Clizia.

"Logos, afasia e spazialità in Amelia Rosselli", di Erminia Passannanti, mostra come il *logos* ne *La libellula* e *Serie Ospedaliera* si costituisca come spazio di visione e delirio che riproduce il motore dell'idioletto di Rosselli e diventa l'orizzonte stesso dello sguardo poetico spinto oltre il senso immediato delle cose. Passannanti rivela cosí, molto acutamente, il modo in cui Rosselli smonta e ricompone il meccanismo che muove l'organizzazione delle sue poesie, riconducendolo a due principali enti contrastivi, il "fabbricare" e lo "dissipare" spazi verbali. Passannanti sottolinea come il rapporto dialettico tra il fare e il disfare metta in evidenza la necessità che il pensiero poetico riacquisti cognizione dei propri limiti nel mondo e abbia coscienza della sua possibile dissoluzione.

I due interventi su Fortini affrontano il problema dello spazio partendo da due angolazioni molto diverse ma ugualmente interessanti. Il saggio di Thomas E. Peterson, "La spazialità e il potere dell'immagine nel manierismo tardomoderno di Fortini, Duncan e Bonnefoy" analizza l'opera di tre poeti neomanieristi affermatisi dopo la Seconda Guerra Mondiale. Anche se influenzati dai grandi poeti del modernismo, Franco Fortini, Robert Duncan e Yves Bonnefoy si oppongono a quella che considerano poesia concettuale, dell'estraniamento e dell'assenza. La loro è una poesia di presenza e percezione, inserita nella realtà storica che li circonda. Come intellettuali di opposizione, Fortini, Duncan e Bonnefoy denunciano il crescente degrado dell'ambiente umano e sociale, riaffermando il potere cognitivo della poesia. I loro versi elaborati e difficili si affidano ai paradigmi dello spazio pittorico, all'immaginazione visiva e all'equilibrio del corpo nello spazio quotidiano.

Nonostante le palesi differenze nel loro lavoro, Peterson dimostra che, su un piano stilistico più profondo (intendendo per "stile" il valore *eigen* ovvero l'essenza del manierismo), questi poeti seguono criteri simili: un intento profetico o metafisico, un uso altamente derivativo delle fonti, un'autoreferenzialità di procedura, un'enfasi sul gesto e sulla deitticità, e una tendenza al sincretismo che permette la percezione globale di eventi storici, spazi e comunità. In "Attraverso la mobile speranza", invece, Fabrizio Podda definisce una tipologia di immagini applicabile alla poesia di Franco Fortini, centrando l'attenzione su alcuni operatori sintattici e sulla strutturazione iconica del testo. I testi analizzati sono particolarmente interessanti anche per posizionare Fortini rispetto al genere della poesia italiana, in cui Fortini poeta (e teorico e critico) si situa in una posizione quanto mai problematica – e sintomaticamente vigile – delle tendenze novecentesche. Nella lettura di Fortini, quella dello spazio è stata per l'autore una via d'accesso privilegiata, tanto maggiore dati gli strumenti che la teoria letteraria ha messo a punto nel corso degli ultimi anni relativamente ai problemi della figuratività, dell'enunciazione e della soggettività.

Laura McLoughlin

Laura Incalcaterra McLoughlin

Spazialità poetica delle strutture urbane

1. Città e poesia: spazi conflittuali

Nell'introduzione si è parlato di spazialità non come dimensione fisica ma come struttura emotiva. La concretizzazione forse più lampante di questa spazialità emotiva novecentesca è la città, intesa non come luogo geografico specifico, ma come "luogo mentale", per riprendere una felice definizione di Maria Corti (1997), che spiega come i luoghi mentali siano elaborazioni della nostra mente che "nascono da idee"[1] e, aggiungerei, anche da percezioni del singolo o della collettività.

La città rappresenta il momento più evidente dell'incontro dell'*io* con ciò che è *altro*, estraneo, alieno, con tutto il fascino e il panico che tale incontro implica. Nella città novecentesca, cioè nella vita organizzata moderna, l'io va alla ricerca della propria identità e libertà lottando gli imperativi dell'esterno. La città viene allora a rappresentare la lotta tra due forze: una introversa che chiude l'io in un tentativo di autodifesa, l'altra, per così dire, estroversa, che apre all'esterno, che cerca di colmare la distanza tra io e altro o che riconosce in quella distanza il fascino di una diversa essenza.

In entrambi i casi si tratta di misurarsi in continuazione con una realtà esterna alla propria e di collocarsi in opposizione ad essa o in connubio con essa. Ma questo presuppone una comprensione e definizione dell'altro, che non è sempre – anzi nel Novecento non lo è mai – ovvia ed univoca. Trasportare la spazialità cittadina su di una pagina significa appunto tentare di dare un corpo, una concretezza a

---

[1] "I luoghi mentali sono costruzioni della mente che nascono da idee, individuali o di gruppo; c'è sempre quindi all'origine del luogo mentale qualcosa di astratto, un'idea con carattere di assoluto, un'operazione simbolizzante applicata a un oggetto che può anche non essere stato mai visto. Perciò le realtà terrene inserite in un luogo mentale vengono a recitare nella storia della cultura un ruolo particolarissimo, a costituire nella società una realtà nuova. Un oggetto sociale come la città, per esempio, può dare origine nel medioevo a un luogo mentale.", Maria Corti, *Per una enciclopedia della comunicazione letteraria*, Milano, Bompiani, 1997, p.33.

quello che non è *io*.

Il problema della definizione dell'identità si è sviluppato di pari passo con la società industriale e metropolitana a causa della rapidità dei cambiamenti che essa ha portato e dello svilimento di quelle cose che in passato aiutavano la definizione del soggetto, come la comunità, la famiglia, una cerchia sempre costante di amicizie, la chiesa, le tradizioni. Nella città i rapporti interpersonali diventano particolarmente precari e provvisori. Se da una parte la dimensione individuale e soggettiva assume sempre maggiore importanza, dall'altra forme di vita forzatamente collettiva si impongono come dato sociale imprescindibile e la società di massa si afferma a scapito dell'individualismo.

La tensione di fondo del Novecento, la sua modernità, deriva proprio da questa contraddittorietà tra individualismo e standardizzazione e quindi tra fiducia nel progresso, nella scienza e nella tecnologia da una parte e la paura che queste stesse forze possano portare ad una perdita di libertà e di identità dall'altra[2]. Inoltre, come osserva Fredric Jameson (1984), gli ambienti artificiali costruiti dall'uomo, anche e soprattutto le città quindi, sono talmente complessi da essere ormai diventati incomprensibili a chi li abita. Di conseguenza l'individuo non è più in grado di spiegarsi lo spazio che lo circonda e non è più capace di attribuirsi una posizione significativa al suo interno.[3]

---

[2] La modernità intesa come mondo della tecnica, delle metropoli e del loro fascino negativo, è un concetto che nasce solo nel secondo Ottocento con Charles Baudelaire. Per Baudelaire la modernità è la capacità dell'artista di rinvenire nelle metropoli da un lato la decadenza dell'uomo e dall'altro una bellezza misteriosa: "Aux objets répugnants nous trouvons de appas; / Chaque jour vers l'Enfer nous descendons d'un pas, / Sans horreur, à travers des ténèbres qui puent", "Au lecteur", *Les fleurs du mal* (1857), Parigi, Gallimard, 1972. Baudelaire suggerì che per poter rappresentare la modernità e la vita moderna in modo adeguato era necessario sviluppare una percezione statica che ne comprendesse ed ammirasse i drammi e i contrasti quotidiani (cfr. *Le peintre de la vie moderne*, pubblicato originariamente in tre parti in *le Figaro*, 26 e 29 novembre e 3 dicembre 1863).

[3] Jameson si riferisce qui a quello che lui chiama "postmodern hyperspace", ma il concetto è applicabile anche al Novecento pre-postmodernismo: "This latest mutation of space – postmodern hyperspace – has finally succeeded in trascending the capacities of the individual human body to locate itself, to organize its immediate surroundings perceptually, and cognitively to map its position in a mappable external world". Fredric

Certo, sentimenti di disagio nei confronti della città e del processo di urbanizzazione non sono una novità del Novecento: a partire almeno dal Rinascimento, la letteratura italiana ha visto dipanarsi un filone di pensiero che inseguiva il sogno di una città ideale e contrapponeva aspirazioni ideali a realtà storiche. Nel XV secolo, il successo della poesia bucolica non solo in latino ma anche in volgare testimonia una scissione dell'immaginario tra mondo cittadino e mondo campestre: se la città è il luogo del dramma della storia, il mondo campestre è ancora il luogo dove si può vivere in sintonia con la natura e perseguire studi atti a migliorare lo spirito[4]. Ma le città dei secoli passati, odiate o amate che fossero, erano entità ben definite, situate generalmente in posizioni strategiche sul territorio e rinchiuse all'interno di mura di cinta e fortificazioni. Quando tra l'Otto e il Novecento le città cominciarono ad assumere carattere di metropoli, esse costrinsero l'individuo a confrontarsi con un orizzonte che arretrava in continuazione e con uno spazio sempre più esteso.[5]

Già nel Settecento, tuttavia, cominciavano a svilupparsi quelle contraddizioni nel modo di vedere la città che poi sfoceranno, amplificandosi, nella letteratura del ventesimo secolo. L'idea bucolica di un'opposizione tra città e campagna non è sparita. Anzi, proprio la natura diventa uno dei miti del Settecento, come si vede dal culto quasi ossessivo del giardino. L'Illuminismo settecentesco, però, nasconde una contraddizione, che si accentuerà nell'atteggiamento novecentesco, di attrazione e repulsione rispetto alla città: il razionalismo che esalta il progresso ricerca poi uno stato naturale non ancora contaminato dalle vicende storiche. Come fa notare De Seta:

Jameson, "Postmodernism or The Cultural Logic of Late Capitalism", in *New Left Review*, vol.146, 1984, pp.53-92 (p.83).

[4] L'*Arcadia* di Jacopo Sannazzaro (1457-1530) vagheggia proprio questo ideale della perfezione del mondo pastorale in cui il protagonista si rifugia dopo aver lasciato la città, Partenope, in seguito ad una profonda delusione sentimentale.

[5] Per un'analisi approfondita dello sviluppo storico e urbanistico della città si veda Lewis Mumford, *The city in history*, Harmondsworth, Penguin, 1961. In riferimento allo sviluppo urbano europeo si vedano soprattutto Leonardo Benevolo, *La città nella storia d'Europa*, Roma-Bari, Laterza, 1993 e Cesare de Seta, *La città europea dal XV al XX secolo*, Milano, Rizzoli, 1996. Per uno studio della città extra-europea come specchio della società contemporanea si faccia riferimento a Giorgio Piccinato, *Un mondo di città*, Torino, Edizioni di Comunità, 2002.

Nella tradizione del pensiero illuminista sono presenti entrambe le opposte concezioni della città, che possiamo indicare come *città naturale* e *città artificiale*. Nel concetto di città organismo "naturale" è già contemplata l'ipotesi del riscatto di questa entità storica e tale riscatto fa leva quasi esclusivamente sull'idea di progresso; al contrario nell'idea di città organismo "artificiale" tale riscatto non sembra possibile, ma affiora un disegno alternativo di insediamento umano nel quale, senza rifiutare i benefici della tecnica e della scienza, vengono tutelate le condizioni di vita, che la presenza di incontaminate risorse umane assicura.[6]

Quindi de Seta conclude che nel pensiero illuminista

affondano le radici sia le ideologie democratiche e progressiste, che sono sostenitrici della città, sia le ideologie preromantiche e romantiche che della città saranno oppositrici.[7]

Nel primo Ottocento la città ha un valore simbolico di ricollegamento ad un passato classico, tramite il quale è possibile superare i limiti del presente per migliorare le sorti dell'umanità. La Firenze dei "Sepolcri" del Foscolo rappresenta proprio il punto da cui potrà partire il riscatto dei cittadini e la liberazione dell'Italia. Ma, nonostante poi il Romanticismo diffonda un'idea di città come centro del progresso e avanzamento dell'umanità, lo sviluppo della scienza e della tecnologia cominciano a modificare il panorama cittadino. I cambiamenti sociali sono irreversibili e gli intellettuali devono prendere coscienza del nuovo mondo. La città industriale ha creato un nuovo gruppo di persone: non più il popolo ma la folla. La folla – il contrario dell'individualismo – è un

concetto nuovo rispetto a quello di popolo, di tradizione liberale e che stava ad indicare genericamente ogni tipo di ceto subalterno. [...] la folla è costituita dalla grande massa cittadina formatasi coll'avanzare del processo di industrializzazione ed il costituirsi delle città a momento socialmente privilegiato della società

---

[6] Cesare de Seta, cit., p.233.
[7] Ibid.

borghese.[8]

Si levano così le prime voci che registrano il disagio del vivere moderno: il Carducci di "Alla stazione in una mattina di autunno"[9], Praga e gli scapigliati, ma anche, in modo diverso, Di Giacomo[10] e Betteloni[11], che indugiano sul tema della solitudine nell'ambiente cittadino.

Sembra intanto instaurarsi, gradualmente, un rapporto strutturale tra città e poesia nel senso che la struttura topografica della prima si rispecchia nella struttura organizzativa della seconda. Nell'antichità e nei vari secoli fino più o meno al Settecento le città, come si è detto, erano organizzate all'interno di mura di cinta. Le mura rappresentavano il limite, il confine ben visibile della città. Le porte mettevano in comunicazione i cittadini con l'esterno e con la campagna. In epoca moderna, tuttavia, le cinte murarie sono scomparse e la città si è fusa con la campagna circostante, cosicché la distinzione tra campagna e periferia è diventata più labile: la città insomma si apre e supera i limiti imposti dalla restrizione fisica delle mura.

Analogamente, la poesia tradizionale veniva rigidamente ristretta entro schemi metrici e stilistici ben precisi: il genere di una poesia ne determinava il numero di versi e l'organizzazione delle rime. Si pensi ad esempio al sonetto, diffusissimo nella poesia italiana almeno fino all'Ottocento, che costringeva il componimento entro due quartine e due terzine di endecasillabi. Anche l'argomento, la situazione, gli oggetti stessi che apparivano nelle poesie erano organizzati in senso gerarchico e quelli meno 'nobili' erano relegati a generi poetici

---

[8] B. Basile-P. Pullega, *La cultura letteraria in Italia ed Europa*, Bologna, Zanichelli, 1980, p.561.

[9] Giosuè Carducci, "Alla stazione in una mattina di autunno", da *Odi barbare*, Bologna, 1877.

[10] Salvatore Di Giacomo: "Ma sulitario e lento / more 'o mutivo antico; / se fa cchiù cupo 'o vico / dint'a ll'oscurità", "Pianefforte 'e notte", da *Ariette e sunette*, Napoli, 1897.

[11] Vittorio Betteloni rivolge la propria attenzione al quotidiano ed esprime nostalgia per i tempi andati, facendosi precursore della poesia crepuscolare sia a livello contenutistico che formale: "Convenivan gli amici intorno alle otto. / Allora spesso il conversar festoso / da scoppio fragoroso / di risa era interrotto", "Oh dolci autunni antichi! Innanzi al giorno", da *Nuovi Versi*, Bologna, Zanichelli, 1880.

'minori' come la poesia comica o in dialetto. Il Novecento vede invece svilupparsi con irruenza nuova sia la città che la poesia ed entrambe fuoriescono dai propri limiti: la poesia supera così le restrizioni metriche, sintattiche, fonetiche e contenutistiche della tradizione.

Se quindi in campo sociologico la città novecentesca obbliga ad un confronto continuo con un *altro* sempre più difficile da identificare e ridimensiona l'assolutezza dell'io, in campo poetico lo stesso confronto distrugge l'idea tradizionale di liricità che era basata proprio sull'esistenza di un io integro e universale.

Sarebbe sicuramente riduttivo considerare le variazioni metriche del componimento poetico appannaggio esclusivo del Novecento. È pur vero che la poesia italiana era già ricca di una forte tradizione di 'forme libere', cioè non rigidamente regolate da schemi fissi. Ne è un esempio il madrigale cinquecentesco, i cui versi, endecasillabi o settenari, non sono necessariamente costretti dalla rima, ed è proprio nel Cinquecento, inoltre, che si sviluppa l'endecasillabo sciolto[12].

Tuttavia, i nuovi elementi stilistici, lessicali e metrici che entrano nella poesia novecentesca la caratterizzano perché ne diventano l'aspetto dominante e prorompente. Ora lo stile poetico cambia in modo decisivo, perché è cambiata la realtà, o la percezione della realtà che circonda l'io. I ritmi cadenzati della campagna vengono rapidamente sostituiti dai ritmi dissonanti della città, dove il ruolo dell'io è caratterizzato dall'indeterminatezza, contro uno sfondo dinamico e sempre mobile. E come il soggetto non si muove più tra i ritmi naturali e ripetitivi della campagna, così il testo poetico non si sottopone più a leggi metriche e sintattiche prestabilite.

Tra tutte le forme di sperimentalismo, più o meno estremo, dei poeti del ventesimo secolo, le innovazioni nel campo della rima e del

---

[12] L'uso dell'endecasillabo sciolto postula la possibilità di una poesia senza rime, ma allo stesso tempo, per evitare cadenze troppo prosastiche, moltiplica la frequenza dell'enjambement. A questo proposito si vedano ad esempio i versi di un sonetto di Giovanni della Casa, dove l'uso dell'enjambement modifica la scansione endecasillabica del sonetto tradizionale di stampo petrarchesco: "Questa vita mortal, che 'n una o 'n due / brevi e notturne ore trapassa, oscura / e fredda, involto avea fin qui la pura / parte di me ne l'atre nubi sue", "Questa vita mortal, che 'n una o 'n due", dalle *Rime*, in Muscetta-Ponchiroli (a cura di), *Poeti del Quattrocento e del Cinquecento*, Torino, Einaudi, 1959, p.1165.

ritmo sono le più appariscenti. Con l'adozione del verso libero la rima si fa più rara, anche se non è certamente estinta. Con i futuristi, gli ermetici e con i poeti della neoavanguardia la distruzione del verso regolare diventa immediatamente visibile.

Nondimeno, nel panorama di questo secolo, si trovano sia versi che seguono la metrica tradizionale, sia versi che la infrangono, sia versi che ritornano polemicamente al ritmo endecasillabico. Come scrive Pietro Beltrami:

> Nella versificazione del Novecento il concetto di unità metrica è sdoppiato tra due poli di uguale pertinenza: da un lato il verso, dall'altro l'unità ritmica, autonoma e non dipendente dalla forma del verso, com'era invece nella versificazione tradizionale.[13]

Così, come si è parlato di due forze in gioco nella relazione tra io e città, una che si muove verso la città ed una invece che se ne allontana, allo stesso modo si può parlare anche di due tendenze stilistiche della poesia, che naturalmente non si escludono a vicenda, ma possono presentarsi nello stesso periodo e anche nello stesso autore. Da una parte c'è la ricerca di un linguaggio e di uno stile lineari, comunicativi, vicini alla prosa, dall'altra c'è la propensione all'oscurità e allo scavo profondo nel linguaggio stesso fino ad arrivare alla parola assoluta. Questa dialettica di stili è sempre presente nel Novecento e rispecchia la tensione di fondo del rapporto tra io e spazialità in generale e tra soggetto lirico e spazialità cittadina in particolare. Ne è un esempio la coesistenza di lirica e prosaicità, di frammenti e poesie lunghe, addirittura di frammenti organizzati all'interno di poesie più lunghe.

Risale probabilmente a D'Annunzio l'ultimo tentativo di far coincidere modernità e mito classico, mentre i nuovi poeti devono constatare una mancanza di continuità con la storia anche recente e devono sforzarsi di rappresentare una realtà in continua evoluzione: le città che si espandono continuamente, le nuove fabbriche che sorgono intorno alle città, i quartieri che nascono intorno alle fabbriche. La mobilità geografica e sociale dei cittadini favorisce l'anonimato e la trasformazione dei tradizionali rapporti sociali. I versi, per essere moderni, devono interpretare queste trasformazioni, questa

---

[13] Pietro G. Beltrami, *Gli strumenti della poesia. Guida alla metrica italiana*, Bologna, Il Mulino, 1996, p.192.

frammentarietà sociale e psicologica e lo fanno attraverso le cesure di Marino Moretti, le parole isolate e le interruzioni di Camillo Sbarbaro, i versi "verticali" di Ungaretti[14] e la ricerca della parola assoluta degli ermetici, e attraverso la ricerca del frammento. Ma – va nuovamente sottolineato – nel Novecento poetico coesistono tendenze e soluzioni diversissime e la tecnica del frammento non solo coesiste ma è spesso complementare alla scelta di comporre un libro, una raccolta. Giulio Ferroni sottolinea giustamente come la dialettica tra libro e frammento nasca da quella che viene sentita come esigenza di organizzare pezzetti di espressione poetica in un sistema organico più vasto:

> È [...] essenziale una dialettica tra libro e frammento, tra una poesia che si rivela per frammenti, per illuminazioni liriche, e che sembra sgorgare dall'immediatezza, dall'*hinc et nunc* delle sue occasioni, e una volontà di costruire, comunque, dei libri, di comporre quei frammenti in organismi attentamente strutturati.[15]

Il problema della percezione e interpretazione dello spazio è riproposto così in chiave stilistica: collegare lo spazio ristretto del frammento con quello più vasto del libro equivale a collegare l'ambito di un io per l'appunto frammentario e frammentato con l'ampiezza indefinita dell'alterità. La citazione tratta da Ferroni si riferisce agli autori del periodo 1900-1945, ma si trovano esempi anche nella seconda metà del secolo, soprattutto tra i neoavanguardisti, in particolare Balestrini, che fa del frammento la sua tecnica preferita, usandolo all'interno di una stessa poesia, ma riproponendolo poi all'interno di strutture più ampie, cioè all'interno di raccolte.

---

[14] La definizione è di Nicolas J. Perella nella sua introduzione alla poesia di G. Ungaretti in John J. Picchione e Lawrence R. Smith, *Twentieth-Century Italian Poetry, An Anthology*, p.207: "[Ungaretti's] aim is to renew poetic language by ridding it of the dross of the old rhetoric. The technique involves singling out certain words by isolating them, by surrounding them with the greater and more frequent pauses and silences favoured by the 'vertical' disposition of the verses, thereby allowing them to resonate with a highly charged emotional intensity and purity".
[15] Giulio Ferroni, "La rottura di inizio secolo e i tempi della nuova poesia", in *Manuale di storia della letteratura italiana*, a cura di Brioschi e Di Girolamo, Torino, Bollati Boringhieri, 1996, vol. IV, p.396.

Anche la prosa, naturalmente, nel primo Novecento fu rivoluzionata dall'incertezza e dall'ambiguità del soggetto, ma il suo cambiamento fu, in un certo senso, meno traumatico di quello della poesia, in quanto in Italia essa non era appesantita e frenata da una tradizione ricca e autorevole come quella della poesia, che aveva sempre visto l'opera lirica come espressione di un soggetto a-storico e universale, parte di un mondo ordinato e conosciuto. Così l'incapacità o l'impossibilità del soggetto novecentesco di vedersi come un tutto unico ha messo in crisi il concetto tradizionale di liricità e ha obbligato i poeti a ridefinire il concetto stesso di ciò che costituisce la Poesia prendendo anche in considerazione il lettore come interprete del testo, un aspetto generalmente trascurato dalla poesia precedente.

La spazialità cittadina – dove *spazialità* è uno stato emotivo e *cittadina* si riferisce all'ambientazione mentale di questo stato – diventa allora una vera e propria metafora per spiegare la modernità, e la poesia è la pagina su cui aprire questa metafora.

2. Versi in fuga: vagabondaggi cittadini nel primo Novecento

La città è un luogo caotico, di strade, piazze, palazzi che si susseguono apparentemente senza criterio e senza ordine. È il luogo della partenza e dell'arrivo, del movimento circolare, all'interno della città stessa, o lineare, verso l'esterno. Spesso la città è un porto a cui si arriva o da cui si parte e si ripropone come il luogo della tensione delle due forze contrarie che spingono l'io: l'una alla partecipazione, l'altra all'isolamento. Anche in senso metaforico, la città può essere vista come un porto da cui si dipartono immagini e percezioni che si allontanano dalla realtà topografica del luogo.

Del resto è proprio un viaggio ad ispirare uno dei primi componimenti del Novecento dedicati alla città. Mi riferisco a "Le città terribili", di D'Annunzio, parte del primo libro delle *Laudi* (1903), ispirato a un viaggio in Grecia del 1897. Si tratta di un poema in versi liberi e di strofe lunghissime in cui prevale il gusto della parola barocca e sensuale. L'organizzazione antitradizionale dei versi e l'insistenza su temi forti rappresentano sulla pagina l'ansia superomistica del poeta di godere della vita in tutte le sue forme.

Nelle "Città terribili" la bipolarità tra attrazione e repulsione si esprime nella moltiplicità degli elementi fluidi: la città stessa si scioglie in una mollezza morbosa:

25

Febbre delle città
terribili, quando il Sole
come un mostro colpito
dal tridente marino
palpita ai limiti delle acque
in un'immensità di sangue
e di bile moribondo,
e nel duolo del ciel profondo
la gran piaga persiste
livida di cancrena,
e s'ode la sirena
del vascello che giunge
caldo di più caldi mari,
e s'accendono i fari
su l'alte scogliere,
e le ciurme straniere
si precipitano all'orgia
frenetiche come baccanti,
e il porto suona di canti
di scherni di sfide di colpi
di crapula e d'oro! [16]

In questi versi si passa dagli elementi acquatici: "acque", "fiume",
ad altri più genericamente liquidi come "sangue", fino a specifici
riferimenti portuali: "vascello", "fari", "scogliere", "ciurme", "porto".
In D'Annunzio la misteriosità del mare si risolve in voluttuosità ed
erotismo e il mare si è trasformato in "un'immensità di sangue". Non
c'è nessun riferimento ai colori verde o azzurro del mare, né al buio
silenzioso della notte, che riecheggia invece di grida da baccanti di
naviganti assetati di orge, attratti dalla "crapula" e dall'oro.
La città ha strade, piazze, palazzi; il mare, quasi come

---

[16] Gabriele D'Annunzio, "Le città Terribili", da *Laus Vitae* (1903), in
Poesie, a cura di F. Ronconi, Milano, Garzanti, 1988. Le *Laudi* sono
composte di quattro libri: *Màia (o Laus Vitae), Elèttra, Alcyóne* e *Mèrope*,
scritto più tardi. Il nome dei libri, in tipico stile dannunziano, corrisponde ai
nomi degli astri della costellazione delle Plèiadi. Secondo la mitologia greca
le Plèiadi erano figlie di Atlante trasformate in stelle da Giove e, apparendo
nel cielo a maggio, erano propiziatrici di un periodo buono per la
navigazione. In questo caso, esse dovevano essere propiziatrici di buona vena
poetica.

un'immagine speculare, ha fondali, fosse, banchi di sabbia. Ma la città si vede, il mare s'immagina: i fondali vanno ricostruiti, carteggiati, non si percorrono, vi si scivola sopra. Per la maggior parte degli individui il mare, la profondità, resta un'incognita. D'Annunzio lo squarcia, lo viola: la città si apre come una piaga "livida di cancrena" sull'acqua. Le ciurme che vengono dal mare si spandono in un'ondata di conquista della città e "si precipitano all'orgia". C'è una grande frenesia nel porto di queste città febbricitanti, un'atmosfera di attesa per i naviganti che arrivano, e la città è pronta ad accogliere festosamente la loro irruzione violenta ("e s'accendono i fari [...] e il porto suona di canti"). Continuando la propria crociata contro i limiti della moralità convenzionale, D'Annunzio riunisce eroismo e libidine, coraggio e violenza, nella figura del navigatore/viaggiatore, che diventa così l'incarnazione del vitalismo superomistico di un eroe ormai ridotto a stereotipo letterario.

Con l'avanzare del secolo, tuttavia, il viaggiatore è sempre meno un eroe e sempre più un disperso, uno spaesato, e la percezione della città contemporaneamente come luogo di partenza, di arrivo e di transito è evidenza di un'instabilità di angolazione e quindi simbolo di un problema esistenziale di mancanza di radici. I viaggiatori che si spostano nelle città liriche sono spesso personaggi fragili e vulnerabili ma anche egocentrici, che si muovono al buio, al gelo o nella povertà, volti all'individualistica ricerca della sopravvivenza, lontanissimi ormai sia dall'archetipo viaggiatore della classicità, l'Odysseus omerico, uomo perfetto di enorme coraggio e di carattere eccezionale, che dalla sua rappresentazione dantesca, l'Ulisse che sfida i limiti del conoscibile per un'insaziabile sete di sapere. Il viaggio che parte dalla città moderna, invece, non ha valore conoscitivo della realtà esterna, perché esso è finalizzato all'autorealizzazione.

Si intrecciano così in questa nuova angolazione della città poetica la lotta per l'autoaffermazione, la solitudine e l'individualismo e la necessità di evadere per ricercare uno spazio proprio, che le restrizioni della società cittadina negano continuamente. Tuttavia la fuga si rivela illusoria e il punto di arrivo del viaggio è spesso un'altra città, come in un circolo vizioso, così che l'approdo finale non può essere che la morte.

La vicenda biografica e l'esperienza poetica di Dino Campana sono un punto di riferimento obbligatorio, direi, per un'analisi del rapporto città-viaggio/movimento. Quel rapporto dialettico e ambiguo che per Pavese sarà la contrapposizione collina-città, per Campana si realizza invece nella contrapposizione mare-città. All'inizio della lirica "Viaggio a Montevideo" (1914) la corposità e densità della terra svaniscono nel crepuscolo mentre la nave si allontana dal porto:

> Io vidi dal ponte della nave
> I colli di Spagna
> Svanire, nel verde
> Dentro il crepuscolo d'oro la bruna terra celando [...][17]

I colori dell'acqua, sostituendosi ai colori della terra, vengono a dominare questi versi, inserendo lentamente nella lirica l'immagine del mare ed il suo ritmo cadenzato:

> Come una melodia:
> D'ignota scena fanciulla sola
> Come una melodia
> Blu, su la riva dei colli ancora tremare una viola
> [...]
> In una baia tranquilla e profonda assai più del cielo
> notturno
> Noi vedemmo sorgere nella luce incantata
> Una bianca città addormentata.[18]

In un gioco di opposizione di densità, volumi e colori, tutta la parte iniziale di questo componimento sembra tendere alla risoluzione degli ultimi versi: "Noi vedemmo sorgere nella luce incantata / Una bianca città addormentata".

La sinestesia tra colori e suoni dei primi versi contribuisce alla musicalità dello stacco e all'indefinitezza della descrizione. Anche l'ambiguità sintattica aiuta a creare questa impressione d'indeterminatezza, particolarmente nei versi "D'ignota scena fanciulla sola / Come una melodia / Blu, su la riva dei colli ancora tremare una viola". La sintassi anomala di Campana frammenta la frase e la realtà, liberando l'una e l'altra dalle restrizioni della logica e della temporalità.

Il viaggio di Campana è un viaggio fuori dal tempo, in cui solo

---

[17] Dino Campana, "Viaggio a Montevideo", da *I Canti Orfici*, (1914), a cura di F. Ceragioli, Firenze, Vallecchi, 1985.
[18] Ibid.

colori e sensazioni definiscono le cose. La città che sorge dal mare è "addormentata", in uno stato cioè senza tempo, ed è "bianca", il colore dell'indefinito. "Addormentata" rima con "incantata", dove l'apertura vocalica della rima sottolinea il senso di stupore e richiama anche fonicamente l'assenza di colore nella città "bianca". La mancanza di contorni precisi convoglia il senso di fuga del poeta, la sua ansia di girovago, la necessità di evadere dalla condizione presente.

Nel viaggio il poeta incastra immagini terrestri con altre marine, sotto un cielo comune ad entrambi. Nel cielo celeste volano uccelli d'oro, elementi instabili, il cui colore richiama, per gradazione cromatica, quello della "bruna terra" dalla quale partono e alla quale ritornano in continuazione. L'instabilità che pervade "Viaggio a Montevideo" distrugge le categorie di spazio e tempo e spoglia di materialità le immagini, che si presentano, confuse, agli occhi del navigante: le città, le torri, le ragazze, le navi. I colori e le sensazioni diventano mediatori tra natura esteriore e mondo interiore ed assumono per questo una forte carica sensuale. Il componimento risulta così caratterizzato da un continuo oscillare tra visione e percezione, tra realtà esteriore e realtà interiore.

La poesia di Campana anela al raggiungimento di una verità forse celata nell'abisso marino e che, almeno per un attimo, sembra rivelarsi nell'apparizione "incantata" di una nuova città. La circolarità di questo viaggio verso una verità assoluta, partendo dalla Spagna e arrivando a Porto Grande,[19] dimostra che Campana sente la necessità di includere la città nel proprio vagabondare, e che essa rappresenta anzi una tappa obbligata nella ricerca di un'armonia tra se stessi ed il mondo. Di qui l'atmosfera mistica e misteriosa in cui si staglia questa città notturna.

Notturna è anche la Genova in cui si avventura Caproni, una città corrosa dalla penetrazione dell'acqua, intrinsecamente fusa con il mare, quasi liquefatta dall'umidità che penetra nelle sue pietre:

> Entravo da una porta stretta,
> di nottetempo, e il mare
> io lo sentivo bagnare

---

[19] "La città del v. 25 è Porto Grande dell'isola di S. Vicente, scalo nelle traversate dell'Atlantico", Luperini, Cataldi, D'Amely, *Poeti italiani: il Novecento*, Palermo, Palumbo Editore, 1994, p.130.

la mia mano – la cieca
anima che aveva fretta
e, timida, perlustrava
il muro, per non inciampare.
Dal vicolo, all'oscillare
d'una lampada (bianca
ed in salita fino
a strappare il catino
al cuore) ahi se suonava
il lungo corno il vento
(lungo come un casamento)
nell'andito buio e salino. [...] [20]

La città di Genova è immediatamente identificabile come soggetto di questa poesia: la topografia delle strade strette e dei passaggi difficoltosi intorno a muri spigolosi conferisce un'atmosfera da iniziazione quasi rituale al componimento, sottolineata dai frequenti *enjambement* che contribuiscono alla continuità dei versi e dei passi del poeta. La città sembra compenetrata con l'acqua: nell'aria, nei muri, nella pietra si insinua sottilmente l'acqua del mare. L'umidità penetra dappertutto: "mare", "bagnare", e poi ancora "salino", "bagnato", "guazza marina", "scivolosa arenaria", "umida aria": "tutto è avvinto dall'umidità che emana da ogni parte, fissa e invincibile".[21] La posizione delle rime "mare : bagnare" all'interno di "stretta : fretta" nei primi cinque versi rinforza nel lettore la percezione della ristrettezza soffocante del luogo in cui con difficoltà ("cieca anima") si incammina il soggetto; le rime contengono e soffocano l'ampiezza del mare ed il suo libero movimento. Il poeta non ci permette una visione distinta e una lettura differenziata della realtà marina e di quella muraria:

Con me, mentre un cerino
mi si faceva bagnato
fra le dita, alla guazza
marina anche la luna
entrava – entrava una

---

[20] Giorgio Caproni, "Didascalia", da *Il passaggio d'Enea*, (1956) in *Tutte le poesie*, Milano, Garzanti, 1983.
[21] Roberto Mussapi, *Il centro e l'orizzonte*, Firenze, Jaca Book, p.65.

ragazza, che la calza
cauta s'aggiustava;
era un portone in tenebra,
di scivolosa arenaria:
era, nell'umida aria
promiscua, il mio ingresso a Genova.[22]

Nell'ultimo verso l'aggettivo "promiscua" si riferisce all' "umida aria", ma la sua posizione come prima parola del verso lo mette in relazione anche con Genova, ultima parola dello stesso verso, ad indicare l'ambiguità della città in relazione alla propria configurazione muraria.

Caproni segue un viaggio inverso a quello di Campana, che dalla terra ferma salpava per l'oceano. Il soggetto della lirica di Caproni invece entra nella città venendo dall'acqua, che ancora gli lambisce la mano, che lo accompagna nel suo addentrarsi solitario in vicoli stretti e bui, affiancandolo in una salita verso una promessa tutta sensuale: la dimensione carnale rappresentata dalla ragazza e dal suo gesto malizioso nell'atmosfera "promiscua" della città.

Il viaggio attraverso questa Genova è completamente silenzioso, non si sentono rumori di passi, solo il vento introduce una musicalità cupa e sensuale. Le stesse parole, bagnate, perdono incisività e si sciolgono tornando al silenzio, mentre l'indefinitezza degli imperfetti priva la lirica anche di ogni possibile assoluto temporale. Questa volta non è il fascino del mare ad attirare il poeta, ma il fascino altrettanto misterioso della città di notte. Pure, in Caproni, come già in Campana, i due elementi si sovrappongono e non sono nettamente in opposizione l'uno con l'altro, perché entrambi sono organismi vivi e instabili. Se da una parte l'io sente il bisogno di allontanarsi dall'instabilità e di raggiungere un ordine razionale, di cui può essere padrone, dall'altra intuisce anche il pericolo della razionalità e stabilità come forme aliene alla vita e pertanto rifugge naturalmente da tale pericolo. Sia la circolarità del viaggio di Campana che l'osmosi mare-città nel caso di Caproni presentano un io in oscillante tensione tra restrizioni interne, congenite, ed ostacoli esterni.

In un'altra poesia di Caproni, "Alba" (1952), ambientata questa volta nella sala d'attesa di una stazione, la sensazione di trovarsi in

---

[22] Giorgio Caproni, "Didascalia", da *Il passaggio d'Enea*, in *Tutte le poesie,* cit.

31

bilico tra l'instabilità da fuggire e la stabilità/razionalità da temere è creata attraverso le porte che si aprono e si chiudono, attraverso il gioco di suoni, allitterazioni e assonanze tra parole piacevoli ("amore") ed altre invece spiacevoli, fredde ("marmo").

> Amore mio, nei vapori d'un bar
> all'alba, amore mio che inverno
> lungo e che brivido attenderti! Qua
> dove il marmo nel sangue è gelo, e sa
> di rinfresco anche l'occhio, ora nell'ermo
> rumore oltre la brina io quale tram
> odo, che apre e richiude in eterno
> le deserte sue porte?... Amore, io ho fermo
> il polso: e se il bicchiere entro il fragore
> sottile ha un tremitìo tra i denti, è forse
> di tali ruote un'eco. Ma tu, amore,
> non dirmi, ora che in vece tua già il sole
> sgorga, non dirmi che da quelle porte
> qui, col tuo passo, già attendo la morte![23]

Nel fragore della stazione, di cui però nel componimento si avverte solo l'eco, tra l'andirivieni dei tram, contro l'evanescenza di un amore che non si materializza, l'intera lirica sembra tendere alla tranquillità finale della morte.

Una simile tensione tra stabilità e instabilità si registrava già in un poeta cronologicamente più vicino a Campana: Vincenzo Cardarelli, che in "Incontro notturno" (1916) sembra proprio dipingere un aspetto del poeta di Marradi.

> Ah, vagabondo, gli esseri come te!
> Con le tue scarpe di tela bianche,
> i vasti pantaloni di velluto,
> e un sigaro spento che pende
> fra le tue labbra
> come un proposito dimenticato,
> allocco delle città, [24]

---

[23] Giorgio Caproni, "Alba", da *Stanze della funicolare,* (1952), in *Tutte le poesie,* cit.
[24] Vincenzo Cardarelli, "Incontro notturno", da *Prologhi,* (1916) in *Opere,* a cura di E. Martignoni, Milano, Mondadori, 1993.

Cardarelli rivela tutta la miseria della condizione del viaggiatore vagabondo moderno nell'ironia del paragone con Cristoforo Colombo: "Hai fatto non una, ma dieci / e dieci spedizioni di Colombo, / tu, per il Globo"[25], spiegando l'impossibilità di fuggire, il continuo iterativo riapprodare in città indifferenti e quindi il continuo ripresentarsi della necessità della lotta, persa a priori, per l'affermazione della propria identità. L'innocenza animalesca del vagabondo è ridicolizzata dall'incapacità, che la stessa innocenza comporta, di trasformare la realtà circostante:

> Appena sbarcato prendevi
> la ruga cieca del bisogno
> che ha in qualunque luogo
un'aria di casa tua! [26]

Il viaggio dall'innocenza all'esperienza, in cui però ogni approdo ripropone la stessa identica realtà, prende la forma grottesca e paradossale di un'inutile fuga dal presente, inutile perché è un tentativo di fuga dalle irrisolte tensioni interiori tra volontà e incapacità di partecipare alla vita. Ne è una spia il "proposito dimenticato", una contraddizione che tradisce il tormento interiore del vagabondo.

Cardarelli presenta la figura del vagabondo, dello sradicato alieno alle città in cui viene a trovarsi ("allocco della città") e solo tra una folla emarginante, percepita come ostile. La possibilità di fuga da un tale ambiente è solo apparente: il vagabondo prende la via del mare, ma solo per approdare in altre città e riprendere la sua vita di povertà e isolamento.

È un io inquieto, quello di Cardarelli, dolorosamente cosciente della difficoltà del vivere, afflitto dalla solitudine, dalla perdita di un'identità, da fughe a ritroso, che inevitabilmente riportano al punto di partenza. Il mare non è una via d'evasione salvifica, e quella navigazione circolare già rilevata in Campana e Caproni si manifesta qui in maniera più opprimente in quanto il mare respinge il viaggiatore costringendolo ad approdi socialmente identici.

Anche Pietro Jahier, legato, come già Cardarelli, alla rivista

---

[25] Ibid.
[26] Ibid.

letteraria *La Voce*, presenta il tema del fuggiasco senza scampo, costretto in una città da cui non può evadere:

Stasera che aspettano ancora in stazione i fuggiaschi
aggrappati alle robe, come se l'ultimo treno, da ieri,
non fosse scappato. [27]

"I fuggiaschi" aspettano un treno che è già "scappato". La ripetizione fonetica dei suoni sibilanti fonde il soggetto e l'oggetto e lo stesso tempo dell'azione: "stasera". Ne risulta un'esasperazione del senso di fuga e della precarietà dei "fuggiaschi aggrappati alle robe".

Il "viaggiatore/camminatore" di Camillo Sbarbaro si sposta all'interno dell'affollato deserto cittadino, in un abisso quasi demoniaco di solitudine e "lussuria", emarginato ed estraniato:

Esco dalla lussuria.
M'incammino
                    per lastrici sonori nella notte.
[...]
Che la città mi pare
sia fatta immensamente vasta e vuota,
una città di pietra che nessuno
abiti [...]
A queste vie simmentriche e deserte
a queste case mute sono simile.
[...]
Son posto come fuori della vita,
una macchina io stesso che obbedisce,
come il carro e la strada necessario.
[...]
Cammino
per i lastrici sonori della notte. [28]

Nella topografia allucinatoria delle "vie simmetriche e deserte", il viaggiatore si sente "posto fuori della vita": la desolazione inanimata del paesaggio che lo circonda si riflette in lui e lo riduce ad una

---

[27] Pietro Jahier, "Stasera", in *La Voce*, 30 dicembre 1914.

[28] Camillo Sbarbaro, "Esco dalla lussuria", da *Pianissimo* (1914), in *L'opera in versi e in prosa*, a cura di G. Lagorio e G. Schweiller, Milano, Garzanti, 1985.

"macchina [...] che obbedisce". L'incalzare sonoro del verso dannunziano ha ormai lasciato il posto ad endecasillabi appena accennati, con enjambements che sembrano prolungare il ritmo del verso fino a farlo sparire in un andamento quasi prosastico, e quanto più la poesia diventa incapace di offrirsi come una via d'uscita per la realizzazione dell'io, tanto più il verso tende a dissolversi in prosa. Il ritmo, degenerato, lontano dalla musicalità della poesia tradizionale, avanza stancamente attraverso immagini di una città scarnificata, "di pietra", "vuota", dove le strade sono "deserte" e le case "mute". Colpisce la solitudine disperata di questo avanzare notturno, con "m'incammino" e "cammino" isolati all'inizio e alla fine della poesia, mentre i "lastrici sonori" amplificano il rumore dei passi solitari. Allo stesso tempo, però, il viaggiatore sta uscendo "dalla lussuria", una lussuria che definisce la città anche come oggetto del desiderio rivestito di un fascino diabolico, che – a sua volta – rende la partenza difficile.[29]

I viaggiatori lirici che ruotano intorno alle città vanno alla ricerca di momenti e oggetti dello spazio e del tempo da poter arrestare per potervi iniettare una propria identità. Il dramma è nella percezione dell'impossibilità dell'uomo moderno di allontanarsi proficuamente dalla città verso un rifugio da cui razionalizzare la propria esperienza del mondo. Il ritorno ad un passato preindustriale è un sogno illusorio; la speranza nell'accettazione di un presente mediato dall'arte è una velleità dannunziana.

La fluidità dello sfondo sul cui orizzonte si spostano i nuovi viaggiatori impedisce una definizione significativa del loro io, che invece necessita di uno scenario dai contorni precisi e riconosciuti all'interno del quale potersi affermare: quello costituito da significati universali a cui potersi riferire per assumere una propria identità. Il soggettivismo che pervade le culture occidentali del Novecento, paradossalmente, impedisce la realizzazione dell'io in quanto svuota di universalità i significati degli oggetti che lo circondano. L'indefinitezza dell'orizzonte, la misteriosità dei vicoli umidi, la stessa anonimia della folla sviliscono l'importanza dell'individuo

---

[29] Va sottolineato comunque che, a differenza degli Scapigliati, Sbarbaro non si compiace degli elementi demoniaci che osserva nella città e il sentimento dominante di *Pianissimo* è il dolore derivato dall'incapacità di instaurare rapporti con gli altri. Le circostanze biografiche di Sbarbaro, che perse la madre a soli cinque anni, aiutano a capire il dolore e la solitudine, e il pathos a volte eccessivo, di questa raccolta.

perché eliminano un orizzonte di confronto, un termine di paragone significativo.[30]

La dialettica tra le due forze che spingono l'io verso viaggi reali o figurati nel tentativo di evadere e ritrovarsi è rappresentata molto bene in una prosa di Gozzano, "L'ultima traccia", pubblicata postuma:

> Io penso con infinita curiosità al contegno dell'istinto in un uomo che precipita da mille e duecento metri [...] Un dramma interiore, magnifico, deve svolgersi tra l'istinto e l'intelligenza appena il cervello ha intuito che la catastrofe è certa. Lo sdoppiamento è immediato. L'intelligenza, come una sorella vile ed egoista, abbandona l'istinto. E l'istinto, solo cerca una via di scampo nel suo precipitare; chiude le valvole, tenta le corde, rovescia la zavorra. L'intelligenza [...] si apparta indifferente, quasi curiosa; osserva l'involucro afflosciato [...] E tutto osserva, ode, imprime nel cervello, con gelida chiaroveggenza.[31]

Si tratta dell'ultimo viaggio, una rapida discesa verso una morte sicura, che indubbiamente cela un soffuso intento autobiografico. In queste righe affiora un cinismo che allontana quella malinconia tanto cara ai crepuscolari, una freddezza quasi chirurgica nel taglio delle immagini e nel rifiuto di soluzioni liriche, la consapevolezza che la lotta è persa. Sembra che Gozzano abbia chiuso definitivamente il capitolo aperto da Campana, da Cardarelli e da Caproni.

3. Una prospettiva diversa? Città di donne negli anni Sessanta e Settanta

Questa sezione è intenzionalmente titolata "città di donne", piuttosto

---

[30] È d'obbligo segnalare, tuttavia, che in questo periodo esistono anche altri e diversi riferimenti urbani e metropolitani. Un discorso a parte meriterebbero ad esempio i paesaggi urbani, o, più propriamente, metropolitani di poeti futuristi o vicini al futurismo: in modi e gradi differenti Palazzeschi, Soffici, Folgore, Marinetti (ma anche D'Annunzio), hanno visto nella città la realizzazione del dinamismo positivo della modernità, lo stacco ineluttabile e necessario da un passato agrario e passivista, il centro delle attività umane ed un ponte verso il futuro.

[31] Guido Gozzano, "Ananke", in *Poesie e Prose*, Milano, Garzanti, 1961, p.1053.

che "la città delle donne" o "la città nella poesia femminile" per evitare quella sorta di ghettizzazione intimistica che tale etichettatura potrebbe suggerire, e va letta come un'analisi, meglio ancora una rassegna, sicuramente non esauriente e conclusiva, della produzione poetica di donne che hanno sentito il problema della spazialità urbana negli anni Sessanta e Settanta.

Fatta questa premessa, va aggiunto che diverse poetesse di questi anni dimostrano una considerevole propensione all'esprimere in versi la propria condizione di donna, il proprio vivere quotidiano, semplice e complesso nello stesso tempo, monotono nella sua prevedibile ripetitività, ma aperto anche a infinite variabili ricettive, che gli conferiscono un carattere di universalità.

L'antologia *Donne in poesia* di Biancamaria Frabotta (1976), raccoglie una moltitudine di esempi di donne che si estraniano dal caotico movimento della società cittadina, tanto che sarebbe difficile non rilevare nell'antologia una predominanza di situazioni domestiche. Frabotta commenta che

> [...] quasi sempre una donna che comincia a scrivere trova in sé la prima nemica, il primo ostacolo da superare: in qualche modo prevenuta contro se stessa, amerebbe non dilungarsi nell'intimità di un diario che ripete all'infinito, con l'illusorietà dell'eco, il riflesso che di lei la società complessivamente le offre.[32]

Eppure, nonostante questo dispiacere per il diarismo, si registra, in queste poesie, una reiterata occorrenza di tematiche legate alla maternità, al lavoro casalingo, al matrimonio e alla solitudine, tematiche che testimoniano un conflitto tra il voler partecipare al dinamismo della società e il volersi ribellare all'organizzazione della stessa società, in quanto costruzione prevalentemente maschile. A questo proposito Julia Kristeva sostiene che la necessità di affermarsi come soggetto è essenzialmente una necessità fallica[33], e quindi, si può aggiungere, drammatica per la donna poeta.

Se si considerano i seguenti esempi, si legge chiaramente l'opposizione tra uno spazio 'interno', chiuso tra le quattro mura

---

[32] Biancamaria Frabotta, *Donne in poesia*, Savelli, Roma, 1976. p.11.
[33] Julia Kristeva, "Luttes de femmes" in *Tel Quel*, (Parigi), estate 1974, pp.99-100.

domestiche, sicuro – perché tradizionalmente appartenente alla sfera della 'femminilità' – ma statico, e uno spazio 'esterno', aperto e dinamico, spesso negato alla donna. Si noti, ad esempio, la monotonia e la consuetudine dei gesti nella grigia cucina della poetessa romana Luciana Frezza e la ricerca di una via d'uscita, vicina ma elusiva:

> Un requiem per te
> ogni volta che mi chino
> a staccare lo spaghetto appiccicato
> sul verde campo di battaglia
> del grès della cucina, dal nitido
> lancinante dolore
> a una foglia di prezzemolo
> […] La via d'uscita è là?[34]

Vivian Lamarque fa un elenco diaristico, come dice Frabotta, delle attività giornaliere di una donna:

> […] Il giorno di lavare roba bianca
> e domani quella colorata,
> il giorno di comprare già arance,
> oggi di stare dentro,
> domani di diventare. [35]

La città può anche rivelare, tra l'altro, la presenza di spazi piacevoli, come in "2 gennaio" di Vera Gherarducci, ma questi ricalcano la domesticità dell' 'angoletto', del cantuccio; sono gli spazi consueti, tranquilli e, si noterà, sono spazi chiusi: "una piazza […] come una stanza", "una libreria":

> [...] in poche parole
> non so praticamente
> uscire di casa
> andare dal tabaccaio
> qui alla strada vicino

---

[34] Luciana Frezza, "Requiem per Silvia Plath", in *Un tempo di speranza*, Milano, Neri Pozza, 1971.
[35] Vivian Lamarque, "Chiedere dove il tempo", pubblicata in *Nuovi Argomenti*, marzo-aprile 1973, n. 32.

in centro
c'è una piazza che mi piace
consueta come una stanza
c'è una libreria tranquilla
dove mi posso anche sedere se voglio
[...]
il fresco nel viso
il mistero degli altri
frettolosi
gli occhi sbattuti addosso
anche in un attimo solo
[...]
io dentro
qui nella casa
arresa
piena di scrupoli vaghi
regredisco[36]

Ma quanta solitudine si intravede nel desiderio di un contatto anche casuale con gli altri, con occhi che ci vengano "sbattuti addosso" anche per "un attimo solo", e quanta malinconia nella ricerca affannosa di un punto fermo, di un'ancora. Sia la solitudine che la malinconia rimandano alla vulnerabilità esistenziale dell'io, circondato dall'estraneità e dalla freddezza del mondo cittadino. Il soggetto cerca disperatamente un contatto, anche se non sa con chi: "il mistero degli altri / frettolosi". La mancanza di rime, che in qualche modo uniscano i versi, contribuisce ad aumentare la sensazione di isolamento.

Quindi se da una parte è vero che la città moderna è movimento, dall'altra è ugualmente vero che questo movimento si contrappone ad una staticità stagnante e spesso penosa, forzata, che coinvolge soprattutto le donne e che poi si traduce in un isolamento anche poetico. Le donne sono infatti pressoché assenti dalle antologie e dalle storie letterarie italiane del Novecento e anche quando esse hanno cercato di adeguarsi agli stili e alle tematiche 'maschili', come nel caso delle futuriste, la storia ha negato loro un posto ufficiale.[37]

---

[36] Vera Gherarducci, "2 gennaio", da *Giorno unico*, Parma, Guanda, 1970.
[37] Per citare ancora Frabotta: "Le donne [...] sono "dentro" e "fuori" nello stesso tempo, metastoriche, in quanto oggetto di colonizzazione culturale e di

Così spesso molta poesia femminile sembra attenersi a descrizioni della città o di stampo realistico, o delimitate dalle quattro mura della casa, ovvero costrette a fare i conti con un movimento bloccato, impossibilitato, che non riesce ad andare oltre i confini della quotidianità cittadina, intesa come luogo paradigmatico delle restrizioni e costrizioni sociali.

In "La poetica del fanciullino" (1966), Rosanna Guerrini riproduce la drammatica noia di una domenica cittadina, con tutta la consapevolezza di non poter evadere dal proprio ruolo di donna-madre, di non poter uscire da quell'intrico di obblighi sociali e di istituzioni di ogni genere che impediscono l'autorealizzazione.

> Con un cane sfrattato
> dalla sua pensione
> i bambini che piangono
> la televisione rotta
> di domenica
> piove.
> […]
> Così oggi bambini
> vi porterò allo stadio –
> finitela di piangere –
> al derby cittadino.[38]

Certo, uscire dagli obblighi sociali e dai ruoli prescritti significa anche avventurarsi nella precarietà e lasciar spazio alla paura di abbandonare le restrizioni ormai familiari della città e alla nostalgia per quello che si è lasciato:

> […] le case brutte e nere
> così come le tinse
> l'empio inverno del nostro Nord (ma calde,
> dentro, materne) – i Navigli fumosi
> sepolti vivi sotto i marciapiedi
> gobbi […]
> e quei tuoi vagabondi addormentati

falsa sedimentazione della natura in rivolta, e storiche in quanto soggetto di rivolta." B. Frabotta, cit., p.16.

[38] Rosanna Guerrini, "La poetica del fanciullino", da *Invettive*, Milano, All'insegna del pesce d'oro, 1966.

(sognanti di tesori o di lucenti
pulizie?) sulle giacche ripiegate
con la faccia barbuta, nelle alcove
dei ponti, aerate [...]

tutto questo che ad altri forse è pena
angoscioso rifiuto,
quando mi eri lontana,
città di case, ospite città,
a me è sempre mancato
doluto per tutte le vene.[39]

In questa poesia di Daria Menicanti c'è uno sdoppiamento di piani prospettici: chi è all'interno della città vede "le case brutte e nere", i "Navigli sepolti vivi", insomma tutti gli aspetti negativi, e deve quindi accontentarsi di sognare un'alternativa; chi ne è lontano invece ricorda solo "le case", la città "ospite". In effetti si tratta solo dello stesso desiderio visto da due angoli prospettici diversi: il desiderio di trovare un luogo in cui l'io possa sentirsi a proprio agio, e considerarsi "a casa". Così la città può rappresentare un punto di riferimento fisso contro lo scorrere del tempo, contro la solitudine e il silenzio:

Qui ritrovo la luce
qui di nuovo la gente
qui le parole.[40]

La città è insomma anche il luogo dei contatti umani e la sua carica positiva è direttamente proporzionale ai rapporti umani intessuti. Ciò è evidente anche in un componimento della Menicanti del 1971, "Lettera in presente e passato prossimo", in cui la positività delle passeggiate cittadine è accresciuta dalla presenza di un interlocutore:

Sono uscita alla pioggia. Ti ricordi:
m'è sempre piaciuto girare
col vento sotto l'acqua che vola

---

[39] Daria Menicanti, "Milano" (novembre 1960), da *Città come,* Milano, Mondadori, 1964.
[40] Daria Menicanti, "Città come...", dall'omonima raccolta, cit.

attaccare discorso coi randagi
lungo i viali scarlatti
[...]
Così sono tornata a casa a scriverti
una lettera.[41]

L'idea della presenza di due piani prospettici nella percezione della città è presente, in toni molto più drammatici, in "Città murata" di Margherita Guidacci:

> Questo nodo di pietra, questa città murata!
> La medesima ansia fa cercare una porta
> a chi è dentro, a chi è fuori.
> Ma se appena potessero vedere
> di là dal muro, pregherebbero forse,
> gli uni e gli altri, di non trovarla mai.[42]

Chiunque si trovi di fronte ad un muro pensa di poter trovare qualcosa di meglio dall'altra parte, solo per scoprire poi che sarebbe stato meglio non scavalcarlo mai.

Ma a volte è anche difficile poter intraprendere un viaggio quando gli obblighi sociali ci legano ad un luogo da cui vorremmo allontanarci. In "Ho aspettato troppo" di Antonella Carosella, si aspetta un tram che arriva quando è ormai troppo tardi e la ricerca di se stessi è sentita come un'impresa fallimentare.

> Ho aspettato troppo alla fermata il 13 che porta a
> S. Giovanni,
> quando è venuto era ormai inutile seguirne la direzione.
> Neppure l'asfalto comprende la notte che somma i rumori,
> spegne le luci.
> Per stagliare il corpo nello spazio bisogna avere libere le
> mani: le mie portano una busta di latte.[43]

Nell'ottica "femminile" di questa poesia, gli obblighi sociali si

[41] Daria Menicanti, "Lettera in presente e passato prossimo", pubblicata in *Paragone,* giugno 1971, n.256.

[42] Margherita Guidacci, "Città murata", da *Neurosuite*, (1970), in *Le poesie*, a cura di M. Del Serra, Firenze, Le lettere, 1999.

[43] Antonella Carosella, "Ho aspettato troppo", in B. Frabotta, cit., p.136.

fondono con quelli materni e familiari e il latte che ormai le pesa nelle mani, impedisce al soggetto di realizzarsi, di "stagliare il corpo nello spazio".

Amelia Rosselli ripropone il tema della lunga attesa di un viaggio che non si realizza, o che si realizza troppo tardi:

> Io giocavo le mie ultime mille lire su d'un
> tram che non partiva all'alba ma partiva molto
> calmamente verso le sette di sera con una vaga
> promessa d'esser lui il primo ad arrivare.[44]

E anche in questa poesia l'esser donna si aggiunge agli ostacoli all'autorealizzazione: la poesia si bilancia nell'opposizione tra l'io femminile e il tram 'maschile', che la contrasta. La poetessa e il tram gareggiano per arrivare primi e vince il tram. Nello stesso tempo alla poetessa non è concesso di abbandonare la gara, pena "un tal mal di testa da far morire le formiche". Ma l'atmosfera cittadina è asfissiante e le restrizioni delle consuetudini e delle convenzioni sociali sono evidenti anche in un'altra lirica della Rosselli:

> [...] Il naturale mi è escluso. O umanità che ti storpi i piedi per
> mangiare alle ore convenute, se il tuo cibo è l'aria
> perché distruggi. Moriremo nell'aria varia, ma non è *vacua*
>
> Cerco la durata delle sicurezze ma l'orologio, il numero
> ha asfissiato la mia bellezza, e l'armonia del numero mi
> ha rotto le scatole della tolleranza – l'orologio ha numeri
> troppo brevi per il mio riposo. Vince il metallo della cassaforte
> su dell'aria invariabile. Non è l'una! È l'infinito! Grido che
> ricade nella strada coi suoi mattoni da cassa da sicurezza.
>
> Non posso dimenticare il tempo. L'aria è vana.
> Le regole della vita sono più asfissianti della mia bellezza [...][45]

L'io è interamente soffocato dalla città, dai mattoni che gli si stringono addosso per le strade come una "cassa di sicurezza", una

---

[44] Amelia Rosselli, "Io giocavo", da *Variazioni belliche (1960-1961)*, Milano, Garzanti, 1964.
[45] Amelia Rosselli, "La pazzia amorosa", da *Variazioni belliche (1960-1961)*, cit.

scatola da cui non c'è uscita. Le restrizioni della vita in società sono fin troppo evidenti nel ticchettio ossessionante dell'orologio, che scandisce il tempo in modo meccanico e quasi innaturale. Le lancette dell'orologio che girano troppo veloci ("l'orologio ha numeri troppo brevi") sconfiggono la bellezza, un attributo restrittivo e costrittivo convenzionalmente associato dalla società all'essere donna ("le regole della vita sono più asfissianti della mia bellezza"). L'insistente presenza delle assonanze "aria : varia : invariabile" acuisce il senso di asfissia che unisce questi versi così compatti e densi di parole.

D'altra parte la città ha un fascino conflittuale, esercita una forza di attrazione e provoca un desiderio di fuga, ed elementi positivi e negativi si intrecciano in molte poesie 'metropolitane'. Questo intreccio è evidente in "Le stelle dell'Acquario", tratta dalla raccolta *La città atonale* della poetessa milanese Regina Agnesini, pubblicata nel 1962 con un'introduzione di Salvatore Quasimodo:

> Strade vuote. I due ragazzi
> torcono spaventati le labbra sovrapposte.
> Il vento si aggrappa ai vetri
> e scioglie un suono d'anfore. È inverno, una cicala
> fossile si piega nel suo immenso fiato. E nel pentagono
> segreto, è Acquario, il grido celeste
> modulante della vergine e il cuore dei vecchi
> d'inferme pupille di nebbia, i sensi stanchi
> non indovino; non indovino. Mentre gli ingenui
> si guardano molto allo specchio. E l'uomo
> teme di essere più uomo. La donna torna
> a una sofferenza di animale per ripetere il mondo.[46]

Quasimodo commenta che nella poesia di Agnesini "paesaggi interni e visti (la terra di Lombardia, [...] la simbologia della città moderna [...]) si muovono e salgono lungo una spirale che non vorrebbe né cesure né altri accorgimenti di pause".[47] Nei versi citati l'ambientazione cittadina si palesa metonimicamente attraverso l'immagine delle strade, dei vetri, degli specchi. La poesia è giocata in primo luogo sulla giustapposizione netta di una serie di termini: le

---

[46] Regina Agnesini, "Le stelle dell'Acquario", da *La città atonale*, Padova, Rebellato, 1962.
[47] Salvatore Quasimodo, introduzione a *La città atonale*, cit., p.7.

strade vuote e la presenza dei due ragazzi, il vento che "si aggrappa",
quindi irrigidisce, e poi "scioglie", quindi lascia andare, la "vergine" e
i "vecchi", e naturalmente "l'uomo" e "la donna". In secondo luogo si
basa anche sulla contrapposizione di significati positivi (i "ragazzi",
le "labbra sovrapposte" ad indicare un bacio, il "suono d'anfore",
"immenso fiato", le "stelle" del titolo) e di significati negativi ("strade
vuote", "torcono spaventati", "si aggrappa", "un grido", le "inferme
pupille"). La conflittualità tra elementi positivi e negativi determina
una situazione di indugio, quasi di attesa: è il guardarsi allo specchio
degli "ingenui", probabilmente della stessa poetessa che non capisce,
("non indovino"), mentre tutt'intorno gli altri sono presi dalla paura
("l'uomo / teme di non essere più uomo") e dal dolore (la donna torna
/ a una sofferenza di animale").

Il panorama cittadino si presta particolarmente bene a descrizioni
di tipo surrealista, proprio per la perdita di senso che si avverte nella
città, dove il soggetto sembra sempre essere uno spettatore/attore che
scivola in un paesaggio noto ma estraneo e incomprensibile. Si veda a
questo proposito "Verso l'est", sempre della Agnesini:

> [...] Quando al segnale di un clacson
> simultaneo nell'aria rossa dei camini
> i vigili sollevano il braccio in attesa
> al passo di una malinconica zebra
> nasce dalla violenta solitudine, al sonno
> dei malati, alle melodie di una cornamusa
> la natura ancora colpevole.[48]

La simbologia della città moderna, tra paesaggi immaginati e
osservati, si bilancia tra metafisica e realtà, – caratteristica appunto
del sogno – ed è riassunta nell'ossimoro "violenta solitudine", che l'io
sente di dover subire vivendo nella metropoli.

Si è parlato molto della difficoltà che generazioni di donne
scrittrici hanno incontrato nel cercare di esprimersi facendo uso di
codici linguistici stabiliti dall'universo maschile. Dagli esempi
riportati (pochi, sicuramente), si nota la ricerca di soluzioni
linguistiche diverse, che attraversano quasi trasversalmente questi
codici, dalle annotazioni diaristiche di stampo quasi crepuscolare alla
poesia prosastica, fino alle originali sperimentazioni della Rosselli.

---

[48] Regina Agnesini, "Verso l'Est", da *Città atonale*, cit.

Vorrei chiudere con una poetessa, Giulia Niccolai, che gioca a distruggere la linearità sintattica su cui si basano le normali strutture semiotiche, nel tentativo di costruire un diverso, nuovo rapporto con la realtà. Frustrato nelle sue aspettative, il lettore è costretto a costruire le proprie chiavi interpretative, interrogando continuamente il verso e abbandonando l'automatismo della comunicazione quotidiana.

Nella poesie della Niccolai lingua e città si rincorrono a vicenda in un gioco di geografie dilatate: allargando al massimo le coordinate geografiche delle parole nell'ambito del verso e della frase, Niccolai arriva a suggerire la presenza di significati oltre le gerarchie grammaticali e sintattiche tradizionali. Parallelamente, avvicinando nomi di città e luoghi geograficamente lontani, la poetessa suggerisce la presenza di altri mondi, di realtà fluide, che si intrecciano tra loro ed emergono tra le parole, come nella divertente poesia che segue:

> Ortisei donnalucata?
> Lanusei donnafugata?
> Ansiei leonessa amatrice?
> Premilcuore flumendosa lampedusa
> Crevalcuore formosa generosa signora pulita!
> Raddusa aggira il regalbuto
> Sciacca siracusa il racalmuto.
> Cianciana cianciana contessa Entellina ...
> Alto ulassai
> Acuto ussassai
> Staiti muta femmina morta![49]

Queste frasi apparentemente 'corrette' non hanno in realtà alcun senso, essendo costituite quasi esclusivamente di nomi geografici abilmente accostati.

In "Sintattico e verbale", la Niccolai esemplifica graficamente la relazione tra la realtà contemporanea e il mezzo con cui rappresentarla: l'ordine formale del linguaggio nasconde l'inganno dell'assenza di comunicazione, allo stesso modo in cui un ordinato spazio architettonico nasconde l'assenza di associazione.

---

[49] Giulia Niccolai, "Palermo-Orgosolo", da *Greenwich*, Bologna, Geiger, 1971.

Un ordinato spazio verbale e sintattico
ordisce l'inganno dei reperti di oggi:
si rende impraticabile volentieri
con perfetta arbitrarietà e noncuranza.

Associando oggetti ed eventi nell'immaginazione
la buona materia raccolta nei testi
acquista un netto risalto
una raccapricciante volontà di pensare. [50]

È necessario che il linguaggio obblighi a fare lo sforzo di collegare
"oggetti ed eventi" per costringere il lettore a pensare. Nella città è
necessario che lo spettatore guardi oltre le facciate e le luci
abbaglianti per ritrovare e capire la vita di comunità. Per il suo
carattere essenzialmente dialogico, l'opera letteraria, attraverso l'uso
della lingua, fornisce spunti, indicazioni da interpretare:

Seminando frantumi e ritagli
in una specie di dissolvenza incrociata
investe le membrature del testo
(oggetto della propria operazione).

Evidentemente non si può dire
che vuole distruggersi di continuo.[51]

"Frantumi e ritagli" di linguaggio sono indizi sparsi sulla pagina e,
così come i piccoli dettagli cittadini, possono condurci a "l'anello che
non tiene / il filo da disbrogliare"[52]. La lingua, come la città, vuole
rinnovarsi, non "distruggersi di continuo".
Giulia Niccolai esplora quindi in modo originale la relazione tra
segno e referente:

Igea travagliato
trento treviso e trieste
di disgrazia in disgrazia
fino a pomezia.

[50] Giulia Niccolai, "Sintattico e verbale", apparsa in *Tam Tam*, 1974, nn.
6-7-8.
[51] Ibid.
[52] Eugenio Montale, "I limoni", da *Ossi di seppia*, 1925.

Como è triste Venezia.[53]

Anche qui i nomi di città sono scelti in base alle loro caratteristiche fonetiche e intramezzati da altri vocaboli foneticamente compatibili. Così, mentre il referente (la città) ha ancora importanza in quanto esso crea una relazione tra i termini usati, sono i segni ad assumere un ruolo primario nella poesia per la loro capacità di trasformarsi in suoni.

Qui la Niccolai usa anche un metodo stilistico tipico di molta poesia novecentesca: il procedimento alogico, che è un'ennesima rinuncia alle strutture sintattiche tradizionali: i versi "Igea travagliato […] fino a pomezia" (sic) formano una frase priva di verbo e non hanno una sequenza logica. Il procedimento alogico gioca sul concetto della sovrapposizione e/o della giustapposizione delle immagini, le cui forme o i cui significati metaforici rinforzano un'espressione specifica senza dover ricorrere ad alcuna connessione logica.

È giunto quindi il momento, di rispondere alla domanda posta nel titolo di questa sezione: una prospettiva diversa?

La produzione poetica femminile è aumentata in modo considerevole a partire dagli anni Cinquanta[54] e continua a crescere quantitativamente. Questo è senza dubbio anche il risultato di una maggiore disponibilità dell'industria editoriale a pubblicare tali poesie. Purtroppo questo dato può falsare la percezione di quello che la poesia, anche quella non pubblicata, è stata nei periodi precedenti, rendendo più difficile ricostruirne una mappa evolutiva. Mancano ad esempio, testimonianze valide di donne che abbiano partecipato a movimenti avanguardistici prima degli anni Sessanta, come il futurismo, l'ermetismo ecc. E laddove questi esempi esistono, la loro reperibilità è limitata.

Tuttavia sarebbe quantomeno riduttivo, oltre che ingenuo, pensare di segnare uno spartiacque ideale tra un primo Novecento quasi del tutto privo di poetesse e un periodo più tardo dello stesso secolo in cui invece queste cominciano ad abbondare. E sebbene, per motivi di esposizione, questo studio sia stato articolato in due sezioni distinte,

---

[53] Giulia Niccolai, "Como è triste Venezia", da *Greenwich,* cit.

[54] Bisogna ricordare però che già negli anni Quaranta erano apparse poesie e raccolte poetiche di donne. Biagia Marniti, ad esempio, aveva cominciato a pubblicare su *Quadrivio* nel 1942; *La sabbia e l'angelo* di Margherita Guidacci è uscito nel 1946.

intendo sottolineare che non è mia intenzione suggerire una compartimentazione tematica.

Da una parte, nel discorso sui "vagabondaggi cittadini del primo Novecento", infatti, può rientrare anche una poetessa istriana, Lina Galli, che nel '38 ha pubblicato una raccolta significativamente intitolata *Città*[55]. In questa raccolta si denuncia la presenza di una folla cittadina anomima e "nemica"[56] e la grigia malinconia di stanchi viaggiatori che, attraversando in tram "squallide case di povertà", sono risvegliati dal loro torpore dal "lembo / di mare" che improvvisamente appare tra le case:

Nella strada scialba
il carrozzone passava
fra squallide case di povertà.
Calcati erano dentro
sui visi
tedio e opacità.
[...]
E di repente
tra uno spacco
di mura grigie
apparve un lembo
di mare
[...]
Tutti gli occhi levarono
pallidi di nostalgia
e il mare lontano fissarono,
come da prigionia
si guarda
uno spiraglio di cielo.[57]

Anche altrove la Galli usa toni reminescenti di Carducci e di D'Annunzio, e la sua poesia, in generale, non è troppo originale e neanche patricolarmente felice. Ma è interessante notare come anche lei indichi la necessità di allontanarsi, magari solo mentalmente, dalla città per poter ritrovare se stessi.

---

[55] Lina Galli, *Città*, Modena, Guanda, 1938.

[56] "Folla, massa compatta / e amorfa, / muraglia dura e nemica / senza più pianto / né riso", Lina Galli, "Folla", da *Città*, cit.

[57] Lina Galli, "Tram", da *Città*, op. cit.

D'altra parte paesaggi e ambientazioni "domestiche" – in senso lato – non sono appannaggio esclusivo di poetesse. Basti pensare anche solo a Saba e a Moretti per trovare esempi di 'angoletti' – o della nostalgia per gli angoletti – di cui si è parlato.

Cionostante, negare la presenza di un elemento "femminile" significherebbe appiattire il significato e l'esperienza di poetesse e scrittrici che hanno sofferto il trauma di essere allo stesso tempo "storiche" e "metastoriche", per tornare alla definizione della Frabotta. Quindi la prospettiva della donna poeta nella percezione della città non può essere che diversa, in quanto ai conflitti intrinseci alla città novecentesca, ai conflitti riflessi dai versi che tentano di rappresentarla, si aggiungono, trasversalmente, i conflitti di *un'io* che deve lottare contro la colonizzazione della propria autenticità, contro gli imperativi di costrizioni sociali doppiamente restrittive e non ultimo, contro un sistema lessicale, metrico e culturale che non sempre, o non completamente le appartengono.

Mario Moroni

Spazi liminali nella poesia di Eugenio Montale

Ossi di seppia, pubblicato nel 1925, è il volume in cui la poesia di Eugenio Montale appare più profondamente ispirata dallo scenario del paesaggio ligure. In questa dimensione svuotata di presenze umane emerge una serie di elementi costitutivi dell'idea di limine e confine quali, ad esempio, la costa – linea di confine tra mare e terra – l'orizzonte, linea che divide terra e cielo e il muro, elemento architettonico di divisione tra due spazi fisici. L'idea di "linea" è essenziale nella prima produzione montaliana e, ai fini del presente lavoro, essa offre una chiave interpretativa in senso liminologico. A partire dalla poesia d'apertura di *Ossi di seppia*, "In limine", posta programmaticamente come vera e propria soglia del volume, si svilupperanno una serie di riflessioni sul significato di alcuni aspetti liminali nella poesia montaliana.

La "linea" montaliana assume in generale il valore di confine tra due spazi, ma è configurabile più precisamente a livello allegorico come "condizione". Si tratta di uno stato che segna l'esperienza stessa della liminalità, intesa come il momento in cui il soggetto si trova ad "abitare" il luogo liminale, a trovarsi su un "varco", vale a dire in una posizione di passaggio, né da un lato né dall'altro, secondo la nozione di liminalità elaborata in campo antropologico. Victor Turner ha formulato la nozione di limine e liminalità in relazione ai riti d'iniziazione e ai festival stagionali presso società arcaiche e tribali.[1] Il limine può essere identificato con una soglia, o perfino un lungo corridoio, che rappresenta il necessario passaggio della persona nel processo d'iniziazione.

Il limine può funzionare come fase di transizione dell'iniziato da una dimensione dinamica ad una statica, ma può anche cessare di essere una transizione e diventare una condizione permanente, come nel caso dei monaci. Coloro che sono soggetti alla fase liminale si trovano in una posizione intermedia, in sospensione tra stati

---

[1] Cfr. Turner: "Variations on a Theme of Liminality", in *Secular Ritual*, a cura di S. Moore e B. Myerhoff, Amsterdam, Van Gorcum, 1977, p. 37.

prestabiliti della struttura politico-giuridica della società. In questo stato essi si trovano al di fuori delle classificazioni ordinarie, non sono né una cosa né l'altra, non si trovano né qui né lì.

Margaret Brose è stata tra i primi critici a ricondurre la problematica antropologica della liminalità alla poesia montaliana. La studiosa americana ha prima indicato nella poesia di Montale uno stato liminale segnato dalla separazione della poesia dal vincolo di necessità, poi ha parlato di una fase successiva al momento di "passaggio", in cui è possibile una riaggregazione, una volta oltrepassato il "limen".[2]

"In limine": la soglia di *Ossi di seppia*.

Godi se il vento ch'entra nel pomario
vi rimena l'ondata dalla vita:
qui dove affonda un morto
viluppo di memorie,
orto non era, ma reliquiario.

Il frullo che tu senti non è un volo
ma il commuoversi dell'eterno grembo;
vedi che si trasforma questo lembo
di terra solitario in un crogiuolo.

Un rovello è di qua dall'erto muro.
Se procedi t'imbatti
tu forse nel fantasma che ti salva:
si compongono qui le storie, gli atti
scancellati pel giuoco del futuro.

Cerca una maglia rotta nella rete
che ci stringe, tu balza fuori, fuggi!
Va, per te l'ho pregato, – ora la sete
mi sarà lieve, meno acre la ruggine . . . (p.5)

---

[2] Brose ha definito questa fase come la decodificazione ermeneutica della poesia stessa, vale a dire una riaggregazione degli elementi fonetici e semantici del testo che erano stati disciolti al momento della fase liminale. Si veda Brose: "The Spirit of the Sign", *Stanford Italian Review,* 4.2, 1984, in particolare pp.158-160.

"In limine" ha la funzione di vera e propria "prefazione" al volume *Ossi di seppia*.[3] Il testo è stampato in corsivo e si presenta al lettore come un'inscrizione posta su un'entrata. È da lì che il lettore dovrà passare per addentrarsi nel territorio poetico montaliano. Si tratterà quindi di un testo posto in funzione di confine tra ciò che è fuori della sfera poetica e ciò che vi si trova dentro, ma anche di un testo inteso come spazio liminale, il cui attraversamento costituisce un momento iniziatico per il lettore. Inoltre, la sua posizione tipografica e l'affermazione dello stesso Montale nella sua lettera a Giacinto Spagnoletti del 27 agosto 1960, secondo cui questa poesia doveva essere la summa o il congedo di tutto il resto, rendono "In limine" un testo essenziale per la comprensione dell'intera poetica montaliana, una legenda preposta a guidare la lettura.[4]

Assumendo il valore programmatico di "In limine", si potrà confermare la sua importanza in relazione ai temi confinologici e liminologici già a partire dal primo verso: "Godi se il vento ch'entra nel pomario / vi rimena l'ondata della vita:..." (p.5). La poesia si apre con un invito nell'imperativo dell'"io" ad un "tu", la cui presenza caratterizzerà profondamente l'intera produzione poetica montaliana. L'uso dell'imperativo in funzione d'invito si ripeterà lungo l'intero testo, ma prima ci si deve soffermare sul "pomario". Esso è il primo di una serie di termini indicanti confine e limite. A livello strettamente etimologico il pomario è una piantagione curata e ordinata di alberi da frutto. Ma seguendo una lettura liminologica, esso si configura anche come luogo delimitato, confine dal quale

---

[3] I versi della poesia saranno citati da: Eugenio Montale: *Tutte le poesie*, Mondadori, 1977, p.13.

[4] Per la lettera di Montale si veda Giacinto Spagnoletti: "Preistoria di Montale", in *Omaggio a Montale*, a cura di S. Ramat, Milano, Mondadori, 1966, pp.121-122. Ernesto Livorni ha messo in evidenza che in quanto "congedo", e data la cronologia (1924), "In limine" era stata scritta dopo le altre poesie del volume. Si tratta quindi di un testo situato in posizione introduttiva, che però è stato originariamente concepito come una riflessione retrospettiva del poeta, cfr. Livorni: "'In limine'. Per una summa di *Ossi di seppia*", *Italiana*, 9, 2000, in particolare p.367. Sulla posizione di "In limine" in apertura del volume montaliano si vedano anche Brose, p. 167 e Rebecca West: *Eugenio Montale: Poet on the Edge*, Harvard UP, 1981, p.11. Recenti studi critici e filologici su "In limine" sono quelli dello stesso Livorni, di Ernesto Citro: *Trittico montaliano*, Roma, Bulzoni, 1999, pp.11-38 e di Bruno Porcelli: "Una lettura di 'Riviere' ma anche di 'In limine'(*Ossi di seppia*)", *Lettere italiane*, 52, 2000, in particolare pp. 615-618.

l'"io" invia il suo invito. Questo aspetto offre una prima riflessione su quella che in apertura ho definito la "condizione" liminale della soggettività poetica. L'"io" appare situato fin dall'inizio in una posizione di confine. Se questo ed altri elementi di confine costituiscono il luogo dell'enunciato dell'"io" montaliano – e se "In limine" ha valore programmatico – si potrà allora ipotizzare fin d'ora che l'intera opera del poeta ligure costituisce un'imponente allegoria della condizione e del luogo del fare poesia: al confine.[5]

In "In limine" la voce poetica montaliana produce costantemente enunciati da un luogo delimitato che si connota di volta in volta come "pomario" (v.1), "orto" (v.5), "lembo" (v.8), come pure diversa è, di volta in volta, la connotazione del tipo di delimitazione del luogo: "erto muro" (v.10) e "rete" (v.15). Il testo introduce fin dall'inizio lo spazio liminale dell'orto.[6] A partire da questo luogo, tuttavia, appaiono potenzialità metamorfiche che trasformano i riferimenti iniziali: "orto non era, ma reliquiario" (v.5), secondo una dinamica in cui il luogo iniziale si riconfigura come "reliquiario", contenitore di ciò che resta del corpo, delle vesti, degli oggetti di un morto, o di ciò che resta di una cosa molto preziosa. Si tratta di un riferimento alla

---

[5] Brose ha avvicinato la funzione dell'"io" poetico montaliano a quella di un intermediario, o sciamano, che conduce il neofita da un ordine all'altro dell'universo nella fase liminale propria del rito di passaggio in ambito antropologico, cfr. Brose, pp.157-158. Sulla base delle indicazioni di Brose, Rossella Riccobono ha sviluppato un'interessante lettura liminale di alcune poesie montaliane, si veda "Lettura *in limine* di 'La canna che dispiuma' e di 'Fuscello teso al muro' di Eugenio Montale", *The Italianist*, 14, 1994, pp.111-132. Da parte mia, la funzione dell'"io" poetico in Montale rimane invece strettamente vincolata alla condizione liminale, nel senso che l' "io"non ha il ruolo d'intermediario, bensì è situato esso stesso in una posizione liminale, quindi è sottoposto a quella fase e alla condizione aporetica che ne deriva.

[6] Questo luogo può facilmente rimandare alla tradizione letteraria del giardino, o *hortus conclusus*, ma si dovrà tenere presente l'indicazione di Rebecca West quando ha messo in evidenza che, se da una parte il giardino è stato tradizionalmente associato ad una letteratura d'evasione, esso può anche essere visto come elemento strategico consapevole da parte della letteratura. A titolo di esempio, West fa riferimento a *The World at Play in Boccaccio's Decameron* di Giuseppe Mazzotta, in cui l'autore argomenta che nel *Decameron* il giardino costituisce un luogo d'isolamento strategico. Esso consente di riflettere sulla storia e di elaborare la possibilità di una letteratura secolare a partire da una condizione di marginalità, cfr. West, p.170, nota n.10.

memoria, che spesso assume il ruolo di elemento precario e instabile nella poesia montaliana.

Più avanti nel testo si verifica la trasformazione di un altro degli elementi indicanti confine, il lembo: "vedi che si trasforma questo lembo / di terra solitario in un crogiuolo" (vv.8-9). Qui il "crogiuolo" sembra rimandare al processo, che si direbbe geologico, di trasformazione del dato biografico di "lembo" – nel senso della natìa terra ligure – in un contenitore o una dimensione in cui si fondono diversi elementi. In questo caso la trasformazione sarebbe legata al dissolvimento dell'unicità del luogo originario in un insieme di elementi disparati.

Ritornando a "pomario", è stata notata un'importante affinità etimologica tra questo termine e "pomerio".[7] Nell'antica Roma il pomerio era lo spazio di terreno sacro in cui era proibito costruire, abitare o arare. Esso era situato lungo le mura, sia all'interno sia all'esterno, e delimitato da pietre terminali. La sua origine era etrusca e poteva avere significato magico, religioso o militare. Serviva quindi a delimitare lo spazio organizzato della città dal mondo esterno.[8] Alla luce di questa affinità si dovrà senz'altro tornare all'antica tradizione dei Termini, poiché essa costituisce un aspetto integrale dell'intera problematica dei confini.

Nella religione dell'antica Roma, Terminus (-i) era il dio romano sotto la cui protezione venivano posti i confini. Secondo la tradizione il suo culto era stato istituito da Numa Pompilio, il quale aveva prescritto che i confini delle terre di ciascuno dovevano essere delimitati da pietre consacrate a Giove, alle quali venivano portate offerte che venivano sacrificate ogni anno il 23 febbraio, durante le feste chiamate Terminalia. Termine passò successivamente ad indicare le pietre stesse del confine.[9] Si pensi poi al gesto arcaico di tracciare il solco di confine sul terreno. Si tratta di una rottura della terra, che rimanda ad una forma di violenza. L'aratro che traccia il

---

[7] Cfr. Amerigo Giachery: *Metamorfosi dell'orto,* Roma, Bonacci, 1985, p.26, nota n.40.

[8] Cfr. *Grande dizionario della lingua italiana,* Torino, UTET, p. 824.

[9] Un pubblico cippo di confine era conservato nel tempio di Giove sul Campidoglio, ed un altro era collocato sulla strada che univa Roma a Laurento, nella località dei Festi, cfr. George Dumézil: *La religione romana arcaica,* Milano, Rizzoli, 1977, pp. 185-188. Su Terminus come divinità si veda anche Giulia Piccaluga: *Terminus,* Roma, Edizioni dell'Ateneo, 1974, pp.118-134.

solco strappa ciò che si trova nella terra. Nel mito della fondazione di Roma, Romolo uccide Remo perché aveva osato varcare il solco sacro.

Nel caso della poesia montaliana, ci si trova di fronte ad un uso sistematico dei diversi elementi indicanti limine e confine, al punto che Montale offre la possibilità di una più ampia discussione sulla condizione soggettiva dell' "essere tra", di quel trovarsi "né qui né lì" di cui si è parlato a proposito della liminalità. Tuttavia, mi distanzio dalla lettura di Brose, la quale ha individuato nella poesia montaliana una fase successiva al momento di "passaggio", in cui sarebbe possibile una riaggregazione una volta oltrepassato il "limen". Vale a dire una fase di decodificazione ermeneutica della poesia stessa, con la conseguente riaggregazione degli elementi fonetici e semantici del testo che erano stati disciolti al momento della fase liminale. Da parte mia, tendo invece a lasciare la condizione liminale montaliana così come essa si presenta nella fase di passaggio, vale a dire una liminalità permanente, in cui l' "io" poetico è situato precariamente.

Come si è accennato sopra, un altro elemento liminale di "In limine" è il "lembo": "Il frullo che tu senti non è un volo / ma il commuoversi dell'eterno grembo / vedi che si trasforma questo lembo / di terra solitario in un crogiuolo" (vv.6-10). Così come per "pomario", anche per "lembo" si presenta un primo livello di significato etimologico che indica in generale una parte terminale, un contorno estremo, come pure un confine o margine. Ma anche per "lembo" è stata proposta un'affinità etimologica che sarà necessario considerare, quella con "limbo".[10]

Il significato teologico di limbo – luogo in cui si trovano le anime di coloro che sono morti senza aver ricevuto la grazia santificante, pur non avendo commesso peccati – s'intreccia con il significato figurato del termine, inteso come condizione o situazione sospesa, incerta, provvista di quel senso d'indeterminatezza che è costitutivo della fase rituale liminale. La condizione limbale è propria di persone che restano in disparte, ignorate, secondo quell'effetto d'invisibilità temporanea che caratterizza il neofita durante il rituale.

Il senso di esclusione dalla vita e di sospensione rispetto alla storia appare del tutto appropriato nel caso di Montale, se si considera che la

---

[10] Cfr. Giachery, p.26, nota n.40. Ci sono le ovvie implicazioni dantesche del termine, facenti parte di una più ampia area di rapporti tra Montale e Dante che non esaminerò in questa sede.

sua prima produzione poetica, raccolta poi in *Ossi di seppia*, risaliva al periodo della nascita e crescita del Fascismo in Italia (1916-1925). Si tratterebbe dunque di un volontario estraniamento dell'"io" poetico dalle circostanze storiche attraverso la costruzione di uno spazio testuale liminale, separato e sospeso rispetto all'esterno. La dimensione limbale sarebbe allora la più adatta a connotare questo stato di cose, specialmente se si guarda al verso 10 di "In limine": "Un rovello è di qua dall'erto muro", in cui il "rovello", fatto di tormento interiore, si trova al di qua del muro, il quale funziona da barriera protettiva dell'"io" rispetto all'esterno. Nel caso di Montale ci si trova di fronte ad uno stato di sofferenza e costrizione, ad una forma di liminalità dolorosa quindi, che allude ad una condizione forzata, da ragioni anche storiche, al di qua dell' "erto muro".[11]

"Meriggiare pallido e assorto": l'io poetico e la liminalità temporale

Meriggiare pallido e assorto
presso un rovente muro d'orto,
ascoltare tra i pruni e gli sterpi
schiocchi di merli, frusci di serpi.

Nelle crepe del suolo o sulla veccia
spiar le file rosse di formiche
ch'ora si rompono ora s'intrecciano
a sommo di minuscole biche.

Osservare tra frondi il palpitare
lontano di scaglie di mare
mentre si levano tremuli scricchi
di cicale dai calvi picchi.

E andando nel sole che abbaglia
sentire con triste meraviglia
com'è tutta la vita e il suo travaglio
in questo seguitare una muraglia
che ha in cima cocci aguzzi di bottiglia.

---

[11] West ha messo in evidenza che anche il limbo dantesco è circondato da alte mura, cfr.p.4.

Oltre a riproporre elementi indicanti confine fisico, quali "muro d'orto" (v.2) e "muraglia" (v.16), questa poesia introduce un ulteriore aspetto liminale, quello della temporalità, costituito dal "meriggio", l'ora del mezzogiorno avente funzione intermedia, preposta a demarcare il passaggio tra le ore mattutine e quelle pomeridiane. Leggerò questo momento liminale della giornata come scenario temporale atto a definire la posizione dell'"io" poetico montaliano, situato anch'esso in una dimensione liminale sia qui sia, ancor più drammaticamente, in "La casa dei doganieri".[12]

La poesia inizia con una descrizione quasi fotografica: "Osservare tra frondi il palpitare / lontano di scaglie di mare" (vv.9-10). Il verbo "osservare" possiede una diversa connotazione semantica rispetto a "vedere", poiché suggerisce un senso di maggiore stabilità e distacco (fisico e mentale) nella posizione dell'osservatore. L'"io" appare come un osservatore indisturbato di luoghi fisici e un tranquillo testimone di piccoli eventi. Tuttavia nel testo si presentano tracce minime di una condizione che definirei destabilizzante.

"Meriggiare" può essere letto sia come verbo (stare a riposo all'ombra durante le ore calde) sia come sostantivo, nel senso dell'ora di mezzogiorno. Nel secondo caso il termine è derivabile da "meriggio", dal latino *meridies – ei*, e risulta una combinazione tra *medius* e *dies*. Il termine "meriggiare" è quindi connotato già di per sé da una certa ambiguità semantica e sintattica, ma la sua complessità è dovuta anche al fatto che, all'interno di questa ambiguità, esso funziona a tutti gli effetti come soggetto grammaticale del primo verso: "Meriggiare pallido e assorto".

Qualunque sia la connotazione semantica attribuibile al termine, ci troviamo di fronte ad un aspetto notato da Gian Paolo Biasin: "Come significante dunque, in ogni caso, *meriggiare* esclude un soggetto grammaticale determinato. . .".[13] Se si considera "meriggiare" un verbo, si può ancora attribuirlo alla posizione dell'io in stato di riposo e tranquilla osservazione. Ma se si parla dell'ora liminale del mezzogiorno, allora si dovrà considerare un'ipotesi che riguarda *Ossi di seppia* nel suo insieme, cioè il ridimensionamento dell'io poetico, che in "Meriggiare pallido e assorto" sarebbe sostituito fin dall'inizio

---

[12] Per i connotati liminali del termine "meriggio" si veda Brose, pp.155-156.

[13] Biasin: *Il vento di Debussy*, Bologna, Il Mulino, 1985, p.62.

con il momento stesso della giornata, con una dimensione temporale elevata a soggetto grammaticale.

Si verifica uno stato d'incertezza che investe la presenza e la centralità dell'io, da qui la necessaria cautela nel riferirsi a lui come un'osservatore distaccato. In effetti, questa posizione di distacco può essere vista quasi al limite della scomparsa.

Un verbo all'infinito è presente in ognuna delle quattro strofe: "ascoltare"(v.3), "spiare"(v.6), "Osservare"(v.9) e "sentire"(v.14). Da una parte l'infinito stesso, una forma verbale non coniugata, può comunicare un intento di linearità (o anche di percezione immediata non ancora pienamente articolata) che si trova dietro l'atteggiamento descrittivo dell'"io" poetico; dall'altra si può ipotizzare che i verbi all'infinito, più il gerundio "andando" (v.13), indichino azioni umane rese però impersonali. Azioni dalle quali la soggettività individuale è eliminata. L'uso dell'infinito proporrebbe semanticamente un "ascoltare" senza l'implicazione di un reale soggetto in ascolto, come pure un "osservare" senza un soggetto in osservazione.[14]

L'ipotesi è che non si possa parlare di totale scomparsa del soggetto umano, bensì, ancora una volta, di una condizione di confine. In questo caso un confine tra personalizzazione soggettiva delle azioni indicate dai verbi e impersonalità provocata dal loro uso all'infinito. Infatti i quattro verbi, sia pure all'infinito, si riferiscono ancora ad attività cognitive e sensoriali attribuibili ad una soggettività. Tre di essi sono legati, appunto, ai cinque sensi: l'udito ("ascoltare") e la vista ("spiare" e "osservare").

Il quarto verbo ("sentire") si riferisce invece sia alla sfera dell'interiorità e dei sentimenti sia all'esperienza fisica. Solo nell'ultima strofa si può recepire l'inizio di una fase d'inquietudine, quando la descrizione lineare dell'esterno si sposta verso la sfera interiore e il "sentire" provoca la riflessione che la vita e i suoi travagli consistono "in questo seguitare una muraglia / che ha in cima cocci aguzzi di bottiglia." (vv.16-17)

In "Meriggiare" l'io poetico montaliano sembra muoversi

---

[14] Per questa chiave di lettura si vedano Guido Almansi e Bruce Merry: *Eugenio Montale*, Edimburgh UP, 1977, p.32. La messa in dubbio della presenza umana nelle azioni, pur sempre umane, espresse dai verbi all'infinito, ha condotto all'ipotesi che non solo tematicamente ma anche formalmente la figura umana è rimossa dalla poesia montaliana per lasciare spazio ad un'omologia con la dimensione pittorica, vicina all'opera di Giorgio Morandi, cfr. Biasin, pp.63-65.

costantemente tra la rimessa in discussione della propria presenza e l'invio di segnali di quella stessa presenza. Questa posizione indica, nello stesso tempo, un'auto-esclusione ma anche un senso di presenza vitale dell'io stesso, il quale invia pur sempre segnali da luoghi di margine geografico e semantico.

1.   "La casa dei doganieri"

"La casa dei doganieri", apparsa nel 1932 in *La casa dei doganieri e altri versi,* offre, a diversi livelli, l'ulteriore approfondimento di una lettura liminologica della poesia montaliana:

> Tu non ricordi la casa dei doganieri
> sul rialzo a strapiombo sulla scogliera:
> desolata t'attende dalla sera
> in cui v'entrò lo sciame dei tuoi pensieri
> e vi sostò irrequieto.
>
> Libeccio sferza da anni le vecchie mura
> e il suono del tuo riso non è più lieto:
> la bussola va impazzita all'avventura
> e il calcolo dei dadi più non torna.
> Tu non ricordi; altro tempo frastorna
> la tua memoria; un filo s'addipana.
>
> Ne tengo ancora un capo; ma s'allontana
> la casa e in cima al tetto la banderuola
> affumicata gira senza pietà.
> Ne tengo un capo; ma tu resti sola
> né qui respiri nell'oscurità.
>
> Oh l'orizzonte in fuga, dove s'accende
> rara la luce della petroliera!
> Il varco è qui? (Ripullula il frangente
> ancora sulla balza che scoscende. . .).
> Tu non ricordi la casa di questa
> mia sera. Ed io non so chi va e chi resta.

Come in altre poesie montaliane i riferimenti allo scenario naturale consistono di alcuni oggetti e luoghi tipici della riviera genovese. Il paesaggio è quello ligure, ma si tratta, in termini metaforici, del paesaggio in cui il poeta colloca la sua stessa poesia: un paesaggio marginale. La Liguria stessa si trova geograficamente al limite della terra. Una serie di versi indicano spazi di confine, luoghi al limite: "i ciglioni", "la soglia", "il muro d'orto". Si conferma così la tendenza in Montale, già emersa in *Ossi di seppia*, a stabilire una marginalità fisica anche della voce parlante oltre che del paesaggio.[15]

La presenza di un confine fisico/geografico è stabilita nel secondo verso della poesia: "sul rialzo a strapiombo sulla scogliera." Questo verso indica, attraverso la sequenza fonetica stessa, un senso di asperità ed una condizione semantica di movimento e scoscendimento attraverso le consonanti del verso e il ritmo creato dalle sue sillabe. Questo effetto è prodotto dal suono di consonanti e vocali: una sequenza di quattro "s", la "r", la "z" e "ia"-"o" in "rialzo" e dalle sillabe "stra" e "sco" (rispettivamente in "strapiombo" e "scogliera").[16] Alla lettura della rima "doganieri/pensieri", nella prima strofa, ci si pone una domanda: perché i "doganieri"? Secondo il riferimento fatto da Montale nel primo verso, la casa costituisce una memoria comune per l'"io poetico" e il "tu" a cui esso si rivolge. E' il passato che l'"io" sta evocando, nonostante "tu" sia presentato/a fin dall'inizio come privo/a di memoria.

Ma il termine "doganieri" suggerisce anche un senso di controllo. Letteralmente, essi sono coloro che sorvegliano la costa, il loro lavoro è di tenere il confine sotto controllo. Nel senso ampio del termine, i doganieri sono incaricati di controllare le frontiere tra gli stati. La rima con "pensieri" suggerisce che la funzione simbolica dei "doganieri" nel testo sia di evocare una pratica di controllo precisamente sui pensieri, i quali sono fermati come uno "sciame" di insetti nella casa.

Un'altra serie di termini conferma, sia pure in modo più complesso, la nozione di "confine": "sera"(v.3); "oscurità"(v.16); "luce"(v.18); "mura"(v.6); "filo"(v.11); "orizzonte"(v.17);

---

[15] Crf. West, pp.18-19.

[16] Montale era stato sempre cosciente della "durezza" delle consonanti nella lingua italiana e, a differenza di molti altri poeti, ha usato questa durezza per evitare la fluidità naturale provocata dalle vocali. A questo proposito si veda Montale: *Sulla poesia*, Milano, Mondadori, 1976, p.567. A proposito di Montale, si è parlato anche di uno stile che richiama il "linguaggio petroso" di Dante, cfr. Glauco Cambon: *Dante's Craft. Studies in Language and Style*, U. of Minnesota P., 1969, pp.164-67.

"varco"(v.19); "desolata"(v.3); "riso"(v.7); "lieto"(v.7). "Sera" e "oscurità" stabiliscono un'opposizione semantica con "luce". In questo caso, il confine può essere localizzato tra "buio" e "luce". "Sera" si riferisce al momento dell'evento originario evocato, la cui natura è lasciata sospesa su un confine, come ho già detto, a causa della presenza dei "pensieri". Inoltre, nella prima strofa "sera" rima con "scogliera", che è il primo luogo indicante un confine nel paesaggio marino. "Mura", "filo", "orizzonte" e "varco" indicano, a livelli diversi, un confine.

"Mura" rappresenta un limite architettonico, collegato ad un senso di protezione, di confine tra interno ed esterno, come pure un prodotto culturale. Il "filo" indica una linea, non una forma di confine propriamente fisico e non suggerisce un senso di protezione. Al contrario, la sua sottigliezza suggerisce un percorso sottile seguito dalla mente. Il filo è anche semanticamente vicino all'orizzonte, poiché in senso visivo si percepisce una linea quando si guarda alla divisione tra cielo e mare.[17]

Il "filo" ha un'importanza fondamentale nell'intera produzione poetica montaliana. In "I limoni" (*Ossi di seppia*) questo termine appare ad un punto cruciale, in una delle affermazioni di Montale riguardo alla propria poetica: "Vedi, in questi silenzi in cui le cose / s'abbandonano e sembrano vicine/ a tradire il loro ultimo segreto, / talora ci si aspetta/ di scoprire uno sbaglio di Natura, / il punto morto del mondo, l'anello che non tiene, / il filo da disbrogliare che finalmente ci metta/ nel mezzo della verità." (vv.22-29). In questo caso il "filo" è visto come un elemento semantico che può ancora fornire, almeno potenzialmente, un accesso alla "verità", a condizione però che esso sia "disbrogliato". Mentre in "La casa dei doganieri" la condizione semantica del "filo" è legata ad un senso di distanza e perdita.

E' esattamente su questo "filo" che l'"io" fa affidamento come sottile ed incerto mezzo di orientamento nel tumulto provocato dagli elementi esterni nella terza e quarta strofa. "Varco" è il più complesso di questi quattro "confini". Inoltre è quello che più direttamente

---

[17] E' stato indicato che il "filo" in "La casa dei doganieri" evoca la storia ovidiana di Teseo e il minotauro (Metamorfosi 8, 169-82) e che la donna cui Montale si riferisce nella poesia come "tu" è morta in giovane età, come l'Ariadne ovidiana, cfr. Jerome Mazzaro: "The Custon House and Lemons", in *Field*, 27, 1982, pp.12-13.

rimanda alla liminalità.[18]

Il significato di varco nella poesia montaliana è stato esteso fino a configurare una valenza semantica generica che si riferisce a vari tipi di "apertura".[19] Se invece ci si tiene vicini alla funzione semantica di "varco" in riferimento alla condizione liminale questo termine può fornire alcune indicazioni essenziali sull'intera poetica di Montale: "Cerca una maglia rotta nella rete/ che ci stringe, tu balza fuori, fuggi!" ("In limine" v.5); "Penso che per i più non sia salvezza, / ma taluno sovverta ogni disegno, / passi il varco, qual volle si ritrovi. / Vorrei prima di cedere segnarti / codesta via di fuga . . . " ("La casa sul mare" vv.91-92); "Quanto, marine, queste fredde luci / parlano a chi straziato vi fuggiva. / Lame d'acqua scoprentisi tra varchi/ di labili ramure; rocce brune . . . " ("Riviere" vv.101-102).

In "La casa dei doganieri" il "varco" è contenuto in una domanda ("Il varco è qui?", nella quarta strofa) che contribuisce a rendere problematiche le certezze dell'io, come dirò più avanti. In "In limine" c'è il riferimento ad uno strappo nella rete che permette la fuga, ma è il "tu", e non l'"io", che può ancora scappare ("tu balza fuori, fuggi!"). In "La casa sul mare" il soggetto ha perduto definitivamente la fiducia nella possibilità di attraversare "il varco", ma ancora una volta vuole indicare all'altro questa via di fuga.

In "Riviere" c'è l'allusione ad una fuga, comunicata però attraverso un senso d'impersonalità: "chi straziato vi fuggiva", che sembra appartenere più alla sfera dei ricordi giovanili che a quella delle possibilità presenti.

2. "Il varco è qui?": la domanda aporetica.

Nella quarta strofa di "La casa dei doganieri" si ricevono segnali di

---

[18] La critica ha rilevato la presenza di echi danteschi nell'uso del termine "varco" e nel verbo "varcare", sia pure individuandola in punti diversi del Purgatorio: con riferimento a Matelda: "la bella donna che mi trasse al varco" (32:28), cfr. Mazzaro, p.13, oppure con riferimento a Purgatorio 19:43: ". . . quand'io udì, venite qui si varca . . .", cfr. Alvaro Valentini: *Lettura di Montale "Le occasioni"*, Roma, Bulzoni, 1975, p.163. A queste indicazioni si potrà aggiungere il superamento del varco costituito dalle colonne d'Ercole da parte di Ulisse nel suo "folle volo" in *Inferno* 26:125. Un'analisi del varco in varie poesie montaliane è stata offerta anche da Guido Garufi: *Per una fenomenologia di Montale*, Bologna, Boni, 1983, pp.91-196.

[19] Cfr. Valentini, p.163.

una possibile via d'uscita dalla condizione liminale di "passaggio" dell'"io". Quattro termini indicano un'apertura: "orizzonte"(v.17), "fuga"(v.17), "luce"(v.18), "varco"(v.19). L'"io" sembra volgere l'attenzione verso l'orizzonte, indicando dei segnali provenienti dal paesaggio marino: "Oh l'orizzonte in fuga, dove s'accende / rara la luce della petroliera!" (vv.17-18) L'orizzonte è associato con "fuga", è "in fuga". L'"io" sembra proiettare sull'orizzonte stesso il suo desiderio di sfuggire. E' lì che appare una luce, ma la luce è "rara", la scena è distante, l' "io" può solo provare a configurare una via di fuga e nel fare ciò pone una domanda: "Il varco è qui?" (v.19)

Si tratta di una domanda che nella sua stessa formulazione contiene e comunica lo stato d'incertezza dell'"io" riguardo alla propria presenza. Infatti, la forma più prevedibile per un'interrogazione di questo tipo sarebbe: "Dov'è il varco?", in cui il soggetto interrogante apparirebbe del tutto disinformato su ciò di cui sta domandando. Al contrario, il tono della domanda sembra implicare una quasi-certezza riguardo alla posizione del "varco". Esso è percepito, ma l'incertezza assale il soggetto sul dove esattamente si trova questo punto di confine. L'"io" sta solo cercando conferma di qualcosa che sembra già conoscere (o crede di conoscere). Esso rimane in uno stato d'incertezza in cui può solo guardare nella distanza, verso "l'orizzonte" e la "petroliera". Da questi due elementi esso riceve scarsi segnali di luce.

Un "io" in pieno possesso delle proprie certezze non formulerebbe una domanda, bensì un'affermazione: "Il varco è qui". La sua presenza in quanto soggetto dell'enunciato confermerebbe la certezza rispetto alla posizione del "varco". O meglio, un soggetto in pieno possesso delle proprie certezze non avrebbe neppure il bisogno di porre la domanda stessa, bensì indicherebbe nel testo l'attraversamento del varco e le conseguenze di questo atto.

La domanda funziona invece da punto d'arresto dell'"io" nella dimensione liminale. "Il varco è qui?" Il testo non offre nessuna risposta. Si verifica, invece, un'improvvisa apparizione della furia degli elementi naturali del paesaggio che, indirettamente, forniscono una risposta attraverso il rumore che producono: "(Ripullula il frangente / ancora sulla balza che scoscende. . .)" (vv.19-20) I versi tra parentesi non hanno una reale conclusione, sono lasciati in uno stato di apertura o sospensione per mezzo di un'ellissi, una figura sintattica consistente nell'eliminazione di alcuni elementi di una frase. I termini soppressi possono essere integrati semanticamente dalla stessa situazione discorsiva. Lo scopo di questa figura retorica è spesso quello della concisione espressiva.[20]

Tuttavia, nel caso dei versi di Montale l'uso dell'ellisse si fonda su una dinamica più complessa. Innanzitutto essa non ha come scopo una maggiore concisione espressiva, né i termini soppressi sono integrati nel resto del testo. I termini omessi rappresentano invece qualcosa che il lettore non saprà mai e l'omissione è ottenuta attraverso i puntini di sospensione che terminano solo grazie alla chiusura della parentesi. L'effetto retorico dei puntini di sospensione è stato individuato in una variazione stilisticamente brusca e radicale dell'ellissi: l'aposiopesi (dal greco *aposiopesis* che deriva da *aposiopao*: mi interrompo, taccio). Si tratterebbe dunque di una forma di silenzio o interruzione improvvisa di un discorso quando un tema è già stato introdotto. Ma l'effetto consisterà proprio nell'interruzione a mezza via del pensiero, che ne lascia però intendere gli sviluppi e le conseguenze.[21]

Si potrà affermare che le conseguenze lasciate intendere dalla brusca interruzione del verso montaliano non implicano uno sviluppo sottinteso del pensiero stesso, bensì contribuiscono ad approfondire il generale senso di sospensione che connota l'intera poesia. Certamente si può anche individuare uno sviluppo del pensiero che è implicito, cioè che non può esistere una risposta alla domanda posta. Si tratterà, allora, più di un'apertura o sospensione che di un'omissione. Semanticamente, questa situazione ripropone la figura retorica che nel presente lavoro è già stata trattata come il corrispettivo retorico della liminalità: l'aporia. Nel caso delle ellissi di sospensione montaliane, l'aporia si pone come momento tra "detto" e "non detto".

L'indeterminatezza di una condizione liminale creata dai puntini di sospensione e dalla chiusura della parentesi allude ad un'apertura, tenuta però sotto controllo dalla parentesi. L'origine greca del termine "ellissi" è *élleipsis*, che significa "mancanza". Mancanza, appunto, di una via d'uscita sia simbolica, rispetto al varco, sia testuale, rispetto alla domanda aporetica. Ciò lascia l'"io" poetico di Montale, e forse la sua intera opera, in uno stato di liminalità permanente, per sempre situato sul varco, a compiere un atto linguistico tanto aporetico quanto sofferto.

---

[20] Cfr. Angelo Marchese: *Dizionario di retorica e stilistica*, Mondadori, 1978, p.89 e Heinrich Lausberg: *Elementi di retorica*, trad. di L.Ritter Santini, Il Mulino, 1969, pp.170-72.

[21] Cfr. Bice Mortara Garavelli: *Manuale di retorica*, Bompiani, 1989, p.255.

Erminia Passannanti

Logos, afasia e spazialità poetica nella poesia di Amelia Rosselli

Premessa

In questo saggio s'intende proporre un'analisi del rapporto tra *logos*, afasia del linguaggio e spazialità poetica nella poesia di Amelia Rosselli come resa della crisi del contesto attraverso la manipolazione del mezzo linguistico. Le osservazioni che seguono individuano una tendenza citazionista nella poesia di Rosselli de *La libellula* (1958) e *Serie ospedaliera* (1963-65), influenzata dallo sperimentalismo di Dino Campana. La tendenza collaterale è quella di destrutturare lo spazio testuale del *logos* per ricostruirlo in una spazialità afasica e straniata.

Riflettere sul tipo di spazio rinvenibile in una data opera è, in qualche senso, inevitabile, essendo lo spazio una dimensione che condiziona il *logos* mediatore dell'esperienza che lo scrittore fa di un dato luogo sia a livello psichico sia fisico. La poesia del primo Novecento, che vede la coerenza del *logos* farsi "scoria, detrito, residuo", registra, infatti, una fondamentale deriva della verità testimoniabile e del rapporto stesso dell'autore con il paesaggio che gli sta dinanzi. Ciò ha comportato la progressiva astrazione del reale, con la conseguente trasformazione dello spazio fisico in spazio testuale.[1] Il tipo di spazialità rintracciabile nella poesia di Campana ne rappresenta un esempio, con i suoi squarci desunti da scenari tutt'altro che unitari, restituiti in frammenti alla pagina, come si rileva negli spaccati spazio-temporali de "La notte":

> Inconsciamente colui che io ero stato si trovava avviato verso la torre barbara, la mitica custode dei sogni dell'adolescenza. Saliva al silenzio delle straducole antichissime lungo le mura di chiese e di conventi: non si udiva il rumore dei suoi passi. Una piazzetta deserta, casupole schiacciate, finestre mute: a lato in un balenìo enorme la torre, otticuspide rossa impenetrabile arida.[2]

---

[1] Cfr. Giorgio Fonio, *Morfologia della rappresentazione*, Milano: Guerini scientifica, 1995, p. 15.

[2] Dino Campana, *Canti orfici*, "La notte", (1914) a cura di F. Ceragioli, Firenze, Vallecchi, 1985, pp. 3-4: Il "balenìo" ("della torre") è infatti metafora di

Una stessa sinergia tra spazio e percezione lirica si riscontra nel poemetto *La libellula*, che estremizza l'instabilità semantica campaniana, dando luogo al crollo simbolico delle strutture del *logos* e alla creazione di un apparente *non-sense* ("lascia che il coraggio si smonti in minuscole / parti"). In Rosselli, come in Campana, la prevalenza della poesia afasica crea un pretesto di dissoluzione della base razionale della parola, nei termini studiati da Jakobson, come ho indicato in una mia precedente analisi del linguaggio rosselliano ne *La libellula*. Qui, Rosselli stabilisce un'elaborata corrispondenza tra linguaggio della necessità ("panegirico") e spazialità straniata in cui si libra la libellula della poesia, [3] nesso che si ritrova in *Serie Ospedaliera* costruita su costanti retorizzate del linguaggio afasico. Entrambi i testi presentano strutture semionarrative,[4] basate sull'ibridazione dei linguaggi, sull'afasia linguistica e sulla ricorrenza di spazi d'oppressione, chiese, scantinati e reclusori. Impiegando un fitto extratesto di citazioni da Campana, Rimbaud, Scipione, e Montale, le due raccolte presentano dunque un moto disgregatore, che ci pare aderisca alla definizione del rapporto tra "senso del limite" e parola, offerta da Maurice Blanchot ne "Il sapere del limite":

> Le forze della vita bastano fino ad un certo punto. [...] Il limite segnato dalla stanchezza delimita la vita. Il senso della vita è a sua volta limitato da questo limite: è il senso limitato di una vita limitata. Tuttavia si produce un rovesciamento che si può sciogliere in vari modi. Il linguaggio modifica la situazione.[...] Il limite non sparisce, ma riceve dal linguaggio il senso, forse senza limiti, che voleva limitare: il senso del limite afferma la limitazione del senso e contemporaneamente la contraddice.[5]

Rosselli si rapporta dunque al mondo con forti figure di deviazione e

---

abbacinamento mentale, laddove il lemma "torre" potrebbe designare la memoria stessa, che come procedimento di metaforizzazione del concreto occorre in innumerevoli istanze della poesia di Campana.

[3] Il testo de *La libellula* venne pubblicato inizialmente in *Civiltà delle macchine*, del 1959, quindi reinserito nella rivista *Il Verri*, 8, 1963, pp. 41-62.

[4] Per struttura "semionarrativa", Greimas intende una sintassi narrativa, per così dire, "di superficie", sulla quale si innalza "l'impalcatura-distribuzionale del materiale visivo" per lo sviluppo nel suo perimetro del linguaggio figurato.

[5] Cfr. Maurice Blanchot, "Il sapere del limite", in *Anterem*, Quarta serie, No. 57, 1998, p. 17.

scarto grazie all'assunzione di questo tipo di linguaggio che strania le cose nel loro contesto. Nelle poesie in cui questa caratteristica è più evidente, l'autrice sembrerebbe esercitare un controllo solo marginale sui significati che gravitano intorno al *pozzo* della coscienza, come indicano metacriticamente i versi "Cercando una risposta ad una voce inconscia..." (*SO*), in cui il *logos* è incalzato dalla parola afasica. [6]

1 Reclusione e romitaggio

Ne *La libellula*, un senso di angosciante reclusione pervade gli interni di edifici pubblici e provati, le cui anguste stanze, cucine, chiese, scantinati bui e corridoi separano il soggetto dall'esterno a cui aspira. Spazio materiale e spazio testuale appaiono strettamente correlati, potendo essere metafora l'uno dell'altro. Per contiguità semantica, la "camera" si collegherebbe alla strofe, la "visione a ritornello" al *refrain*, il "cerchio chiuso dei desolanti conoscenti" al gruppo letterario, il "biascicare tempeste" allo scrivere versi afasici, il "giardino della mia figurata mente" al repertorio tematico, il "retro della bottega impestata" dove si "macellavano bestie" al laboratorio sperimentale, – ovvero alla "macchina troppo leggiera per tutte le violenze" – e, infine, la "vocazione ad una semantica revisione delle beghe", e l'essere "solitaria alle regioni didascaliche" all'esercizio dell'autoeseges*i*.[7] Lo spazio come edificio nelle sue varie ambientazioni designa il senso unitario da cui il poeta "dalla ribelle speme" tenta la fuga sia ne *La libellula* sia in *Serie ospedaliera*. Considerato che lo spazio è definito in base al rapporto che ne instaura il soggetto, cercheremo ora di speculare sull'identità del soggetto che dà voce al "panegirico della libertà".

Corpo e spazio nella poesia rosselliana s'interpellano incessantemente. Di chi é la voce che risuona in queste stanze e dentro il corpo? Nel poemetto del 1958, gli spazi chiusi sono abitati da una persona sottomessa ad un ordine non identificato, sorta di reclusorio che la detiene insieme ad altre infelici. Confinata tra le mura di questa struttura gerarchica e disciplinare, la voce poetante si esprime in codice come a suggerire la

---

[6] Cfr. Erminia Passannanti, "La poesia dell'afasia linguistica: una nota su Amelia Rosselli", in *Punto di Vista*, NO 39, Gennaio-Marzo 2004, Padova: Libreria Padovana Editrice, 2004.

[7] L'immagine suggerisce un linguaggio "macchina" che "urla più forte della mia sensata voce", contenitore di regole arbitrarie con cui formuliamo giudizi sul reale.

necessità di sottrarsi ad una continua sorveglianza. In questo spazio di "miserabile sorte" la *dramatis persona* coincide in parte con l'autrice e in parte con *alter ego* influenti sull'allora giovane Rosselli. Le influenze riscontrabili nel linguaggio de *La libellula* sono essenzialmente la madre, Marion Cave, a lungo sofferente degli esiti di due ictus, morta nel '49, la nonna, Amelia Pincherle Rosselli, drammaturga deceduta nel '54, e, per evidenza testuale, il binomio poetico Rimbaud-Campana. Sofferente ed alienata, la voce poetante manifesta afasia e logorrea, sintesi di linguaggi avanguardistici, le cui assurdità contribuiscono a formare una singolare mescolanza glottologica. In questo destabilizzante contesto linguistico, il soggetto disorientato ("Io ne ho perso le vie"; "Io non posso ricordare") si dice autrice di versi *"ottogenari"* (SO), mentre sostiene di avere bisogno d'aiuto ("sollevamento di peso") perché gravemente malata ("Non so se io sì o no mi morirò", LIB). Descrive la propria vita come un "gracile cammino", metafora di una condizione patologica che potrebbe essere – come per Rimbaud o Amelia Pincherle Rosselli – un'artrosi ulcerante alle ginocchia. Inoltre, implora la vicinanza di una giovane interlocutrice, Esterina, o anche la campaniana "Chimera", evocata con cadenze ossessive ("E io ti chiamo e ti chiamo e ti chiamo chimera. E io ti chiamo e ti chiamo chimera", LIB;[8] "Le mie forze sono prese dal tuo volare via come una caramella", SO). Immaginiamo ora che la giovane evocata ("tu", "Esterina", "Ortensia", la stessa poesia) sia la giovane poesia, Amelia, come indica l'epifonema "O *vita breve*, tu ti sei sdraiata presso di me che / ero ragazzina e ti sei posta ad ascoltare su / la mia spalla, e non chiami per le rime" (LIB, mio il corsivo).[9]

I modi dell'espressione afasica evidenziano elementi fono-prosodici di forme gergali, attinte dal toscano, insieme ad anglismi e francesismi. A livello cognitivo, il soggetto manifesta nozioni di poesia, musica e pittura, disturbate da amnesia, lapsus ("col suo violino attaccava un *paesaggio*", SO) e afasia ("la mia mente loquace", SO). A livello comportamentale, evidenzia eccessiva arrendevolezza e ostinazione, coazione a ripetere, misantropia, inquietudine, ostilità e insieme seduttività, fiducia e disillusione nell'amore. Manifesta alterazioni delle capacità logiche, disorientamento spazio-temporale e una crisi generale dell'identità ("questa mia virile testa" [...] saprai chi sono; la stupida ape che ronza", LIB). Riferimenti incongrui emergono anche rispetto all'età che il

---

[8] LIB, p. 28.

[9] LIB, p.14. "Vita breve" è metafora di gioventù. L'immagine descrive una persona giovane sdraiata presso una donna più vecchia (me che ero un tempo "ragazzina").

soggetto dichiara, o ricorda di avere ("Io sono grande e piccola insieme"; "dissipa tu la mia fanciullaggine", "la mia vecchiaia senza amore", LIB). Evoca infine strutture architettoniche di dimensioni e funzioni contrastanti – chiese, case e caseggiati, ospedali, ponti – o spazi aperti come campi di grano, abissi e vette.

Questa *dramatis persona* solo apparentemente vecchia e inabile – ma in realtà contigua e perfino sovrapponibile per molti aspetti alla stessa Rosselli, è la lingua affabulatrice del poemetto.[10] Il contrasto tra gioventù e vecchiaia ("questo mio vecchio corpo", SO) rivela che, paradossalmente, è la vecchiaia a possedere dinamismo anche grazie al rapporto maturato con i suoi codici straniati della parola afasica e a sapere rapportarsi allo spazio poetico, costruito come attualità e memoria. È il "doppio" malandato, infatti, che si spinge fuori di casa e immagina di correre libera, "vendemmiando", "sibilando come il vento" negli spazi aperti dei campi e del cielo. Il "corpo dalle mille paludi" (SO), relegato ad un luogo di sfortuna, malinconia e inquietudine, al contempo, deve testimoniare la sua condizione da un posto che percepisce simile ad un "inferno", una "stalla", un "pozzo" di follia e una "miniera", laddove quest'ultima allude nuovamente ad uno spazio ricavato dalla biografia di Campana. La voce "stancata ed ebete" si dice "tenuta contro le mura delle [mie] bugie", necessarie a proteggersi e che, nondimeno, inchiodano a scomode evidenze. Sul piano metaforico, "mura" e "bugie" si equivalgono: mentire è una "roccaforte" contro i rivali, che non impiegano gli stessi codici espressivi. In quest'atmosfera di malattia e minaccia, il *logos* è incessantemente dissolto da inverosimili catene associative.

La voce narrante annuncia la sua prossimità o lontananza all'extratesto campaniano d'immediato riferimento, che ora si dissocia ora ritorna come *refrain* assillante: "Non so se *tra le pallide rocce* il tuo sorriso / m'apparve, o sorriso di *lontananze* ignote, o se / tra le tue pallide gote *stornava il ritornello* / che la tempesta ruppe su la testa rotta.").[11] Lo spazio, posto tra rocce e sorrisi, pone interrogativi su questioni solo apparentemente astruse, che riguardano il linguaggio, la memoria storica,

---

[10] Amelia Pincherle Rosselli, nata il 1870 e morta nel 1954 a 84 anni, madre di Nello e Carlo, e nonna di Amelia, fu autrice di opere drammaturgiche i cui temi dominanti erano il patriottismo, la critica allo Zionismo e l'analisi della condizione femminile. La Rosselli trascorse del tempo a Firenze, presso la nonna. Per ulteriori notizie, cfr. De Grazia, Victoria, *How Fascism Ruled Women: Italy*, 1922-1945. Berkeley: University of California Press, 1992, pp. 272-288.

[11] LIB, p. 20.

i dubbi esistenziali, la fede, l'amore, la perdita della coerenza, il ruolo della poesia.[12]

Seguiamo ora il soggetto mentre si avventura fuori dagli interni che la segregano: "Sempre seguita dalle mosche, tornando / a casa vidi la finestruola, sporgersi / dal caseggiato vuoto."[13]

La scena presenta un ambiente industriale, quale cosmogonia di una periferia dove l'erba cresciuta a stento tra il cemento degli edifici è metafora delle difficoltà del poeta a perseguire la verticalità. Il suo viaggio va verso un luogo ignoto fatto di detriti e macerie, senza apparente profondità. Rosselli descrive un romitaggio disperato e insieme d'insensata allegria tra blocchi di case anonime – girovagare che rammenta la condizione esistenziale del poeta vagabondo, o dell'ignavo inseguito da insetti ("seguita da mosche"). La spazialità rosselliana ricrea, come si diceva, l'estetica del romitaggio di Rimbaud e Baudelaire, dove il poeta sfiora solo marginalmente le strutture urbane in cui s'imbatte. Il bisogno di libertà ed autogestione, tipico del poeta flâneur, impone la dissoluzione dei perimetri entro cui si muove lo stesso segno linguistico che accompagna il soggetto nel mondo. Gli spazi privati e pubblici sono chiamati a partecipare ad un evento psichico grave, creando un parallelismo tra la crisi dell'Io e la desolazione del "caseggiato vuoto", in cui si aprono stacchi di realtà ("finestruole").

Il soggetto non è passivo dinanzi alla propria reclusione, né meramente monologante, e considera, in modo interrogativo, la necessità di evadere dal suo "tugurio scomposto", affidandosi alla "vocazione ad una semantica revisione" del reale: "io vedo ancestrali / dei dal tetto". Inoltre, la sua memoria conserva la capacità di estrarre il linguaggio poetico dalla sedimentata "miniera" dell'esperienza ("logori fanciulli / che stiravano *altre* membra / pulite come il sonno, in vacue / miniere"), che mai appaga il desiderio ("un vaso di tenerezze mal esaudite"). "Questo corpo vecchio", "stretto in *mille* schegge", che si disfa in "*mille* paludi", si presenta quindi come uno spazio profondo e ricco ("miniera irrequieta").

A proposito delle percezioni che l'Io ha di sé rispetto allo spazio nelle sue dimensioni concrete e astratte, in "Teofilo", Carlo Emilio Gadda ha notato:

Ognuno di noi è limitato, su infinite direzioni, da una controparte dialettica: ognuno di noi è il no di infiniti sì, è il sì di infiniti no. Tra

---

[12]Cfr. Alfonso Berardinelli, "Una casa inabitabile", in *Panorama*, 15.1.1988.
[13] SO, p. 93.

qualunque essere dello *spazio metafisico* e l'io individuo (io-parvenza, io-scintilla di una tensione dialettica universale) intercede un rapporto pensabile: e dunque un rapporto di fatto. Se una *libellula* vola *a Tokio*, innesca una catena di reazioni che raggiungono me.[14]

Anche nella poesia di Rosselli il conflitto con la controparte razionale ("le redini / si staccano se non mi attengo al potere / della razionalità") implica la valutazione della spazialità poetica come spazio metafisico quale valore imponderabile. *La libellula*, in particolare, traduce il bisogno di collocare la parola afasica all'interno di detti spazi di condivisione. Il *logos* è allora visto come una costruzione di mattoni, e il discorso afasico come la capacità di creare aperture che consentono visibilità e punti di fuga, pur rimanendo in quest'area perimetrale chiusa. Le citazioni da versi e temi campaniani riprendono l'opposizione tra il fabbricare con manipolazioni semantiche, il contenuto della poesia ("fabbricare fabbricare fabbricare / preferisco il rumore del mare") e negarlo a favore dell'evasione dalla prigione del *logos*.

Rosselli crea spazialità metapoetiche, che, esponendo il proprio genotesto, ripropongono la superdeterminazione e superconnotazione inconscia dei segni dei *Canti Orfici* (1914), di Campana, nel loro costituirsi come "fonti", "rocce", "lontananze ignote". Lo spazio testuale de *La libellula* si dissemina in tal modo di simboli sinistri di isolamento e inquietudine e allo stesso tempo gode di una contiguità poetica con Campana, come emerge anche da *Serie ospedaliera* (1963), ("nella camera stavi"; "sdraiato sul letto"; "giacevi semidistrutto"):

Ma tu non ritornavi: giacevi semidistrutto
in un campo di grano, aspettando il cielo.
Io ti accompagnavo a casa, ti seminavo per
gli oliveti, ti spingevo nel burrone, e poi,
vedendoti morto, scendevo a patti.

Nella camera v'era odor d'incenso, infiltrato
dalla chiesa che madre silenziosa non negava
che tu potessi apparirmi: visone squallida
nelle ore scarse, visione a ritornello, respinto
per la tua mano pericolosa.

---

[14] Cfr. Carlo Emilio Gadda, "Teofilo", in *The Edimburgh Journal of Gadda Studies*, 1953. Mio il corsivo.

Nella camera stavi: sdraiato sul letto stretto
ad apparirmi compagno, mentre te la passavi
tutt'altro che vicino, in una casa dai bordelli
chiusi solo per me. Nell'aria stessa vivevi! Nella
casa piccola e scomoda apparivi, visitatore
impossibile: a preordinarmi la giornata, a
dirmi di scendere a patti. T'avessi lasciato
nel campo! sorridente tendevi la mano ai nuvoli
per poi tuffarti nel fondo.[15]

Nella citata sequenza di versi, si nota un senso bidimensionale e
distorto di spazialità, che con i suoi eccessi e contrasti rappresenta la
relazione tra il soggetto, la vocazione poetica, il "senso", che "giace
semidistrutto", sospeso tra il cielo ("tendevi la mano ai nuvoli") e l'abisso
("scendere a patti", "tuffarti nel fondo"). Il verbo all'imperfetto descrive
un tentativo di individuare un percorso strutturale consuetudinario
all'interno del sostanziale disordine della relazione tra il poeta e
l'interlocutore tacito: "ti accompagnavo a *casa*"; "ti seminavo per gli
oliveti"; "ti spingevo nel *burrone*"). Alto e basso, vicino e lontano, dentro
e fuori indicano lo spazio e i modi di questo fatale contatto poetico tra
vita e morte. La razionalità del *logos* si arresta, consentendo alle libere
associazioni di seguire questa pericolosa *liaison* fino in fondo. "Camera"
e "campo" non rappresentano tanto parametri topologici, quanto i luoghi
stessi del *logos* e della parola afasica. Si possono altresì individuare
alcuni connotatori coerenti, che restituiscono due principali isotopie
interagenti: la "camera mortuaria", che designa le convenzioni stilistiche
tradizionali ("incenso", "chiesa", "silenziosa", "squallida") e l'"aria" o i
"nuvoli" che indicano la libertà del linguaggio sperimentale.
I vari significati imposti alla "casa" comprendono, da una parte, un
luogo di contenzione con delle regole da rispettare (l'ospedale, l'ospizio,
la prigione) e dall'altra un'heideggeriana casa del linguaggio come luogo,
in questo caso, piccolo e scomodo, dell'essere.[16] La contrapposizione

---

[15] SO, p. 71.
[16] Secondo Heiddeger, "poiesis" è la tecnica (*techne*) che consente di
produrre il rivelarsi di qualsiasi cosa che sia nascosta in una dialettica di
disvelamento e nascondimento della verità (*aletheia*). Cfr. *Interpretazioni-
fenomenologiche di Aristotele*, tr. it. V. Vitiello e G. Cammarota, "Filosofia e
teologia" 4, 1990, pp. 496-532, pp. 514-515. Heidegger scrive: "Non dunque
l'ambito ontologico delle cose, concepite nella loro essenza di cose come oggetti

degli interni di edifici pubblici e privati con lo spazio del cielo e dell'abisso, presente in entrambi i testi, sembrerebbe autorizzare sia a livello tematico sia stilistico, una lettura uniforme de *La libellula* e *Serie ospedaliera*. Tuttavia, mentre nella prima prevale la logorrea, nella seconda predomina il silenzio e l'ipergrafia.

Sebbene stanca e disabile, la voce poetante in entrambe *La libellula* e *Serie ospedaliera* sa di dovere, e volere destituire il senso monolitico della casa della poesia. La rimozione degli elementi nello spazio è altrettanto significativa: "*Rimuovere* gli antichi angioli dai loro piedistalli / della pietà".[17] Nell'immagine dell'"angiolo" collocato su un piedistallo malfermo, Rosselli rappresenta la condizione instabile della "figurata" lingua. Il significato che si vorrebbe richiuso all'interno della "casa piccola e scomoda", o nei "cantinati" necessita infatti un "giardino" metaforico, che è un "paradiso per scherzo di fato":

Questo giardino che nella mia figurata
mente sembra voler aprire nuovi piccoli
orizzonti alla mia gioia dopo la tempesta
di ieri notte, questo giardino è bianco
un poco e forse verde se lo voglio colorare
ed attende che vi si metta piede, senza
fascino la sua pacificità. Un angolo morto
una vita che scende senza volere il bene
in cantinati pieni di significato ora
che la morte stessa ha annunciato con
i suoi travasi la sua importanza. E nel
travaso un piccolo sogno insiste d'esser
ricordato – io son la pace grida
e tu non ricordi le mie solenni spiagge!
Ma è quieto il giardino – paradiso per scherzo
di fato, non è nulla quello che tu cerchi
fuori di me che sono la rinuncia, m'annuncia
da prima doloroso e poi cauto nel suo

---

di una conoscenza teorica, è il "verso-che" cui si volge l'originaria esperienza dell'essere, ma il *mondo* che si incontra nella pratica del produrre, del realizzare, dell'usare. Ciò che è stato fatto nella motilità pratica del produrre (*poiesis*), ciò che è giunto all'esistenza in quanto preparato per essere usato - questo è ciò che è".

[17] LIB, p. 26. Mio il corsivo.

crearsi quel firmamento che cercavo.[18]

La voce della "ribelle speme", che sogna di evadere dal "pozzo", s'immagina proiettata all'esterno del proprio "angolo morto" e del cerchio impossibile che la racchiude. Rinunciando a dare coerenza al proprio discorso, e grazia alla parola afasica, ridimensiona i confini del proprio spazio vitale, creando ora un "giardino" visionario ora un "firmamento". La dissoluzione dei limiti del *logos* è infatti la vera chiave di accesso alla poesia rosselliana inaugurata ne *La libellula*:

> [...] La
> vendetta salata, l'ingegno assopito, le rime
> denunciatorie, saranno i miei più assidui lettori,
> creatori sotto la ribelle speme; di disuguali
> incantamenti si farà la tua lagnanza, a me, che
> pronta sarò riceverti con tutte le dovute intelligenze
> col nemico, – come lo è la macchina troppo leggiera
> per tutte le violenze. [19]

Il "giardino della figurata mente" è il luogo dove è ancora possibile il dialogo e l'incontro tra poeti:

> [...] Allora sarà tempo tu ed
> io ci ritiriamo nelle nostre tende, e ritmicamente
> allora tu opporrai il tuo piede contro il mio
> avambraccio, e tenuemente io forse, ti spalmerò
> del mio sorriso appena intelligibile, se tu lo
> sai carpire [...][20]

Il soggetto continua a rivolgersi ad un interlocutore che invita sotto una tenda sistemata all'aperto, dove la parola cede il passo alla comunicazione gestuale ("tu opporrai il tuo piede contro il mio avambraccio"). Lo scopo di "ritrarsi" in un posto arioso, ma al riparo dagli sguardi estranei, è quello di tradurre la parola poetica in un nuovo codice "appena intelligibile". L'area perimetrale sotto la tenta delimita questo nuovo ambito. Il piede nudo richiama il contatto con il suolo,

---

[18] SO, p. 59.
[19] LIB, p. 16.
[20] LIB, p. 16.

l'umiltà, il romitaggio. Rosselli presenta qui una spazialità idealizzata ("dorate spiagge"; "campo di grano", "giardino", "paradiso"), che contrasta con i perimetri chiusi e angustianti dell'"angolo morto" e dei "cantinati". Nello spazio della tenda si pongono due modi dell'espressione, il primo che attiene al linguaggio comune ("Egli parla di se stesso in un lugubre monotonio") e il secondo pertinente alla poesia:

> Egli parla di se stesso in un lugubre monotonio,
> io fiorisco i versi di altre altitudini, le esterne
> noie, elucubrazioni, automobili; che mi prese
> oggi nella fine polvere di un pomeriggio piovoso?
> Sotto la tenda il pesce canta, sotto il cuore
> più puro canta la libera melodia dell'odio.[21]

Il soggetto compie un movimento di disaggregazione fuori delle "quattro pittoresche mura" della dimora asfissiante che condivide con altre infelici. Dichiara che scriverà versi controcorrente, senza preoccupazioni d'ordine estetico, come indicano i campi semantici della "malattia e della "contaminazione":

> [..] vuoi ch'io
> mi chiarisca la gola tra queste quattro pittoresche
> mura, fra la bottiglia di un latte divenuto rancido,
> ed una vanità ben stufa, di sgranare le lucide
> sue perle di sorrisi ancora non distribuiti.
> E l'estetica non sarà più la nostra gioia noi
> irremo verso i venti con la coda tra le gambe
> in un largo esperimento.[22]

Lo spazio sotto la tenda ideale è conquistato con violenza dai soldati:

> E se i soldati che irruppero nella tenda di
> Dio furono quella disperata bega che è l'odio;
> allora io avanzo il pugnale in un pugno stretto,
> e ti ammazzo. Ma è tutt'uno l'universo e tu lo

---

[21] LIB, p. 16.

[22] LIB, pp.15-16. Gli ultimi tre versi citati sono un ulteriore punto dove il soggetto passa sottobanco la sua poetica che abbandona preoccupazioni di ordine estetico per procedere controcorrente, in "largo esperimento", con la "coda tra le gambe", come farebbe un pazzo o un cane sciolto.

sai! L'aria, l'aria pura, la malattia, e il sonnellante
addio. [23]

In *Serie ospedaliera*, lo spazio che consente al soggetto di conoscere i
limiti in cui si muove, è quello tombale. L'essere "mummia" dai cui occhi
escono "semi", "pianti, virgole, medicinali" rende tuttavia il germinare di
questo corpo già "morto nella cassa", e tuttavia afasicamente creativo
("fioritura"). L'espressione "fiorame in lutto" propone appunto l'idea del
germinare della parola afasica nello spazio tombale.

1.   "Morta ingaggio il traumatologico verso"

> "Je rêvais croisades, voyages de découvertes dont on n'a
> pas de relations, républiques sans histoires, guerres de religion
> étouffées, révolutions de moeurs, déplacements de races et de
> continents: je croyais à tous les enchantements." [Arthur
> Rimbaud, "Alchimie du verbe", *Une Saison en Enfer*, 1873]

Morta ingaggio il traumatologico verso
a contenere queste parole: scrivile sulla
mia perduta tomba: "essa non scrive, muore
appollaiata sul cestino di cose indigeste

Incerte le sue pretese, e il fiorame in
lutto, ammonisce. Mitragliata da un fiume
di parole, arguisce, sceglie una via, non
conforme alle sue destrezze [...][24]

La parola che prorompe sbrigliata da ansie logiche ("mitragliata da un
fiume di parole") distrugge le "regioni didascaliche", alternando l'estrema
saturazione al vuoto, la logorrea al silenzio. A conferma della nostra tesi
sulla coincidenza tra spazialità poetica e parola afasica, si citerà Rosselli:
"*La libellula* vorrebbe evocare il movimento quasi rotatorio delle ali della
libellula, e questo è un riferimento al ritmo piuttosto volatile del poema".
Il movimento delle ali, infatti, non può prescindere dall'aria che lo
consente. L'attenzione all'aria e al cielo viene da una voce posta in basso,
che è, o si crede, prossima alla morte, mentre riconsidera la vita come

---

[23] Ivi, p. 17.
[24] SO, p. 41.

fantasia ("le canzoni d'amore sorvolavano sulla mia testa"). La negatività della posizione supina ("stesa sull'erba putrida") indica una patologia fisica e psichica ("la mia testa ammalata"), che tuttavia non impedisce al soggetto di raccontare dove si trovi e a cosa pensi ("biascicavo tempeste"):

> [...] Dunque
> come dicevamo io ero stesa sull'erba putrida
> e le canzoni d'amore sorvolavano sulla mia testa
> ammalata d'amore. E io biascicavo tempeste e
> preghiere e tutti i lumi del santo padre erano
> accesi. [...]25

"Dunque..." introduce un ragionamento che, con le modalità della *dispositio*, informa il lettore sul *chi*, sul *come* e soprattutto sul *dove* il soggetto si trovi ("ero stesa sull'erba putrida"). Un sincretismo religioso pervasivo unisce vari temi esistenziali e filosofici all'interno di un luogo sacro: "tutti i lumi del santo padre / erano accesi". La citazione dall'*incipit* della *Divina Commedia*, che dice il soggetto in una fase critica, stabilisce un'analogia tra il vivere nel mondo con angoscia e l'albero infruttuoso ("Nel mezzo di un gracile cammino [...] tu ti muori presso un albero infruttuoso, sterile").26 Di là dal romitaggio attraverso luoghi noti e ignoti (con il "tram" del desiderio), ne *La libellula* esiste quindi anche una spazialità statica, fatta di dubbio e grave esitazione ("E io / lo so ma l'avanguardia è ancora cavalcioni su / de le mie spalle e ride e sputa come una vecchia / fattucchiera, e nemmeno io so dove è che debbo / prendere il tram per arricchire i tuoi sogni...e le mie stelle."). Il paradosso dell'avanguardia personificata dalla folle vecchia, degente in ospedale, introduce la nozione della rapida obsolescenza di movimenti e generazioni di poeti. La questione riguardante il *punto* di partenza d'ogni nuova poetica, si traduce nell'immagine di una fermata di "tram" da cui muovere per riuscire ad arrivare ai propri mezzi espressivi ("le mie stelle"). Il *non* sapere dove sia esattamente il luogo in cui si trova la "fermata" del "tram" suggerisce un'anomala città senza servizi o una mente che ha perso la capacità di orientarsi ed esprimersi logicamente: "Non so cosa dico, tu non sai cosa cerchi. / io non so cercarti". Il punto di partenza smarrito è cercato nello spazio testuale: "cercando una risposta

---

25 LIB, p. 13.
26 Ivi.

79

ad una voce inconscia / o tramite lei credere di trovarla".[60]

Questo delirio di vagabondaggio si presenta "fatto di piccole erbe trastullate e perse nella terra sporca, io cerco / e tu ti muovi presso un albero infruttuoso, sterile come la tua mano". Il percorso scritturale è allo stesso modo disseminato di tentativi che ricorrono con le modalità del *loop* ("cerco il ritornello"), e stordito da un disordine, che è avanguardistico. Dichiarando smarrito il senso della cosa, e del luogo dove rintracciare questo senso, la voce procede, infatti, ad un'autoanalisi *in situ* del proprio stato; spiega che per realizzarsi artisticamente deve sapere da quale punto ripartire. I livelli metacritici de *La libellula* e *Serie ospedaliera* a questo punto si fondano su due ordini di esigenze: da una parte, la necessità del poeta di svincolarsi dal miraggio della poesia contemplativa, *morendo* ad essa ("lutto dei suoi grandi occhi e della canzone"),[27] dall'altra il desiderio di scorgere straniate spazialità. Il poeta sperimentale è rappresentato come un essere che corre libero, tenuto invano a bada dalle briglie di una razionalità prescrittiva: "Nessuno sa chi ci ha messo le briglie in bocca, / o chi ci ha tolto i cuscinetti dalla carrozza, / dalla sala aperta a tutti i fenomeni pur che / tu vi entrassi, chiuso con le biglie in mano."[28]

> [...] Ma nessun
> odio ho in preparazione nella mia cucina solo
> la stancata bestia nascosta. E se il mare che
> fu quella lontana bestia nascosta mi dicesse
> cos'è che fa quel gran ansare, gli risponderei
> ma lasciami tranquilla, non ne posso più
> della tua lungaggine. [...][29]

In una costante ricerca di disequilibrio, *La libellula,* partendo dal pesante aroma d'incenso dalla "santa sede", e attraversando il lezzo delle spoglie camerate del "palazzo di carità", raggiunge la "giungla" degli "amarissimi sogni", mutando lo spazio in cui si muove l'Io affetto da *metaforica* "lebbra". I luoghi che erano chiusi conoscono nuove spazialità ("sala aperta"), esprimendo insofferenza ("non ne posso più / della tua lungaggine") verso ogni situazione coercitiva ("Ma nessun / odio ho in preparazione nella mia cucina"). La parola-urlo, la parola-logorrea riversa

---

[27] LIB, p. 99.
[28] LIB, p. 22.
[29] LIB, p. 13.

nella spazialità del testo le proprie costruzioni: deve riportarsi al grado zero, ricondursi all'espressione amorfa, colmando di sé l'abisso. Alla bestia psichica, che si dibatte, biascica tempeste e muore in spazi stretti e opprimenti, subentra la "libellula" che si libra nel cielo.

Allo stesso modo, in *Seria ospedaliera*, emerge un'opposizione tra interno domestico e spazio esterno: "Non è la casa (cucita con le mattonelle) / a farti da guida; è il mistero / disintegro delle facciate aeree / che ti promette gaudio sottilmente."[30] La stancante realtà della vita urbana riduce lo spazio a "povera cosa", l'intera città ad un territorio d'oggetti inanimati e meramente decorativi, mentre la poesia, eliminando l'idea dell'interno, e sfumando i confini architettonici tra "dentro" e "fuori", stabilisce un flusso vitale di pensieri, promette gaudio, significato, crea nuove spazialità.

2. Dentro e fuori la casa della poesia

Ne *La libellula*, il soggetto che brama la dissoluzione della struttura ospitante stabilisce analogie tra l'interno della casa, della chiesa o del lazzaretto, e l'interno del corpo, spostando dentro il soggetto la minaccia dalle "incursioni" che violano l'integrità delle strutture cittadine. L'analogia investe anche la relazione tra *langue* e *parole*, istituzione letteraria e idioletto, qui rappresentata da una lotta armata tra due "battaglioni" che si scontrano su un campo di battaglia simbolico. Il soggetto vive nell'insensatezza di quest'eterno "guerrare". Si tratta di una lotta anche attinente alla letteratura ("inchiostro") che persegue la distruzione del vecchio ordine, struttura insieme solida ("casa") e fragile ("nido"): "Rovina / la casa che ti porta la guardia, rovina l'uccello / che non sogna di restare al tuo nido preparato, / rovina l'inchiostro che si beffa della tua / ingratitudine."[31] La caduta del prestigio della poesia coincide qui con la decostruzione dello stesso segno linguistico, ricostituito tramite la libertà conferita dal linguaggio afasico. Rosselli opera la dissoluzione del linguaggio come contenitore di contenuti ricollocabili nello spazio aperto ("il nido preparato", "la santa sede", "la casa cucita a mattonelle"). A livello del simbolismo spaziale, la "casa" o il "nido" – un tempo "fortezza" – diventano luoghi di una *privacy*

---

[30] SO, p. 87.
[31] LIB, pp. 29-30.

indesiderabile, metafora di un'opera chiusa. Lo spazio, come casa, si ripresenta infratestualmente, nel 1968, nelle pagine di prosa di *Diario ottuso*. "Non so quale nuovo rigore m'abbia portato a voi, case del terreno nero. La stesura dei campi vi spinge sul limite dei viali appena inalberati. Tra i cespugli torti le case s'innalzano violente. Rompe il numero un fuoco d'erbe accese."[32]

La casa, comunemente intesa come spazio di ideale aggregazione, va qui intesa come *epysteme* foucaultiana, prigione che crea le condizioni che autorizzano l'istituzione letteraria ad esercitare un controllo sulla ricerca poetica individuale. Interessante è l'aspetto domiciliare della poesia come "casa" che limita e definisce il soggetto. La struttura della casa che rischia di andare in rovina si lega intimamente alla crisi del contesto sociale, mettendo in forse i valori e le convenzioni che ne reggono la struttura. La casa ha solidità solo apparente ("la guardia"; "le grandi fortezze"): la sua vera ragione d'essere è in realtà fragile, e comunica sfinitezza al soggetto che vi risiede.

Fin qui si è evidenziato come l'espressività del soggetto all'interno di questa casa sgangherata appaia parimenti destabilizzata: notevole la tendenza all'accumulazione e all'inversione, la ripetizione di parole etimologicamente simili ("la santità dei santi padri"), la presenza di concetti messi insieme per paradosso ("popolano il mondo civile dei selvaggi"; "io sono grande e piccola"), la preponderanza d'elementi di conflitto e deformazione nella combinazione di idee e parole, come l'uso ossessivo di unità simboliche ("Topo d'inferno, topo tropicale, topo d'incontentabile seduzione; topo orizzontale topo sbiancato nella memoria") o a prendere alla lettera forme idiomatiche. L'espressione "biascicavo tempeste" implica il pronunciare male, l'impastare sfoghi verbali a preghiere, laddove la causa sottintesa dell'effetto, l'imperizia espressiva, avviene sul piano di un'incoerenza associativa che sebbene malfunzionante è, tuttavia, molto singolare.

Nei versi che seguono, si ha una dichiarazione di poetica, ispirata da un fondo d'individualismo anarchico ("Io sono una che sperimenta con la

---

[32] A questo proposito, cfr. Gaston Bachelard (*La poetica dello spazio*, 1957, Bari: Dedalo, 1993), teorico della fenomenologia dell'"immaginazione" e ispiratore della "nouvelle critique" a cui fanno capo Poulet, Richard, Barthes, considera il testo un *organismo* di cui va analizzata la biologia. Bachelard sostiene: "....la casa natale è fisicamente inscritta dentro di noi... è un insieme di abitudini organiche."

vita"). Il soggetto delega l'Altro all'adesione a sé, tracciando lo spazio di questa relazione:

> [...] Se ti vendo
> il leggiero giogo della mia inferma mente tra
> le due tende degli impossibili cerchi che si
> sono stesi tra le nostre anime, nell'aria, che
> palpita tra la tua rivolta e la mia, che spinge
> e geme fuori del portone, nel solaio aperto alla
> più profonda tristezza che mi univa ai tuoi sogni
> ricorda le parole scritte su le mura delle più
> grandi fortezze degli Egiziani . (LIB)

La descrizione che il soggetto dà del suo bisogno e delle sue paure di comunicare con il mondo esterno dall'interno della casa del linguaggio è simile, semanticamente parlando, a chi si veda minacciato da un assedio imminente. Il livello di coesione testuale è rafforzato dall'allusione ai graffiti, come segno linguistico furtivo per lanciare un messaggio agli altri esseri umani usando uno spazio condiviso: "ricorda le parole scritte su le mura". L'immagine dei "cerchi impossibili" allude sia al ruolo non più centrale del poeta all'interno della tradizione lirica, sia alla coscienza di una nuova realtà policentrica e disseminata, laddove l'inclusione nei cerchi implica l'essere esclusi da ciò che è esterno. Un'ansia claustrofobica induce il soggetto a fuggire dallo spazio chiuso dell'edificio, come accade nei sogni, e a trovare scampo in un luogo all'aperto. Prigioniero di "impossibili cerchi", infelice in questo metaforico reclusorio ("che spinge e geme fuori del portone"; "nel solaio aperto alla più profonda tristezza"), la voce poetante vagheggia dunque nuove spazialità per il suo essere, per la poesia. Il desiderio di rompere questi argini diventa lo spazio di un Altrove denso d'ipotesi. Gli spazi aperti ("tende" "aria", "fuori del portone", "solaio aperto", "nuvoli") impongono al *logos* di aprirsi ad un progetto di morfogenesi e sperimentazione, che entra con violenza in "un altro canale":

> Io sono una che
> sperimenta con la vita. [...]Io sono una fra
> di tanti voraci come me ma per Iddio io forgerò
> se posso un altro canale al mio bisogno e le

mie voglie saranno d'altro stampo![33]

La poesia è discorso "d'altro stampo", che dovrebbe spingere il poeta
fuori dalla chiesa, dalla casa, dal nido, fuori dalla struttura del *logos*, per
superarsi, fuori di sé, nel mondo esterno. Il desiderio di poetare
liberamente ("fluire") è impedito dal "muro del pianto" su cui il poeta
vede iscritte vergogna e paura: "Difficilissima lingua del povero! /
rovente muro del solitario!"[34] In un'intervista con Bettarini, ponendo
l'enfasi sul verbo "uscire" come superamento della fissazione narcisistica,
Rosselli suggerisce moti di dissidenza e di "uscita" dallo spazio dell'Io
lirico. Parlando delle scrittrici femministe politicamente schierate,
osserva: "Non sanno uscire dalla loro vita privata. [...] Nessuno ha voglia
di scrivere di sé, salvo che trasfigurando l'esperienza e nascondendosi
quanto più possibile dietro le scene evitando addirittura la parola *l'Io*." [35]
La poesia deve perciò appellarsi a qualcosa di radicale che la "decentri",
concedendole ampiezza e altezza. Affinché questo movimento verso
l'esterno e l'alto sia possibile, il poeta ossessionato deve portare a termine
il romitaggio attraverso il proprio interno ("Trovate i gesti mostruosi di
Ortensia"):

> Trovate Ortensia: la sua meccanica è la solitudine
> eiaculatoria. La sua solitudine è la meccanica
> eiaculatoria. Trovate i gesti mostruosi di Ortensia: [36]
> la sua solitudine è popolata di spettri, e gli
> spettri la popolano di solitudine. E il suo amore
> rumina e non può uscire della casa. E la sua
> luce vibra pertanto fra le mura, con la luce,
> con gli spettri, con l'amore che non esce di
> casa.[85]

---

[33] LIB, p. 18.

[34] LIB, p. 25.

[35] Cfr. Intervista rilasciata a Bettarini, presentata al convegno *Un'apolide
alla ricerca del linguaggio universale,* tenutosi a Firenze presso il Gabinetto
Viesseux, in data 29 maggio 1998, a cura di Stefano Giovannuzzi,. Gli atti del
convegno sono raccolti nel No 17, 1999, dei "Quaderni del Circolo Rosselli".

[36] Questo verso propone l'immagine assai peculiare dell'autoerotismo di
Ortensia come *latte* eiaculato, spreco di energia procreativa e psichica. Per la
ricorrenza del lapsus nel linguaggio rosselliano, cfr. Marco Forti, "La poetica del
lapsus", *Il corriere della sera*, 21.10.1964.

Il linguaggio afasico diventa simile ad una luce che vibra tra le mura, "con gli spettri". Follia e *non-sense* sono altresì resi dalla "meccanica eiaculatoria" – citazione da "la mécanique érotique" de *Les Illuminations* di Rimbaud ("H": "Trouvez Hortense!"). L'insistenza sulla distruzione delle strutture del senso e del linguaggio poetico allude pertanto alla distruzione dei generi, prospettata dalle avanguardie e alla preferenza del recitativo vicino al flusso di coscienza, più atto a riferire la crisi del soggetto anche a livello delle associazioni logiche. Dunque, è tra le chiuse mura dell'istituzione letteraria che ha inizio la dissacrazione del *logos* ad opera del poeta reso folle e visionario dal disagio del vivere segregato e incompreso in una struttura aliena, sognando l'Altrove.

3. "La lingua scuote nella sua bocca, uno sbatter d'ale / che è linguaggio"[37]

L'*impasse* in cui il *logos* è precipitato ("la lingua scuote nella sua bocca") non può calcolare la spazialità verso cui si spingerà la libellula della poesia ("uno sbatter d'ale"). Lo sforzo verticale è, qui, profondamente trascendentale, relativo all'ispirazione, "l'aldilà" dello spazio fisico, l'invisibile dell'essere. Qui Rosselli chiarisce il metodo con cui definisce il proprio stile ("delirai imperfetta");[38] smonta il meccanismo che muove l'organizzazione della *poiesis*, riconducendolo a due principali enti contrastivi – il "fare" e il "disfare" – come indica questa citazione da Campana: " Disperare, disperare, disperare, è / tutto un fabbricare". La poesia ricostituirà i propri ambiti non per comunicare valori assoluti, ma per testimoniare asimmetrie: "Sapere che la veridica cima canta in un trasporto che tu non sempre puoi toccare". A questo proposito, Guido Guglielmi ha notato:

Lo scrittore critico è allora lo scrittore oppositivo. Il quale nello stesso tempo non può non avvertire – e questo è il suo aspetto tragico – che la rinuncia alla comunicazione – la rinuncia forzata – comporta il rischio del proprio impoverimento e, alla fine, annichilimento. [39]

---

[37] SO, p. 67.

[38] Rosselli, *Antologia poetica*, cit. p. 113 (da *Documento*, 1966-1973). A proposito dell'estetica dell'imperfezione e dell'irregolarità, cfr. Algirdas Julien Greimas, *Dell'imperfezione*, Palermo: Sellerio di Giorgianni, 1987.

[39] Guido Guglielmi, "Contraddizioni della letteratura", in *L'Immaginazione*, No 119, 1995, p. 19.

Questa dissipazione ("Dissipa tu la montagna") esalta il momento della ricontestualizzazione, riformulazione e rigenerazione della parola poetica:

> [...]Dissipa tu la montagna che m'impedisce
> di vederti o di avanzare; nulla si può dissipare
> che già non sia sfiaccato [...][40]

Rosselli continua a spingersi verso l'alto, mentre esibisce i modi con cui costruisce incoerenza destabilizzando le coordinate semiotiche del costrutto logico:

> [...] Stenderti alti
> e infiammati rialziamo all'incontro della primavera
> con la bestia, al volo dell'aeroplano con il
> conducente, al sigillo con la carta sdrucciola
> che lo mantiene: stendardi voglio innalzare in
> terribile strofinamento di beltà e rancore, in
> tardiva piramide d'estate [...][41]

Il martellante dissipare il senso e produrre incoerenze semantiche creano un fenomeno d'ipercoesione tra le parti, conferendo al testo un alto indice di "letterarietà".[42] È interessante notare come la montagna, ostacolo alla comunicazione, muti la sua posizione nello spazio ad opera del soggetto: la sua cima deve anch'essa essere metaforicamente traslocata perché la creatività vada incontro all'artista. La parola invade e dissipa lo spazio rimettendo tutto in discussione, anche ciò che sembrerebbe inamovibile.[96]

---

[40] LIB, p. 25.

[41] LIB, p. 28. In questi versi vi è una notevole presenza di elementi che indicano l'innalzarsi da terra.

[42] Cfr. Gérard Genette, "Langage poétique, poetique du langage" (1968), in *Essays in Semiotics*, a cura di Julia Kristeva, Josette Rey-Debove, e Donna Jean Umiker, The Hague: Mouton, 1971, pp. 423-446. Gérard Genette, in *Mimologiques* (1976), esprime un concetto di "letterarietà" contiguo al formalismo di Roman Jakobson, per il quale la "funzione poetica" è data dalla produzione di un linguaggio che si concentra sull'aspetto formale piuttosto che sul messaggio. Il messaggio, tuttavia, sostiene Genette, non verrà per questo svilito. Allo stesso modo, si veda la compatibilità della nozione di ambiguità di Genette, con le idee espresse da Jakobson, in "Linguisitica e poetica". L'ambiguità sarebbe un carattere intrinseco di ogni messaggio autoreferenziale. Non solo il messaggio è ambiguo, ma lo diventano anche il destinatario e l'emittente.

Al tema della parola "soave" si aggiunge quello della ricerca, con "gli occhi troppo aperti", di uno spazio rigenerato, da riscriversi solo dopo la sistematica distruzione-rigenerazione del vecchio ordine. Tale rinnovamento è dato da un nuovo modo di pensare e verbalizzare il momento della *poiesis*, che si fonda, come ha sostenuto Genette, sulla coscienza dell'arbitrarietà del segno linguistico. Affrancandosi dalla lesione che avverte internamente, e collocandosi tra la resistenza del *logos*, la trasparenza dell'aria e l'inconoscibilità dell'abisso, la voce poetante ci lascia ascoltare la propria infinita risonanza. *La libellula* e *Serie ospedaliera* dicono, dunque, la fine di uno spazio poetico circoscritto e l'inizio di una nuova spazialità di cui il corpo conosce il senso più profondo tramite l'espressione afasica. [97]

Bibliografia selettiva

Blanchot, Maurice, "Il sapere del limite", trad. Roberta Ferrara Ranzi, in *Anterem*, Quarta serie, n. 57, 1998.

Deleuze-Guattari, *Millepiani*, Roma: Cooper Castelvecchi, 1996.

Fonio, Giorgio, *Morfologia della rappresentazione*, Milano: Guerini scientifica, 1995.

Greimas, Algirdas Julien, *Dell'imperfezione*, Palermo: Sellerio di Giorgianni, 1987.

Guglielmi, Guido, "Contraddizioni della letteratura", in *L'Immaginazione*, No 119, 1995.

La Penna, Daniela, "La mente interlinguistica. Strategia dell'interferenza nell'opera trilingue di Amelia Rosselli", in V. Orioles, F. Brugnolo, *Eteroglossia e plurilinguismo letterario*, Roma: Il Calamo, 2002, pp. 397-415.

Lorenzini, Niva, "Amelia e Gabriele: esercizi di 'misreading'", in *La poesia tecniche di ascolto*, Lecce: Manni, 2003, pp..67-91.

Passannanti, Erminia, "La poesia dell'afasia linguistica: una nota su Amelia Rosselli", in *Punto di Vista*, N. 39, Gennaio-Marzo 2004, Padova: Libreria Padovana Editrice, 2004.

Rosselli, Amelia, *Variazioni Belliche,* Milano: Garzanti, 1964.

– *La Libellula* (1958) e *Serie Ospedaliera (1963-1965),* Milano: Il Saggiatore, 1969.

– *Primi scritti (1952-1963),* Milano: Guanda, 1980.

– *Le poesie,* Milano: Garzanti, 1997.

Spagnoletti, Giacinto, "Intervista ad Amelia Rosselli", in *Scrittura Plurale*, 1987, pp.293-303.

Thomas E. Peterson

La spazialità e il potere dell'immagine nel Manierismo tardomoderno di Fortini, Duncan e Bonnefoy

I. Introduzione

Questo saggio analizza l'opera di tre poeti neomanieristi che emergono dopo la Seconda Guerra mondiale. Pur essendo influenzati dai grandi poeti del modernismo, Franco Fortini (1917-1994), Robert Duncan (1919-1988) and Yves Bonnefoy (1923-) si oppongono a ciò che considerano una poesia del "concetto", dello "sradicamento" e dell' "assenza". I loro primi libri coincidono con la fine della guerra: *Foglio di via* (1946) di Fortini, *Savoir vivre* (1946) di Bonnefoy, *Heavenly City, Earthly City* (1947) di Duncan. La loro è, pertanto, una poesia di presenza e percezione, fondata sull'attualità storica. Come intellettuali "contro", si oppongono alla degradazione crescente dell'ambiente e dello spazio pubblico, affermando il potere conoscitivo della poesia. I loro versi complessi e difficili dipendono dai paradigmi dello spazio pittorico, dell'immaginazione visiva e dell'equilibrio del corpo umano nello spazio quotidiano. Malgrado i contrasti evidenti tra le opere di questi tre poeti, a livello profondo essi condividono i seguenti criteri manieristi: un intento profetico o metafisico; una costante derivazione dalle fonti, un'autoreferenzialità processuale, un'enfasi gestuale e deittica e una tendenza sincretica.

Scaturendo dalle arti figurative del Cinquecento e dagli scritti del Vasari, il manierismo storico si sviluppò da una identificazione negativa con le esagerazioni stilistiche e le distorsioni prospettiche, una sorta di movimento contro le armonie e gli equilibri classici, e dunque contro la tendenza a valorizzare i meriti dell'artista, non solo nelle arti visive ma anche nel campo della letteratura. "Maniera", secondo lo Shearman, significa "stile", e nel caso del manierismo questo si intende in un senso "assoluto", come un tratto positivo.[43]

---

43 John Shearman, *Mannerism* (Middlesex: Penguin, 1970), p. 17: "The

Innanzitutto, gli artisti manieristi hanno fama di graziosità, complessità e preziosità. Per quanto riguarda il problema di un possibile manierismo moderno, questo non può essere semplicemente la conclusione logica di un processo storico iniziato nel tardo 500. In ogni caso, il manierismo di qualsiasi era tende a focalizzarsi sulle antitesi, quindi sulle strutture doppie.[2] Secondo Sypher, il manierismo favorisce l'intersoggettività e non solo la riflessione ("its style and its temperament are variable and diverse"); è ben più austero del barocco nella ricerca di "techniques of accomodation" col passato. Difendendo i Gesuiti dalle accuse di sofismi, Sypher nota che i seguaci di Sant'Ignazio

> simply utilized the *play* in the mannerist world, where things fitted together with great tolerance. The structure of the mannerist universe is not wholly determinate; it is open and shifting, and the equivocations in casuistry are a special tactic of mannerist conscience, just as an extremely elastic logic is the special tactic of mannerist art, or as the double meaning, the ambiguity, is the tactic of mannerist verse.[3]

Per controbilanciare questa tendenza verso l'intellettualismo, si sviluppa nel manierismo la teatralità, il mettere in atto tensioni di corpi in movimento che richiamano processioni, rappresentazioni sacre e agiografie. Nella seconda metà del Novecento si registra un considerevole aumento nel dialogo tra le arti e torna in voga la discussione dell'*ut pictura poesis*. Questo sviluppo è stato fondamentale e formativo particolarmente per i poeti che vorremmo discutere, in quanto la lingua dell'arte è sempre presente nei loro scritti anche teorici. Più che compatibile, la lingua dell'arte costituiva il loro mezzo per interpretare la

---

origin of the expression Mannerism lies in an Italian word: *maniera*. This word was used during the Renaissance period in a number of grammatically different ways and carried with it a like number of meanings, but Mannerism is derived from one particular usage only: the absolute one."

[2] Le dicotomie dello Shearman forniscono una guida succinta alla discussione dei manieristi storici: "supply / demand; variety / monotony; abundance / brevity; beauty / monstrosities; clarity / obscurity; form / content; style / decorum." Wylie Sypher, *Four Stages of Renaissance Style* (New York: Doubleday, 1955), p. 120, situa il manierismo letterario nel suo contesto storico, di cui enfatizza le tensioni, l'equilibrio disturbato e il bisogno sentito dai pittori e poeti di "defy rules of proportion and perspective to satisfy the needs of their subjective view of reality."

[3] W. Sypher, pp.137-38.

realtà e per costruirsi una nuova e più autentica identità storica, riallacciandosi alle narrative mitologiche e sincretiche della tradizione come avevano fatto i manieristi nel Cinquecento e i poeti e pittori metafisici nel Seicento. Nel clima critico degli anni settanta in poi, quando i dibattiti sul manierismo proliferavano, era più che naturale per questi poeti assumere la legittimità del manierismo come stile globale.[4]

Per valutare oggi il periodo modernista, bisogna evitare i pericoli del riduzionismo post-moderno. Solo in questo modo, secondo Raymond Williams, possiamo superare i canoni stabiliti da scrittori elitari per scoprire il valore dei modernisti marginalizzati. Il post-moderno rimane un *pendant* dell'elitismo istituzionalizzato del tardo modernismo, che ha riconosciuto alcuni scrittori e trascurato altri:

> [T]he innovations of what is called Modernism have become the new but fixed forms of our present moment. If we are to break out of the non-historical fixity of *post*-modernism, then we must search out and counterpose an alternative tradition taken from the neglected works left in the wide margin of the century, a tradition which may address itself not to this by now exploitable because quite inhuman rewriting of the past but, for all our sakes, to a modern *future* in which community may be imagined again.[5]

L'idea di un ipotetico "modern *future*" si assimila bene al nostro approccio alla poesia neomanierista in questo saggio, permettendoci di avanzare delle ipotesi sulla "maniera" in uso nella generazione precedente (pensiamo ai casi di Giuseppe Ungaretti, Ezra Pound e Paul Valéry).

Se il post-moderno è finito in una sorta di assorbimento astorico e ipertrofia teorica, la ricerca degli esperti del settore tende a una "tradizione alternativa" che possa guidarci ad un senso più pieno della presente. Tale tradizione "costruttivista" offrirebbe una nuova apertura conoscitiva ed epistemologica al testo poetico. Mauro Ceruti nota:

> [V]iene meno la plausibilità euristica di un luogo di osservazione assoluto e privilegiato, anche solo quale ideale regolativo, *focus imaginarius* attraverso il quale orientare

---

[4] Cfr. James V. Mirollo, "Mannerism as Term, Concept, and Controversy", in *Mannerism and Renaissance Poetry. Concept, Mode, Inner Design* (New Haven: Yale U P, 1984), pp.1-71.

[5] R.Williams, *Politics of Modernism: Against the New Conformists* (London: Verso, 1996), pp.33, 35.

strategicamente ed interpretare le proprie conoscenze. L'adeguatezza dei nostri modi di pensare e dei nostri linguaggi non riflette una qualche struttura della realtà che avremo colto *sub specie aeternitatis*. È sempre un'adeguatezza *hic et nunc*, condizionata e costruita dai particolari tagli metodologici operati nella costruzione dei propri universi cognitivi.[6]

Questa disposizione verso la costruzione di "un mondo" possibile si riflette nelle poetiche manieristiche e processuali dei poeti in questione, i quali sostengono l'importanza della comunicazione, della quotidianità e del ruolo conoscitivo della poesia. Si direbbe che il manierista ha come punto di partenza la "cenestesi" del proprio organismo, ossia la sensazione dell'equilibrio del corpo e della mente da trovarsi nella vita quotidiana, la mancanza degli estremi psichici e somatici (se ne parla a proposito anche del "sesto senso"). L'idea della quotidianità si abbina con una condizione di equilibrio quasi fisico mantenuto tra tensioni contrapposte. Chi crede nella "cenestesi" non esclude il mistero della gnosi, quanto piuttosto si apre ad un significato che deriva dalla modestia e dal mettersi in relazione significativa con l'inconscio collettivo. Questi poeti cercano di costruire il proprio universo, adattandovisi, ovvero stabilendo una comunicazione e interazione effettiva con le loro comunità e il loro ambiente. In tal senso potremmo considerarli dei costruzionisti radicali:

> La nozione di adattamento di Piaget e dei costruzionisti radicali spesso viene rappresentata secondo uno schema spaziale, per illustare l'interazione dell'individuo con l'ambiente e il movimento a spirale di quest'interazione circolare che procede nel tempo. Lo spazio conoscitivo ospita le "affermazioni di continuità fra varie forme di genesi" in modo tale da drammatizzare la reciprocità dei fattori esogeni e i fattori endogeni.[7]

La ricerca poetica di tale spazio conoscitivo cerca di mostrare il rapporto tra libido collettiva e potere, ossia il rapporto nascosto dalla lingua istituzionale e rimosso dalle lingue scientifiche e tecniche. Gli schemi di rimozione si trovano anche nella lingua dei poeti del "concetto", della *poésie pure* e dell'astrazione estetica, come nel

---

[6] M. Ceruti, *Il vincolo e la possibilità* (Milano: Feltrinelli, 1986), p.93.
[7] Ivi, p.83.

"discorso" strumentale già vigente nella società. Opponendosi a questo discorso astratto, a questo sradicamento, i neomanieristi offrono una poesia dell'Avvento che risponde all'inaccettabilità del presente con un senso purgatoriale, di attesa. La spazializzazione che adoperano non è semplice, visto che da una parte emerge la denuncia di un mondo "spaccato" e violento e dall'altra la proiezione di un utopico futuro armonioso e di pace. Il rapporto tra i due mondi assume la forma di spaccature e vuoti sia nel *continuum* della storia sia in quello della prospettiva utopica. Queste spaccature creano un senso di movimento e dinamismo. Se l'uomo "disumanizzato" ha abbandonato il suo luogo naturale nel mondo, l'azione di riabitare questo luogo richiede il diniego dello spazio devastato del presente e la costruzione dello spazio futuro.

Così quando il poeta neomanierista parla di "spazio", intende angolazioni e prospettive in parte vere e in parte inesistenti, perché mentali o figurative; rifiutando ogni "discorso" convenzionale, invita la comunità alla piena costruzione e partecipazione all'avvenire. Una tale partecipazione avrà come risultato – come si è detto – una nuova interpretazione del recente passato.

Il neomanierismo non si lascia definire da categorie chiuse. Come Curtius ricorda, appare futile proporre un sistema manierista di poetica in quanto tale, dato che la varietà è al cuore dell'impulso manieristico stesso: "I consider it expedient to leave any such search for systems severely alone and instead to provide new concrete material for the history of Mannerism."[8] Per questo motivo, Curtius propone – forse liquidandolo il problema – una lista di tropi impiegati nella poesia di questo tipo: l'iperbato, l'annominatio (paranomasia), la circumlocutio (perifrasi), le metafore affettate, i concetti acustici, oltre a una lista di altre pratiche piú arcane ed esotiche.

Il neomanierismo gode della molteplicità formale e si basa sulla coralità; si autodefinisce quale *ars poetica* dell'*allegoresis* ed evoca le epoche passate (per esempio, il medioevo), ovvero i momenti in cui lo spazio umano era più integrale e compatto rispetto a quello attuale.

Secondo Naughton, la generazione di poeti che emerge all'indomani della Seconda Guerra Mondiale aveva la percezione di essere "totally disinherited from all poetic tradition": "Marked by war, by a history "so monstrous that it denies all poetic possibility", the new generation of poets [...] felt itself "separated from the word it might be, from the

---

[8] E. R. Curtius, *European Literature and The Latin Middle Ages*, Tr. Willard R. Trask (Princeton, N.J.: Princeton U P, 1953), p.282.

universe it might name."[9] Tali poeti rispondono alla tensione tra parola e mondo, tra sapere ed espressione, con una poesia che appare paradossale nei suoi rapporti col modernismo, proprio come quella dello stesso manierismo cinquecentesco nei rapporti col classicismo rinascimentale. Scettici verso ogni forma stucchevole di rappresentazione del patrimonio ereditato, ma rendendo al contempo omaggio ai maestri del passato, scrivono una poesia complessa e difficile, intertestuale e derivativa, che tuttavia ha la pretesa di entrare in comunicazione più direttamente e più intimamente con il lettore di quanto non fossero stati capaci i poeti della generazione precedente.

II. Criteri generali per la poesia manierista

1. La poesia manierista è *profetica* o *metafisica* nel senso che prevede un futuro e un altrove di là da venire. Le sue premesse profetiche o metafisiche concernono le origini della lingua e la lingua alle origini, nel senso proposto da Vico. Il manierista gioca, ma piuttosto seriamente, con la lingua; questa attività ludica richiede una perizia tecnica molto sviluppata. La sua maniera comprende l'uso della *figura*, intesa nel senso profetico ed allegorico postulato da Auerbach.

2. La poesia manierista è *derivata* da altre poesie e forme d'arte, spesso in modi oscuri o enigmatici. La derivazione serve a manifestare un senso di radicamento o affiliazione filologica seguente a un precedente atto di creazione. Tale derivazione presuppone uno schema interpretativo duplice, come quello premesso da Riffaterre coi termini "*meaning*" [significato] e "*significance*" [significanza].[10] In confronto al barocco, che è stravagante, il manierismo è austero, e comporta "*l'impronta retrospettiva*" di epoche passate; secondo Georg Weise, nel manierismo storico si vede "la riapparizione di tendenze gotiche e medievalizzanti nell'ambito della civiltà rinascimentale e la loro assimilazione col nuovo repertorio formale e con i nuovi schemi compositivi di sapore classico, istituiti dall'Alto Rinascimento."[11]

3. La poesia manierista è *deittica* e *gestuale*: possiede intensità

---

[9] J. Naughton, citando Gaëton Picon, in Y. Bonnefoy, *New and Selected Poems*, a cura di Naughton e Anthony Rudolf (Chicago: U of Chicago P, 1995), p.xviii.

[10] Cfr. Michael Riffaterre, *Fictional Truth* (Baltimore: Johns Hopkins U P, 1990), pp.59-62.

[11] G. Weise, *Manierismo e letteratura* (Firenze: L. S. Olschki, 1976), p.234.

stilistica in quanto attiene alla natura *manuale* del processo artistico; questo giustifica l'etimologia di *maniera* come ciò che è fatto con le mani (*manus*), donde la natura fisica e correlativa del manierista, che contrasta sia col formalismo classico sia con l'effusione barocca. La letteralità, l'omofonia, l'iconicità e l'ipostasi sono manifestazioni di questa intensità processuale; gli *shifters* e i deittici forniscono il supporto prosastico per le seguenti dicotomie: presenza/assenza, utile/inutile, presente/passato, esistenza/inesistenza, storia/antistoria. Essendo un prodotto "manufatto" e artigianale, la poesia riflette l'umiltà di chi ne è il produttore.

4. La poesia manierista è *autoreferenziale* e documenta le condizioni esistenziali della sua produzione. L'aspetto autodescrittivo della poesia manierista può esprimersi nella forma di un'*ars poetica*, e più generalmente nella autopoiesis e l'autosimilarità. A volte lo scrittore impiega i modelli delle scienze naturali (la matematica, la musica, la retorica e l'architettura) per riflettere i modelli cosmici (per esempio, la musica pitagorica delle sfere) e la potenza conoscitiva della poesia. Indagando le strutture nella natura, il manierista integra ad essa fattori endogeni o esogeni per riconciliare i contrari – anche quando questi siano violenti o tetri – in una *concordia discors*. L'autoreferenzialità comunicativa è rilevabile a livello stilistico nelle iterazioni, gli echi, i rispecchiamenti e, in generale, nella forma artistica della teoria della ricorsività e dell'emergenza, così com'è stata diffusa dai nuovi epistemologi.

5. La poesia manierista è *ibrida* o *sincretica* per natura, per cui la sua interpretazione può essere ardua. Questa difficoltà concerne la complessità storica di un testo in cui il poeta fa fronte alla crisi e alla catastrofe storica o personale. La percezione sincretica consente una percezione globale degli eventi, degli spazi e delle comunità storiche. Con l'ausilio di una percezione sincretica, il poeta può mettere in scena il suo soggetto come osservatore di un sistema globale di cui oggettivamente fa parte.

III. Introduzione alla spazialità in Fortini, Duncan e Bonnefoy

Le poetiche di Fortini, Duncan e Bonnefoy sono realistiche e, al contempo, di maniera. Tra i loro spazi prediletti c'è soprattutto il crocevia o *carrefour*, luogo di dilemma e presa di posizione. Tale bivio, sia esso in una valle, un bosco o una città, rappresenta l'intenzione etica di attraversare una soglia della vita. Di solito, questo punto nodale si presenta come paradosso, o *coincidentia oppositorum*. Visto in termini razionalistici, il paradosso esula dal nostro controllo ed è inutilmente conflittuale. Ma visto attraverso la lente dell'esperienza, lo spazio della decisione riflette la struttura dinamica della realtà, la *concordia discors*, che emerge dalla dialettica della vita nel suo svolgersi. Una volta superata, questa soglia rappresenta un'armonia guadagnata a fatica, una stabilità non basata sulla stasi bensì sul movimento.

Tra i paradossi che si incontrano nella poesia neomanierista di Fortini, Duncan e Bonnefoy c'è la presenza simultanea dello spazio limitato e illimitato: la finitudine della vita umana e la illimitatezza del cosmo.[12] Il paradosso si riflette direttamente negli urti espressionistici e nelle improvvise illuminazioni che occorrono nelle loro poesie. Lo spazio poetico non si limita alla *res estensa* né tanto meno allo spazio interiore del soggetto, ma incorpora la dimensione mentale ed affettiva del fare poetico col movimento corporale e concreto. Tale spazialità risponde alle incertezze epistemologiche della modernità: non si propone come scienza ma come visione, recuperando lo spazio mitico delle epoche arcaiche (inteso nel senso vichiano). Mentre il modernismo si blocca dinanzi al divario tra oggetto e soggetto, i poeti neomanieristi "della presenza" affermano l'uso dell'immagine sincretica e concreta in opposizione alle immagini convenzionali e puramente retoriche.

La maniera, ossia la penetrazione assoluta dello stile, è il valore "eigen" della poesia, la sua essenza; è l'atto iterativo di autoreferenza all'interno del sistema circolare a permettere che l'atto creativo abbia luogo. Dunque la maniera funziona come una sorta di euristica autoregolatrice. Scegliamo come esempio una dichiarazione di Mario Luzi. Rifiutando la nozione di "poeta" come di colui che sia delimitato dall'atto dello scrivere e sconnesso dal mondo reale, Luzi s'interroga sulla dedizione del poeta sia alla tecnica sia alla resa della propria emotività. Nel saggio "L'incanto dello scriba" (1972), Luzi pone l'esempio di uno "scriba" rinchiuso monasticamente fuori dal mondo come modello della poesia pura, ovvero dell' "aescesi tecnica." Egli, dunque, giudica questo modello carente, dato che il "destino" dello scriba

---

[12] Cfr. Y. Bonnefoy, "Le culte des images et la peinture italienne", *Lieux et Destins de l'image* (Paris: Seuil, 1999), p. 165: "Il y a là comme un péché originel de la représentation, qui n'est d'ailleurs qu'un redoublement de celui que le christianisme associe à la connaissance dès le début du langage; et que la création artistique puisse ainsi réverbérer le péché, cela provoque une angoisse qui va déconcerter le volontarisme premier tout en précipitant l'évolution artistique par la recherche de solution–ou de palliatifs–au problème qui se découvre."

"non lo protegge dal confronto continuo con l'oscuro processo creativo del mondo":

> Supporre l'esistenza di un universo concluso della scrittura dove al singolo autore sia consentito solo una inedita combinazione delle componenti è una metafora in auge, ma essa è fondata sul presupposto che tra il cosmo della scrittura e quello della natura e dell'esistenza non ci sia alcun contatto; un presupposto che penso contrasti con il primo principio della poesia che è nell'ordine del linguaggio, d'inventare la parola dov'era il segno e la cifra (sia pure la stessa parola scaduta a segno e a cifra convenzionale) e insomma di portare lo spirito dov'era la lettera.[13]

Senza ricorrere al termine "manierismo", Luzi definisce i contorni esistenziali, storici e formali di questa poetica. Non siamo nell'epoca "alessandrina", che esaltava il poeta puramente tecnico; né servono più le ideologie per dare forma ad una poesia.[14] In sintonia con quanto ha sostenuto Luzi, i nostri tre poeti costruiscono una poetica della presenza e dell'immediato, ma per loro la presenza e l'immediatezza appartengono ad un'*altra* stagione. Il lettore si trova sempre in qualche modo dietro le quinte di una rappresentazione teatrale o figurale. Nei momenti in cui la presenza è rimossa dalla sofferenza, dall'oblio e dalla morte, e la storia emerge vagamente, questi poeti ricorrono allo spazio dell'utopia, al mito e alla narratività.[15]

Il paradosso del poeta manierista è di trovarsi "qui" e "altrove", di sentirsi costantemente in movimento tra uno spazio interiore e uno spazio esteriore, tra una riflessione (o speculazione) sul proprio sé e la mimesi del luogo in cui si trova. Questa mimesi non è un *reportage* o una copia, ma una ricreazione dinamica la cui ambiguità ha a che fare con la complessità conoscitiva dell'atto poetico. La duplicità del manierista non è quella del poeta barocco che progetta le sue dicotomie (cosmologiche, sintattiche, logiche) secondo criteri-formula alquanto prevedibili. Il manierista conosce una duplicità semplice e irrevocabile, tra vita e morte,

---

[13] M. Luzi, *Naturalezza del poeta* (Milan: Garzanti, 1995), p.129.

[14] Cfr. M. Luzi, p.130: "Per anche troppo perspicua analogia con altro genere di rapporto che poi fa tutt'uno con questo, la rivoluzione ideologica è solo una formula abbreviata e tutta estrinseca di ben altro *rivolgimento* in corso perenne nel mondo...".

[15] L. Marin, *Utopics: Spatial Play*, trad. R. A. Vollrath (Atlantic Highlands, New Jersey: Humanites, 1984).

tra vero e falso. Dunque, proporrei di smettere di tacciarlo d'essere "bizzarro" o "grottesco" ed insistere sul valore che assume la percezione e la realtà nelle sue opere. Rispetto al poeta barocco, al manierista mancano l'evasività, i catologhi arcani, i *memento moris*, le esibizioni virtuosistiche e nichilististiche, e le glorificazioni del sapere razionalistico. Il manierista coltiva la spazialità in quanto tale come esperienza provvisoria di pienezza percettiva e possibile recupero di quanto il poeta sente di aver perduto. La ricerca della pienezza è la rivolta più efficace contro lo sradicamento del modernismo, contro la distruzione ambientalistica e contro la riduzione dello "spazio" ad un "vuoto" popolato da oggetti esanimi. Paul Zumthor ha descritto questo livellamento culturale così:

> Ce qui a changé, depuis une cinquantaine d'années, c'est qu'une lassitude nous a pris, un effroi diffus de l'efficacité de notre civilisation; de ce ressourcement continu de nos techniques, dont les effets se multiplient de façon planétaire, tandis que l'abolition des distances fait de chacun de nous, fût-ce malgré lui et contre lui, un acteur universel, déspatialisé. Une gêne fausse la pensée et l'action, connote de mauvaise conscience la poursuite de notre agression contre la Terre, ainsi que les nouveaux ordres qui s'ébauchent. [...] L'époque moderne a renversé sur l'horizontale de l'espace terrestre la verticale des anciennes théophanies. Le corps animal de l'homme a fini par se désintégrer dans cet effort: son corps territorial s'est à son tour décomposé. D'où l'inertie, l'immobilité, l'émiettement du social.[16]

Contro la frantumazione del sociale, si ha nella poesia di Fortini, Duncan e Bonnefoy, la forza del mito e dell'immagine. Contro l'inaccettabilità dell'oggi, abbiamo la proiezione di uno spazio purgatoriale, spesso con il "verbo al tempo futuro", in cui l'umanità può riconciliare le sue contraddizioni storiche e spirituali:

> La figura dell'avvento, tensione verso un avvenire risolutivo e apocalittico, [...] vive propriamente nella immobilità *e* nel mutamento, è postulazione rivoluzionaria, coniugata al futuro, è diniego del presente, sentito, in ogni momento, come passato e

---

[16] P. Zumthor, *La Mesure du monde. Représentation de l'Espace au Moyen Âge* (Paris: Éditions du Seuil, 1993), pp 410, 412.

come nullità. Il nesso profezia-elegia situa questo momento soprattutto negli anni dell'immediato dopoguerra e della guerra fredda.[17]

Il profilo artistico di Fortini comincia con la sua fiorentinità, che risuona nella memoria di chi lo studia come un paesaggio ambiguo, di oscurità e mistero. C'è in Fortini una specie di aristocraticismo dell'umiltà, un *altro*, rispetto a quanto veniva sviluppandosi nella Firenze degli anni trenta, per cui Franco Lattes si pronunzia fedele alla religione di Dante e di Masaccio e diventa discepolo di Giacomo Noventa. Avendo letto il libro di Roberto Longhi su Piero della Francesca, accenna all'intensità emotiva delle sue visite alla Cappella Brancacci:

> [U]na delle mie prime visioni di avvenire, che si accompagnava anche all'immagine di certe figure di Masaccio era appunto in questo verso: *"uomini usciti di pianto in ragione"*. Usciti di pianto in ragione, dove il pianto non è certamente sottovalutato, anzi è la condizione. Ma c'è un'emersione, una possibilità di emergere attraverso la sofferenza, il dolore, la pena e anche la non-ragione, l'angoscia.[18]

Abbiamo commentato altrove[19] "Canzone", la poesia "fiorentina" che l'autore qui cita.Vorremmo ora solo ribadire che il confronto con la poesia di Ungaretti intitolata "Canzone", anch'essa di quarantun versi come quella di Fortini, mette in rilievo il contrasto tra i due manieristi: Ungaretti che fa con la sua "Canzone" una *reconnaissance* delle profondità di Lete, nel momento in cui scopre Palinuro dinanzi a un'idea esterna all'io, intravista all'alba, figura femminile di autenticità mentale e di Amore, che lo spinge ossessivamente verso l'astrazione poetica; e Fortini che scrive la sua "Canzone" come ricordo civile della Firenze da cui si sentiva in qualche modo esiliato. L'allusione fortiniana alla violenza è un'evocazione della Firenze fascista, rappresentata con un registro civile dantesco. Qui, la *quête* storica è il prodotto di una genuina resistenza politica e un proiettarsi verso il futuro, nei "destini generali"

---

[17] F. Fortini, *Saggi ed epigrammi,* a cura e con un saggio introduttivo di Luca Lenzini, e uno scritto di Rossana Rossanda (Milano: Mondadori, 2003), p.563.

[18] F. Fortini, *Un dialogo ininterrotto. Interviste 1952-1994,* a cura di Velio Abati (Torino: Bollati Boringhieri, 2003), p.580.

[19] Cfr. T. Peterson, "Mannered Variations on the *Canzone*", *The Ethical Muse of Franco Fortini* (Gainesville: University of Florida Press, 1997), pp.55-70.

popolati da "uomini che escono dal pianto in ragione". L'occasione di una "riunione" sulle rive dell'Arno è l'evento su cui si modella un ritorno alla virtù. In questo senso l'Arno diventa una specie di Eunoe, il fiume purgatoriale che rappresenta la restituzione alle memorie delle azioni nobili. Nel caso di Duncan, il dato personale è di massima importanza e dev'essere lasciato – per dirla alla Olson – come il fango che fluttua dalle radici. Ma invece della matrice storicizzante di Olson o di Pound, si ha un continuo paesaggio personalistico, un flusso di musicalità che possiede il tono della poesia amorosa. Invariabilmente le poesie d'amore tornano a riferirsi alla poesia stessa, al "suono di lei". Le associazioni foniche in Duncan sono simili a quelle della salmodia, sapiente musica di paranomasie imperfette. È l'impulso che dà struttura al proto-Romantico che, come Leopardi, rimane rigorosamente informato dalle etimologie e consapevole della retorica a cinque rami.

Il suo verso libero è controllato da una scansione precisa: a volte emerge una specie di *trobar clus*, una vischiosità in cui si trova anche la persona politica. Nell'ultimo libro di Duncan, *Ground Work II: In the Dark*, questa combinazione d'interiorità e di valori civili è particolarmente marcata. Senza dubbio, questa è una dualità autoreferenziale che determina allegorie e dichiarazioni di poetica, come evidenza la dedica all'*arete* o all'ideale la cui "imago" diretta si trova al di fuori della poesia, nella storia. La derivazione da fonti precedenti consente l'ipostasi di archetipi d'elezione: ma è precisamente in quest'unità di sentimento, ricerca intellettuale ed estetica, che si scopre l'intensità purificante del "Ground" di Duncan, il messaggio quotidiano per il quale ogni "singolo" sta al centro dell'"universo designato" [each "one" is the center of "the universe appointed"]. Per Duncan la poesia dell'Avvento riguarda la figura di Ermes, non solo protettore e musa, ma autoproiezione drammatica che gode delle ambiguità come prova dell'esistenza di una scienza occulta. Da una parte, i *noumena* a cui Duncan si rifà sono informati dell'iconografia e dell'etica di un cristianesimo agnostico; dall'altra, in ciascuna poesia la conoscenza si limita allo svolgimento di un suo proprio specifico argomento: così riesce a stabilire una continuità tra poesia e discorso prosastico. L'ambiguità che prolifera in Duncan è legata all'*amplificatio* alchemica, che per guardare meglio al futuro fonde la funzione retorica dell'amplificazione, ovvero della dilatazione semantica delle parole, alle ambivalenze psicologiche dell'archetipo sperimentato.

Di Yves Bonnefoy, storico dell'arte e della mitologia, l'amico Jean

Starobinski scrive:

> All of Bonnefoy's texts – poetry, prose, essays–include a sequence of moments, comparable to moments of passage, in which a desire keeps watch divided between memory and hope, between nocturnal cold and the warmth of a new fire, between denunciation of the "lure" and straightness of sight. They are situated, so to speak, between two worlds (in personal history as well as in collective history): there *was* a world, a fullness of meaning, but they have been lost, broken, scattered. (This affirmation is the starting point of gnostic doctrines–and the fact that he shares it with them makes Bonnefoy all the more careful to separate himself from them later on.) For him who does not let himself be taken in by chimeras, or by despair, there *will be* a world once more, a habitable place; and this place is not "elsewhere", or "yonder", it is "here"–in the place itself, found again like a new shore, in a new light.[20]

Bonnefoy, che inizia a poetare nella linea surrealista, presto modifica la sua poetica, formulando una sorta di teoria dell'osservatore, avente le sue radici nell'oggettività e nei rapporti conoscitivi tra arte e scienza: "Il suo stesso sviluppo porta ben presto la fisica a intraprendere la revisione dei suoi principi: l'osservatore, lo sperimentatore entra in gioco e diviene inseparabile dalla teoria che elabora. [...] Fuga dell'oggetto fisico, apparizione dell'oggetto surrealista: nel gioco di vasi comunicanti perpetuamente attuato fra poesia e scienza si forgia il vero materialismo."[21]

Persiste nell'immaginazione di Bonnefoy l' "arrière-pays", un luogo silenzioso e appartato, tempio sacro delle tradizioni dell'entroterra e sorta di manifestazione del cuore-spazio.[22] Questo luogo dipende dall'immagine pittorica, dal pellegrinaggio spirituale e dal ricordo della casa materna e dei luoghi frequentati in vacanza da fanciullo.[23] Il punto

---

[20] J. Starobinski, "Poetry Between Two Worlds", in Yves Bonnefoy *Poems, 1959-1975*, trad. Richard Pevear (New York: Random House, 1985), p.186.

[21] Y. Bonnefoy, "La nouvelle objectivité", in Maria Silvia Da Re e Yves Bonnefoy, *Il Cuore-spazio e i testi giovanili* (Firenze: Alinea, 2000), pp.120-1.

[22] Y. Bonnefoy, *L'Arrière-pays* (Paris: Gallimard, 2002).

[23] Cfr. J. Starobinski, pp.188-9: "Reading *L'Arrière-pays*, which testifies to Bonnefoy's personal development, we observe that for him it is a question of a peril intimately experienced in the gnostic temptation of an "elsewhere", in the

d'arrivo di Bonnefoy in *L'Arrière-pays* è un luogo d'esperienza esistenziale e trascendentale al di là della parola. Si notano soprattutto le affinità tra la pittura primitiva italiana e gli spazi archittetonici che lo scrittore attraversa: spazi rurali e petrosi conosciuti da ragazzo lungo le rive della Loira. La spazialità dell'*Arrière-pays* può essere lo spazio architettonico di una cattedrale rinascimentale o anche la proiezione di una possibile esistenza futura restituita alla sua integrità.

IV. Esemplificazione dei criteri manieristici (1-5) nell'opera di Fortini, Duncan e Bonnefoy (A-C)

1.A. Per quanto riguarda il primo criterio – per il quale il manierismo esprimerebbe un intento profetico o metafisico – in tutti e tre i poeti troviamo proiezioni di un mondo migliore, a cui si giunge dopo un periodo "invernale" di sofferenza e di sonno. Nella poesia introduttiva a *Foglio di via* – e quindi eventualmente nell'intera raccolta, *Una volta per sempre* – il soggetto si rivolge misteriosamente ad un altro, con cui condividerebbe un ambiguo paesaggio invernale:

> E questo è il sonno, edera nera, nostra
> Corona: presto saremo beati

---

fever induced by the call, "yonder", of a "true place" which is only the illusion of the true place, since it demands a desertion of the *here and now*, of the reality in which the poet finds himself uncentered, exiled. Separation is a sin: it is the sin committed by "speakers of words" when they abandon the "real" (or being) for their own notions; when the dream turns to the distance; when the image, in its glory, prevails over the humble presence of things; when the book or work isolates itself in its closed perfection, aloof, in the "abstract" purity of its structure. [...] The image-world is the product of an aggravated sin, even if we must recognize at its source a genuine hope of unity, an impulse toward fullness: for the impulse becomes fixed in a "mask" and creates an obstacle that comes between our desire and its finality–real presence. Of course the image world, the mask-world, is the negation of the impoverished and "disassembled" world in which we live in a state of waiting; but these words, these essences, which are born of a sacrifice of the immediate, of a putting to death of the first principle of existence, do not give birth and life to the second world: they shine with the brightness of death. The exigency of which Bonnefoy makes himself the spokesman (an ethical, or rather an onological exigency, far more than an aesthetic one) calls for a second negation, a second death, a negation of the negation..."

In una madre inesistente, schiuse
Nel buio le labbra sfinite, sepolti.

E quel che odi poi, non sai se ascolti
Da vie di neve in fuga un canto o un vento,

O è in te e dilaga e parla la sorgente
Cupa tua, l'onda vaga tua del niente.[24]

Domina il silenzio, il senso di essere rinchiusi in uno spazio mediano, imprecisato e solenne. Le immagini agghiaccianti di morte fanno di questo scambio tra un "io" e un "tu" un'unica presenza spettrale, tanto che la poesia sembra un dialogo *in absentia*. Il linguaggio figurato suggerisce le vestigia di un sacramento o un rito. Fortini, si sa, è debitore alla sensibilità ermetica, ma rimane ostile ad ogni ortodossia ermetico-simbolista. Opponendosi al presente, Fortini diventa poeta della voce "futura" come il suo maestro e mentore Giacomo Noventa. Secondo Noventa, la differenza tra il fascismo e l'anti-fascismo andava ridimensionata; pur avendo sofferto per le sue attività contro il regime, Noventa aveva il coraggio di criticare gli anti-fascisti per il loro "virtuismo", la convinzione di essere dalla parte del bene nonostante l'effettivo dinniego dei valori della Resistenza.

1.B. Il poeta americano Michael Palmer sostiene: "Duncan, in his poetics, embodies a series of paradoxes that at once reflect and reflect *upon* the antecedent poetics of what he called his "modernist masters".[25] Il progetto di Duncan è una rimitologizzazione del presente, per avversare "la mente demitizzante moderna."[26] Duncan condivide con Bonnefoy la passione per i poeti metafisici inglesi e per Baudelaire, che aveva infine molto apprezzato. La nozione di errore in Duncan è legata a quella di attenzione/disattenzione. Così egli commenta la sua prassi compositiva: "I do not believe in a Creation by Chance or by Predestined Form but in a Creation by a Creative Will that realizes Itself in Form evolving in the play of primordial patterns. And in my work I evolve the form of a poem by an insistent attention to what happens in inattentions, a care for inaccuracies; for I strive in the poem not to make some imitation of a model experience but to go deeper and deeper into the experience of the

---

[24] F. Fortini, *Versi scelti. 1939-1989* (Torino: Einaudi, 1990), p.7.

[25] M. Palmer, "On Robert Duncan", *American Poet* (Spring 1997), p.8 .

[26] R. Duncan, *Fictive Certainties* (New York: New Directions, 1985), p.24: "modern demythologizing mind."

process of the poem itself."[27] In "The Truth and Life of Myth" (1968) Duncan rimprovera a Rudolf Bultmann il suo rifiuto della *mythopoesis* in *The New Testament and Mythology*, e, riferendosi allo spirito creativo di William Blake, aggiunge:

> blasting that model of self-righteous and reasonable men, the Deist [...] howling against the first factories and machineries of his own day's versions of what Bultmann considers to be the modern scientific man for whom: "it is impossible to use electric light and the wireless and to avail ourselves of modern medical and surgical discoveries, and at the same time to believe in the New Testament world of spirits and miracles... What matters is the world view which men imbibe from their environment, and it is science which determines that view of the world through the school, the press, the wireless, the cinema, and all other fruits of technical progress." For the illuminati of this kind of rationalism, all spiritual men seem to have regressed into the irrational darkness of primitive mind.[28]

Duncan partecipa dunque alle scienze più pienamente di quanto avesse ipotizzato il teologo tedesco (a cui si era opposto anche Dietric Bonnhoeffer) e si accorge dell'avvento della teoria della complessità sulla scia delle ricerche cognitive di Piaget ed altri.

1.C. Se si riflette sul titolo di un'opera di Bonnefoy, *Du mouvement et de l'immobilté de Douve* (1953), si avrà un'idea rappresentativa della duplicità e della complessità di un mondo referenziale in divenire, sempre in qualche modo empiricamente esistente ma ancora da defininirsi attraverso l'arte. "Douve" è un sostantivo indefinito (una persona/oggetto d'amore/destinatario/ luogo), dunque sconosciuto e vago. In questa ambiguità risiede la sostanza della poesia di Bonnefoy, postosi sotto il giogo della tradizione classica, ma a cui anche si ribella, come si legge in "Vrai Corps":

> Close la bouche et lavé le visage,
> Purifié le corps, enseveli
> Ce destin éclairant dans la terre du verbe,
> Et le marriage le plus bas s'est accompli.

---

[27] Ivi, p.34.
[28] Ivi, pp.27-28.

Tu cette voix qui criait à ma face
Que nous itions hagards et séparés,
Murés ces yeux: et je tiens Douve morte
Dans l'âpreté de soi avec moi refermée.
Et si grand soit le fraid qui Monte de ton être,
Si brûlant soit le gel de notre intimité,
Douve, je parle en toi; et je t'enserre
Dans l'acte de connaitre et de nommer.[29]

Ci sono somiglianze tra questa poesia e la citata poesia di Fortini, "E questo è il sonno": vi si intercetta, infatti, lo stesso tono ambivalente, il non fluire dell'acqua, la "neve" o "*le gel*", che funziona allegoricamente come figura di attesa, che sciogliendosi, innescherà la primavera. Visto figuralmente il soggetto di queste due poesie dovrà subire e superare la morte perché arrivi la primavera, una primavera per tutti, facente parte della storia. Come scrive Bonnefoy nel 1947: "Senza pretendere d'apportare i mezzi per condurre a buon fine l'analisi dei mille legami che irrevocabilmente collegano agli elementi della nostra vita psichica i fantasmi e i luoghi della storia, propongo lo studio oggettivo della storia come un nuovo mezzo di conoscenza."[30]

2.A. Fortini scrive una poesia derivativa; ma non si mette mai la "maschera" di un altro poeta per ragioni meramente estetiche. Il panorama composito delle sue citazioni – da Dante, dai tanti poeti tradotti (Brecht, Eluard, Goethe, Milton), da Noventa, da Manzoni e Leopardi, e da Corneille – non è mai da intendersi come rebus o gioco intellettuale; egli non partecipa alla cosidetta poesia della "parola":

Ho dovuto lottare tutta la vita perché la critica capisse–e finalmente c'è arrivata–che il rifiuto di puntare sulla "parola" era a favore della sintassi e della metrica e che quindi, nato e cresciuto in una poesia che aveva il culto della parola, *accettavo una dimensione apparentemente prosastica* puntando tutto sugli strumenti metrici e sintattici; sul periodo, cioè, sulle cadenze, sulle tensioni.[31]

[29] Y. Bonnefoy, *Poémes* (Paris : Mercure de France, 1978), p.55.

[30] Y. Bonnefoy, "L'Éclairage Objectif", *Il Cuore-spazio e i testi giovanili*, p.133.

[31] F. Fortini, "Una fotografia con Irving Penn" (intervista con Attilio Lolini), *Un dialogo ininterrotto. Interviste 1952-1994*, a cura di Velio Abati (Torino:

Queste sono appunto le tensioni alla base del citazionismo manierista. È nel periodo post-bellico che Fortini scopre la grandezza della lirica manzoniana. Ciò che trova negli *Inni sacri* è antico e nobile come la poesia popolare e orale. Vi trova, inoltre, il concordare di questioni teologiche e storiche dell'epoca in cui vive. Avrà rapporti simili col Leopardi su cui scrive i saggi "La leggenda di Recanati", "Il transito della gioia" e "Il passaggio della gioia." L'importanza della sua derivazione dai romantici sta nella loro idea della *patria* e "nel tentativo non di rinnovare ma di *rifondare* politica e sintassi."[32] La manipolazione stilistica delle fonti adoperate da Fortini diventa più evidente dopo *Questo muro* (1972), quando le iterazioni, le paronomasie e le altre figure di parole sembrano moltiplicarsi. "Da un verso di Corneille" è un buon esempio di questo fenomeno:

Non volgere da me gli occhi. Guardami sempre.
Anche se non ti guardo, tu guarda a me che vivo.
Penetri per amore. Nel profondo
tremi del mio tremore.

Non volgere da me gli occhi. Guardarmi sempre.
Anche se non ti guardo, guarda tu a me che vivo.
Penetri per amore, osi in profondo,
tremi in te il mio tremore.

Tremi del mio tremore.
Per amore mi penetri.[33]

Nel tardo Fortini si ha l'impressione di una perdita di senso, coltivata quasi come fine a se stessa. Ma non è così: ciò che sembra perduto è semplicemente nascosto. La mossa manierista cozza contro il senso comune, ivi inclusa l'idea borghese che la letteratura nazionale debba in qualche modo affermare una identità nazionale ereditata dalla nobiltà.

2.B. Robert Duncan possedeva lo "spirito della romanza" – per citare il titolo di Pound – in modo citazionista e derivativo. Egli ha grande intimità dialogica con i poeti del passato – in particolar modo, con Dante,

Bollati Boringhieri, 2003), p.471. Enfasi nostra.
[32] L. Lenzini, in F. Fortini, *Saggi ed epigrammi*, p.xi.
[33] F. Fortini, *Versi scelti*, p.226.

Baudelaire, e i poeti metafisici del Seicento inglese. La possibilità della libera citazione da fonti varie gli offre l'occasione di improvvisare, cosicché la versificazione diventa una sorta di rituale ditirambico. Come discepolo di Whitman, il suo spazio poetico è costruito intorno a un sé errante che affronta le disillusioni e le rivelazioni del mondo, intento a riconciliarle nella danza del verso. Duncan impiega una molteplicità di forme e tematiche, con le quali accorda la sua voce con gli aspetti musicali e armonici delle evocate interferenze. Nel suo ultimo libro, *Ground Work II*, si trova una riscrittura in francese dell'*incipit* dei *Cantos* di Pound. Questo passaggio è reso più libero e casuale dalla modalità spaziale e visiva che Duncan apprende in parte dal suo maestro:

puis sommes descendus au vaisseau
avons posé la quille aux brisants
là-bas
où la mer cherchait toujours
des marges nouvelles
des envahissements
des confusions éternelles
la démarrons! la faisons
le passage
au-delà
dérivés
did not want to
drift
I said yet this is my drift
dérêvés O outside my own dream
having no tongue of my own,
no mouth
dreamd here there
le rêve
-ses marées, sa parole où nos paroles se noient
Quoi? Quoi? Quoi? birdcry and wave roar
"to see and perceive things *here*" to hear   in this hearing
what sounds
depth appears   unfathomable   obscure foundations
ses courants du fond[34]

---

[34] R. Duncan, *Ground Work II. In the Dark* (New York: New Directions, 1987), p.43.

Se si confronta il testo con la traduzione francese del primo Canto, si comprende il tipo di estetica derivativa adoperata da Duncan:

Et puis avons descendu au navire,
Mis la quille aux brisants, droit sur la mer divine, et
Nous avons dressé mât et voile sur cette nef noire,
Embarqué les moutons, et nous-mêmes aussi
Lourds de larmes, et de l'arrière les vents
Nous ont emportés sous la toile bombée,
De Circé l'ouvrage, la déesse bien coiffée.[35]

Per Duncan, che conosce intimamente i *Cantos* di Pound, lo spazio marino del primo non è solo epico, ma lirico e tragico. Visto retrospettivamente, il progetto ambizioso e totalizzante di "includere la storia" era fallito; in fin dei conti (e dei Canti!) Pound non è giunto ad un tutto moralmente e strutturalmente coerente. Al contrario, nella sua sperimentazione formale Duncan non perde di vista lo scopo noetico della sua attività e si riserva la possibilità di un'autentica indifferenza. Mentre fa buon uso della metrica e della scansione ritmica dei versi, conserva una voce prosastica, che lo pone al riparo dalla "menzogna" di una letteratura fine a se stessa:

Note: midst what ever lies, ring true the way remains ours to find, fierce to hold to, hard to bear flight constantly live addresst to realize life's good uses produces its own ease. The fire increases and burns pure.[36]

2. C. Per Bonnefoy la derivazione letteraria — da Shakespeare, da Baudelaire, da Rimbaud — è ugualmente significativa, ma fa parte della categoria più generale della derivazione artistica. O meglio, la derivazione onnipresente nella poesia di Bonnefoy è pittorica e spaziale, pervasa dal mito. Per avvicinarsi a questa poesia misteriosa, bisogna inoltrarsi nell'"arrière-pays", luogo pervaso da una "theologie de la terre" come si legge in questo testo in cui Bonnefoy mette in evidenza, ad esempio, l'atto di contemplare sotto la neve la chiesa di San Biagio a

---

[35] E. Pound, *Les Cantos*, trad. Philippe Mikriammos (Paris: Flammarion, 2001), p.29.
[36] R. Duncan, *Ground Work II. In the Dark*, p.56.

Montepulciano:[37]

> J'attache ma pensée à ce qui n'a
> Pas de nom, pas de sens. Ô mes amis,
> Alberti, Brunelleschi, San Gallo,
> Palladio qui fais signe de l'autre rive,
> Je ne nous trahis pas, cependant, j'avance,
> La forme la plus pure rest celle
> Qu'a pénétrée la brume qui s'efface,
> La niege piétinée est la seule rose.[38]

Le immagini pittoriche di armonia e luce sono stemperate e arricchite dall'esperienza che ciascuno può farne. Al centro dell'ispirazione pittorica di Bonnefoy c'è una gamma di pittori che va da Masaccio a Piero della Francesca, a Pietro da Cortona, a Poussin. Lo statuto elevato conferito a certe opere d'arte dipende dal fatto che Bonnefoy vi intravede "una forma totale, dove spirito e mondo sensibile diventino uno. Per dirlo con una sola parola: una *civiltà*, come fine ultimo della ricerca pittorica"; le opere d'arte a questo livello di sensibilità riescono a mediare "il conflitto [...] fra desiderio e finitudine."[39] Egli considera Poussin un artista contemplativo poco dotato sul piano sensuale: "Forse *Il Miracolo dell'Arca* –scrive Bonnefoy– è il primo quadro moderno"; secondo Bonnefoy, in questo dipinto Poussin fa del piacere "un'operazione dello spirito": "Attraverso la creazione dell'opera, divenuta dunque un fine, il dato sensorio si fa spirito; e cosí anche il pittore, che sfugge alla propria finitudine senza per questo rinunciare ai diletti del mondo. Tento qui di definire una *musica sapiente...*"[40] Quando si cerca di definire esattamente cosa intenda Bonnefoy quando parla di un tempo in cui l'esperienza non era stata ancora svalutata e "la relation des individus et du sens était l'unique souci de la réflexion collective", ci si accorge che la sua nozione non è del tutto precisa, perché egli non vuole svalutare l'ambiguità e il potere emotivo delle immagini.[41] Nel suo corso universitario "Le Culte

---

[37] Y. Bonnefoy, *L'Arrière-pays*, pp. 32, 33, 34.

[38] Y. Bonnefoy, *Seguendo un fuoco. Poesie scelte 1953-2001*, a cura di Fabio Scotto. Postfazione di Yves Bonnefoy (Milano: Crocetti, 2003), p.192.

[39] Y. Bonnefoy, *Roma 1630. L'orizzonte del primo barocco*, trad. Diana Grange Fiori (Milano: Istituto Editoriale Italiano, 1970), p.122.

[40] Ivi, p.126.

[41] Y. Bonnefoy, *Lieux et Destins de l'image. Un cours de poétique au Collège de France (1981-1993)* (Paris: Éditions du Seuil, 1999), p.26.

des Images et la Peinture Italienne", Bonnefoy descrive la pittura primitiva di Masaccio, Piero ed altri artisti, come ricca di luce, di fede e di un mondo di *senso* fedele alla sostanza religiosa, alla coerenza e all'unità del mondo. Con l'avvento del neoplatonismo, tutto questo cambia perché l'artista comincia a dipingere se stesso.[42]

3.A. Il manierista conosce il lavoro manuale: per cui *manus*, maniera. Le mani hanno una loro specificità e una loro peculiare conoscenza ostensiva. Avendo dedicato diverse poesie ad anonimi lavoratori, Fortini stesso si presenta come lavoratore della penna che conosce "il sudore delle carte." In "Le radici" si ha un senso quasi fisico e tattile dell'umiltà di questo lavoro:

> Ormai dopo quest'ora non verrà nessuno.
> Cosí siamo ancora soli, amore,
> e per questo riposo vedi
>
> nell'esistere unico, nel limite
> che la tua mano ha dall'aria
> come la rosa nella sera dell'orto,
>
> quanto ci punge, quanto si disegna
> vera e a sé giunge chiara
> la storia tremenda ma degna di noi
>
> che il mondo è stato. Ora in fondo alla terra
> si nasconde l'acqua tenera
> che versi alle piante innocenti.[43]

---

[42] Cfr. Y. Bonnefoy, *Lieux et Destins de l'image*, pp.164-5: "Une contradiction se dessine, en effet, au Quattrocento, qui sera lourde de conséquences. D'une part, donc, une fenêtre qui s'ouvre–mieux vaudrait dire une porte–sur la réalité extérieure à l'œuvre: ce que signifie autrui comme vraie présence, et qu'il faut se faire attentif à ce qu'il est, autrement dit valoriser le portrait, le placer au plus haut de la poétique (c'est bien le cas dès Masaccio). [...] Mais «*ogni dipintore dipinge se*» dit par contre dès le milieu du XVe siècle Laurent le Magnifique, bien placé pour comprendre ce qu'est l'esprit de domination: et c'est vrai que tout grand artiste, même soucieux de la connaissance de l'Autre, opère et répète des choix qui le prennent dans le réseau de sa propre langue, faisant autoportrait du portrait, troublant de son *éros*, qui est mise en scène du moi, sa perception de l'objet."

[43] F. Fortini, *Versi scelti*, p.155. A proposito del manierismo di Fortini e il suo uso qui della parola 'amore', Cfr. Romano Luperini, *5 poeti del premio "Laura*

Qui il fedele lettore di Simone Weil afferma l'importanza dell'*enracinement* o del radicamento alla storia. I dimostrativi e i deittici aiutano a semplificare ed intensificare il gesto del poeta che demarca lo spazio e afferra le parole minime necessarie per designare la storia, la cui chiarezza analogica deriva dalla minima luce del tramonto e dalla forza nascosta dell'"acqua tenera" versata "alle piante" dal suo "amore."

3.B. Duncan, come studioso di Whitehead, Piaget e della teoria della *Gestalt*, capisce che ogni paesaggio umano presuppone un osservatore con una data prospettiva prossemica e posizionale, che ha un rapporto con gli altri osservatori della sua comunità. Da buon manierista, Duncan esplora gli inizi di questo rapporto umano nell'animalità e nell'infanzia; nella serie "Dante Etudes" (in *Ground Work. Before the War* – il cui sottotitolo è inteso in senso spaziale – "di fronte alla guerra" – e non temporale), dove le poesie nascono dalle citazioni di Dante, il poeta esplora nel linguaggio cortese e in compagnia dei "fedeli d'amore", i vari spazi umani e spazi naturali che appoggiano l'*arete* e l'amore mentre negano la guerra. Così la gestualità primitiva del poeta d'amore trova il suo correlativo nella figura della balia, figura femminile che rappresenta per l'infante la luce e il buio:

> From the beginning, color
> and light, my nurse; sounding waves
> and air, my nurse; animal presences
> my nurse; Night, my nurse .
>
> Out of hunger, instinctual
> craving, thirst for "knowing",
>
> Toward oracular teats.
>
> This,
>
> being primary,
> Natural and common,
> being "milk",

Nobile" (Milano: Scheiwiller, 1995), p. 46: "Fortini è un grande manierista – scrive Romano Luperini – proprio perché pronuncia le parole classiche in modo strabico, in modo stravolto, e questa è l'unica maniera con sui oggi si possono pronunciare la parola 'amore' e la parola 'comunismo'."

is *animal*:

Lungs sucking-in the air, having
Heart in it, rhythmic; and,
           moving in measure,
self-creating in concert

– and therein,

noble.[44]

Dare enfasi alla corporalità, alla quotidianità e alla cenestesi equivale a riconoscere in poesia la forza dell'inconscio e della fede, una forza non estranea al nostro essere animali. Similmente, questa enfasi e questo riconoscimento si prestano ai temi dell'infante e della preghiera.

3.C. Laureatosi in matematica, Bonnefoy designa nella sua poesia uno spazio di dimensioni indeterminate, un *locus* abitabile dall'Io e dall'Altro, e dagli oggetti perenni di un paesaggio familiare. Pianificando questo dominio, è parsimonioso e domestico nel lessico, curandosi di codificarlo visivamente così da evitare le astrazioni che appartengono all'Idea (platonica). Il poeta propende verso il paesaggio pietroso della campagna intorno a Tours e di luoghi analoghi, dove le percezioni immediate e le delineazioni di luoghi – come del giardino conosciuto da bambino – non si distinguono dai misteri che si manifestano entro i confini dello stesso orizzonte. (Come scrive Zumthor, "Le temps ne nous est pas donné. L'espace l'est."[45]) Demarcando il suo spazio, il poeta riconosce la polarità immanente di vastità e intimità, di rischio e sicurezza. È con il poema del 1946, *Le Cœur-espace* – con evidenti debiti al surrealismo – che Bonnefoy si proietta in questo paesaggio fondamentalmente romantico, in cui uno può trovarsi solo perdendosi, ovvero concedendosi tutto all'esistere. La teologia positiva di Bonnefoy emerge da questa esperienza, che comincia nei ricordi dell'infanzia: "Enfant je suis monté à de haute fenêtres, / Je démembrais l'espace, / Et mes mains se frayaient dans les nerfs de la pesanteur / Un chemin d'atroce fanfare."[46] Da questa memoria crudele emerge la profezia de *Le Cœur-espace*, poema in cui

---

[44] R. Duncan, *Ground Work. Before the War*, p.96.
[45] P. Zumthor, p.13.
[46] Y. Bonnefoy, "Le Cœur-espace", *Il Cuore-spazio e i testi giovanili*, p. 112.

Bonnefoy anticipa una soglia futura:

> Et plus tard je fus seul dans un jardin
> Je criais, des ramures de mort avaient griffé mon visage,
> L'angoisse tombait sur moi des astres gris du plein jour.
> — J'étais sûr, j'étais sûr qu'on marchait au jardin et que dans une seconde,
> Secouant sa tête de Gorgone paraîtrait sur le seuil je ne sais quelle pauvresse
> Et son enfant poussé, par le vent comme un tas de linge mêlé au ciel.[47]

Ci sono risonanze leopardiane in questa voce che gode di un sogno ad occhi aperti, che esamina angosciato il cielo vuoto "du plein jour." (Si sente quasi un'eco di *La sera del dí di festa*: "Intanto io chieggo / Quanto a viver mi resti, e qui per terra / Mi getto, e grido, e fremo. Oh giorni orrendi / In così verde etate!") Lo stile semplice e iterativo di Bonnefoy replica l'oralità e la coralità degli ambienti popolari, non senza intonazioni bibliche. Si parte sempre dalla presenza della pietra come materia di base; la pietra appartiene allo spazio rurale dove ci si sveglia all'alba e si procede ai lavori della giornata. È con un simile atteggiamento che il poeta afferra la parola. Nella sua prolusione inaugurale di 1981 al Collège de France, Bonnefoy cerca di definire le sue idee poetiche dentro il nuovo clima della semiologia, "l'autonomia del significante", e la scoperta del Testo. Esplorando i pro e i contro della conoscenza di sé o dell'autoassorbimento nell'atto poetico, scopre che il dubbio è un momento necessario "dans l'histoire de la poésie", in quanto rappresenta un'area che riconduce all'esperienza interiore. Secondo Bonnefoy, "cette époque qui a disqualifié toute expérience intérieure, c'est elle aussi qui, pour la première fois dans l'histoire, se tourne avec nostalgie vers les arts et la poésie des temps où la relation des individus et du sens était l'unique souci de la réflexion collective."[48] Dal dubbio e dall'indagine condotta in modo persistente emergono la speranza e la fede entro la "clôture" che è la scrittura: "l'œuvre est langue, qui institue, qui fait tenir, qui professe une réalité autonome, éprouvée substantielle, considérée suffisante"; così dentro la narratività di ogni poesia esiste il paradosso dell'incarnazione: "J'appellerai *image* cette impression de

---

[47] Ivi, p.116.
[48] Ivi, *Lieux et Destins de l'image*, p.21.

réalité enfin pleinement incarnée qui nous vient, paradoxalement, de mots détournés de l'incarnation."[49] Il poeta, visto come uomo che evolve attraverso tappe di un processo personale, impara ad affrontare il falso e l'illusione: "Au cœur même de l'écriture, il y a un questionnement de l'écriture. Dans cette absence, comme une voix qui s'obstine."[50] È soltanto attraverso questo doloroso porsi in dubbio che il poeta vince la "guerre contre l'image", libera l'immaginazione e prova la vera "joie", "l'ouvert" e la "connaissance" che è la poesia.[51]

Lo sviluppo di una nuova critica semiotica, con il rispetto per l'autonomia del significante, è visto come segno positivo, un'apertura verso una possibile convergenza tra la società necessitante la poesia, e la poesia che richiede ispirazione e approvazione dalla società. Bonnefoy difende il primato dell'esperienza nel momento creativo; una tale immagine è presente come testamento del rifiuto del poeta della finitezza. Così il poeta deve uccidere "l'Immagine" convenzionale – tante volte riciclata – per registrare nella propria poesia se stesso, il proprio io che emerge paradossalmente dal mistero, ma che ritorna – secondo un processo ben noto al poeta – alla *presenza* autentica. Talvolta la "Leçon inaugurale" di Bonnefoy suona come un trattato manierista: "Les mots sont bien là, pour lui, il en perçoit les frémissements, qui l'incitent à d'autres mots, dans les labyrinthes du signifiant, mais il sait un signifié parmi eux, dépendant d'aucun et de tous, qui est l'intensité comme telle."[52]

4.A. Come si legge nel celebre saggio fortiniano "Astuti come colombe" (1962), l'extraletterario non va esaminato con i mezzi della letteratura; la letteratura perviene alla sua essenza "profetica" quando bada "al potere di *conoscenza* contenuto nella forma artistica, non alla sua occasione, non al suo pretesto. È l'ultima parola dell'opera d'arte, non la prima, ad essere *anche* storia, psicologia, filosofia e politica."[53] È a causa del potere conoscitivo della parola poetica che Fortini non si dà alle poetiche dell'assenza di Mallarmé e dei suoi seguaci: si dà invece alla presenza e al vero storico, intuendo che il poetare è sempre assumere una maschera. Per questo motivo compone varie "Arti poetiche", le quali sembrano confermare quanto Fortini ha sostenuto in uno scritto del 1956, dove cita l'*Ars poetica* di Orazio: "Ecco, secondo me, il vero significato

---

[49] Ivi, p.26.
[50] Ivi, p.29.
[51] Ivi, pp.36, 34.
[52] Ivi, pp.23-4.
[53] F. Fortini, *Saggi ed epigrammi*, p.47.

dell'oraziano *"mediocribus esse poetis / non homines, non di, non concessere columnae"*: vuol dire semplicemente che la maschera è la verità del volto."[54] In "Arte poetica" (1948-50) è la maschera di un reietto, di un "tu" umiliato ad emergere nell'ultima stanza come vera essenza dell'io, e che rappresenta in qualche modo il rifiuto fortiniano della poesia novecentesca.

> Tu occhi di carta tu labbra di creta
> tu dalla prima saliva malfatto
> anima di strazio e ridicolo
> di allori finti e gestri
>
> tu di allarmi e rossori
> tu di debole cervello
> ladro di parole cieche
> uomo da dimenticare
>
> dichiara che il canto vero
> è oltre il tuo sonno fondo
> e i vertici bianchi del mondo
> per altre pupille avvenire.
>
> Scrivi che i veri uomini amici
> parlano oltre i tuoi giorni che presto
> saranno disfatti. E già li attendi. E questo
> solo ancora è il tuo onore.
>
> E voi parole mio odio e ribrezzo,
> se non vi so liberare
> tra le mie mani ancora
> non vi spezzate.[55]

Si evidenza qui l'umiltà e l'ironia del poeta (secondo Fortini, "Ogni poeta è critico di sé. Ci fingiamo modesti ma siamo molto immodesti").[56] Secondo il principio dell'autopoiesis, diremmo che questa *maniera* ricorre come vincolo compositivo, al livello microstrutturale come a

---

[54] F. Fortini, *I destini generali, con uno scritto di poetica* (Roma: S. Sciascia, 1956), p.76.
[55] F. Fortini, *Versi scelti*, p.49.
[56] F. Fortini, *Dialogo ininterrotto*, p.229.

quello macrostrutturale, per garantire che il soggetto dell'arte rimanga l'arte stessa, intesa come strumento conoscitivo.

4.B. Le intenzioni autoreferenziali e metapoetiche di Duncan sono estremamente presenti nella sua opera tanto che risulta fin troppo facile trovarne esempi. Come scrive il poeta nel 1968, la sua poesia non può che imitare l'universo: "*arete*, our ideal of vital being, rises not in our identification in a hierarchy of higher forms but in our identification with the universe."[57] E come indica il titolo della sua raccolta del 1960, *The Opening of the Field*, il gesto autopoetico prevede la composizione per "campi": nell'apertura del campo poetico-conoscitivo, Duncan risponde attivamente alla rivoluzione spaziale iniziata da Melville e Whitman.[58] Duncan è l'erede più lirico, più "trobadorico" di questa tradizione. La spina dorsale della sua autoreferenzialità è forse "The Structure of Rime", una sequenza che comincia in *The Opening of the Field* (di cui l'esempio citato di seguito) e continua per quasi trent'anni, fino all'ultimo libro, *Ground Work II. In the Dark*:

What of the Structure of Rime? I said.

The Messenger in guise of a Lion roard: *Why does man retract his song from the impoverishd air? He brings his young to the opening of the field. Does he so fear beautiful compulsion?*

I in the guise of a Lion roard out great vowels and heard their amazing patterns.

A lion without disguise said: He that sang to charm the beasts was false of tongue. There is a melody within this surfeit of speech that is most man.

What of the Structure of Rime? I asked.

An absolute scale of resemblance and disresemblance establishes

---

[57] R. Duncan, "Rites of Participation, Part II", *Caterpillar* 1 (1967):7.

[58] Cfr. Glauco Cambon, *The Inclusive Flame. Studies in Modern American Poetry* (Bloomington: Indiana University Press, 1965), soprattutto capitolo 1, "Space, Experiment, and Prophecy." Lo studio di Charles Olson su Melville comincia con questa premessa spaziale: "Melville wanted a god. Space was the First, before time, earth, man. Melville sought it: 'Polar eternities' behind 'Saturn's gray chaos'." C. Olson, *Call Me Ishmael* (San Francisco: City Lights, 1971), p.82.

measures that are music in the actual world.

The Lion in the Zodiac replied:

The actual stars moving are music in the real world. This is the meaning of the music of the spheres.[59]

4.C. L'autoreferenzialità in Bonnefoy è espressa nei suoi scritti nei termini di una dialettica tra l'*incarnazione* e l'abbandono della corporeità, tra il raccoglimento interiore – ovvero tra l'unità della persona – e la sua molteplice reazione al mondo.[60] Benché il poeta si trovi faccia a faccia con la seduttività gnostica, vi si oppone, preferendo un'*altra* conoscenza, ovvero quella che si recupera nel retroterra spirituale o "l'arrière-pays": "L'aire de l'arrière-pays, c'est l'orgueil, mais aussi l'insatisfaction, l'espoir, la crédulité, le départ, la fièvre toujours prochaine. Et ce n'est pas la sagesse. Mais peut-être, qui sait, mieux que cela."[61] Come accade anche nella "Arte poetica" fortiniana, in "Art de la Poésie", la figura emergente del poeta è un uomo umile, o perfino umiliato, che la vita rende rozzo e decrepito:

> Dragué fut le regard hors de cette nuit.
> Immobilisées et séchées les mains.
> On a réconcilié la fièvre. On a dit au cœur
> D'être le cœur. Il y avait un démon dans ces veines
> Qui s'est enfui en criant.
> Il y avait dans la bouche une voix morne sanglante
> Qui a été lavée et rappelée.[62]

Come si è visto, l'autoreferenzialità tocca il poeta a un livello personale e tuttavia non autobiografico. Il poeta manierista si interpreta come facente parte di questo processo: capisce che sarà la poesia stessa a ravvivarlo e a purgarlo attraverso la sua trasmissione, che si estende *oltre*

---

[59] R. Duncan, *The Opening of the Field* (New York: New Directions, 1960), p.13.

[60] Cfr. M. A. Caws, *Yves Bonnefoy* (Boston: Twayne, 1984), p.2: "The *excarnation* he speaks of, as we are outside ourselves and extended in the world and in our collective passions and justice, is balanced by an *incarnation*, our being one with our senses, our intellect with our bodies."

[61] Y. Bonnefoy, *L'Arrière-pays*, p.50.

[62] Y. Bonnefoy, *Poèmes*, p.227.

l'arco della sua vita, *oltre* le guerre, gli inferni e gli orrori fabbricati dall'uomo, come si legge in "Art Poétique":

Visage séparé de ses branches premières,
Beauté toute d'alarme par ciel bas,

En quel âtre dresser le feu de ton visage
O Ménade saisie jetée la tête en bas?[63]

La ferocia a cui fa riferimento Bonnefoy è la violenza che ha ucciso la sua musa, Douve, che in una delle sue trasformazioni era divenuta Maenad, in tal modo superando, secondo il mito di Euridice, la morte. L'enigma di questa immagine-nome, Douve (dal latino *doga*, "recipiente di liquidi"), della donna di pietra che muore ma rimane come presenza e figura di coraggio, fa pensare al potere passivo dell'acqua nella filosofia taoista. Douve equivale ad uno spazio "femminile": recesso, mani a coppa, pozzo, emblema del potere dell'immagine radicato nell'esperienza immediata. A ben vedere, come suggerisce Bonnefoy, queste sono caratteristiche già presenti in Leopardi.[64]

5.A. Per Fortini la storia è un argomento centrale; la dimensione tragica della storia è non di rado presente nei suoi versi. Opponendosi a qualsiasi determinismo logico e allo storicismo, Fortini s'impone come poeta del tempo futuro e della memoria. La metrica gli serve come forma palpabile di queste tendenze. A proposito della visione globale del sincretismo di Fortini, vorrei ricordare che il titolo che scelse per i suoi versi, *Una volta per sempre*, derivato da Manzoni, tratta della

---

[63] Ivi, *Poèmes*, p.56.
[64] Cfr. Y. Bonnefoy, "Giacomo Leopardi", *Revue des Études Italiennes* 45, 3-4 (1999): pp.168-9: "Le contenu de nombre des *Canti* est rude, violent; la façon dont cette pensée noire s'exprime, c'est au contraire une fluidité dans la relation entre les vocables, dans le jeu de leurs clartés et leurs ombres, qui me parait presque inégalée dans la poésie de l'Europe, réserve faite de quelques strophes de Keats... [...] Il est clair, en effet, que l'immensité que ces vers laissent entrevoir, au-delà de la haie sur la colline, c'est une métaphore de ce que découvre, à son plan propre, dans au moins quelques grands poèmes, la parole poétique comme telle; et que c'est donc de cette façon rêveuse, mais les yeux fixés, tout à fait fixés, sur le monde que sa poésie est ainisi parfois le lieu même où 's'annega il pensier mio', où se défait la pensée qui faisait souffrir." Si potrebbe infatti appropriare il luogo del naufragio gioioso come segno della duplicità neomanierista. Come scrive Bonnefoy: "Ne pourrons-nous participer à la tempête, Douve? / À la joie des naufragés?"

118

"irrevocabilità" dei fatti:

> Chi ha visto una verità non può esserle infedele. Se lo fa, è perduto. La grande poesia chiede di diventare come essa è; ossia un organismo intimamente dialettico e pur sempre fornito di un inizio e una fine. La poesia chiede di essere imitata; vorrebbe fare della nostra esistenza alcunché che abbia una meta e una forma. Ma mentre nella santità ci viene proposta l'imitazione di una persona, nella poesia ci viene chiesto (a singoli individui o a collettività umane) di diventare un «destino», alcunché di necessario e inevitabile.[65]

Dunque l'*epifania* è il tema di base di questa poesia neomanierista che dipende dalla memoria e dall'inconscio collettivo. L'agnizione è la rivelazione dell'identità vera del viandante storico, dell'*io* che, come il pellegrino dantesco, si riconosce nell'altro.[66]

> Disoccupato o in cerca di prima occupazione
> infante scolaro studente
> questa ecco è la prova
> della fragilità capillare
> del segreto vaginale, del sangue
> occulto.
>
> Oh l'inutile pietà che vi colora
> vanissime metriche pause! Volete
> levarvi via, sparire
> subito
>
> o sperate in quel dio che vi innamora?[67]

---

[65] F. Fortini, "Chi ha visto una verità non può esserle infedele", *Il manifesto*, 14 ottobre 2004, p.14.

[66] 45 Scrivendo dell'economista-filosofo Claudio Napoleoni, Fortini nota: "Ha saputo che l'Incarnazione implica anche l'esperienza gioiosa e paurosa dell'Agnizione, ossia del riconoscimento, quando, come nel sogno, si riconosce e confessa che A era anche B e la *fractio panis* rivela, sotto la specie dello sconosciuto incontrato per caso, l'assoluto e il definitivo. Non per nulla il riconoscimento di un *altro* nel *medesimo* è una costante nella *Commedia* che s'apre e chiude con un riconoscimento." F. Fortini, *Saggi ed epigrammi*, p.1673.

[67] F. Fortini, *Versi scelti*, p.315.

Nell' "Epigramma a se stesso", Fortini si chiede se la poesia serva a qualcosa. Evocando l'argomento dantesco della nascita dell'anima dal ventre materno, punta sull'originarietà della lingua poetica. Girando intorno alla polarità manierista "utile/inutile", costruisce un'elissi che formula il seguente dilemma: se "questa ecco è la prova", se la poesia infine non cambia niente, essendo inutile, da dove arriva la forza della pietà, della speranza, dell'amore? Fortini risponde alla domanda solo in parte, alludendo alla speranza, dono concesso all'uomo alla nascita. (C'è senza dubbio il ricordo di "A se stesso" di Leopardi, il cui ultimo verso è "E l'infinita vanità del tutto."). Quindi la modestia del poeta deve qualcosa al mistero, che è radicato nel sangue e naturalmente nella lingua.

5.B. Duncan, poeta di grande sensibilità, ha intelligenza unitiva. Si notano in lui una perfetta anarchia da una parte, e una serie di vincoli retorici dall'altra, corrispondenti alla sua voce oblativa dalle sfumature classico-alchemiche, catto-rosacrociane. La poesia è *concessa* dalle muse; non si può parafrasarla. I personaggi vi accadono come prosopopee; le sensazioni formano delle allegorie circostanziali. Lo spazio è sempre in qualche modo teatrale e le *performances* sono soggette alla trasformazione a seconda dell'umore

del lettore. Assieme con il concetto dantesco della nobiltà (il bello etico e morale), Duncan predilige la polisemia che gli fornisce uno strumento di dilatazione semantica per cui (con la paronomasia, l'omofonia, le inversioni e le strutture foniche) riesce a sospendere i legami sintattici. Duncan ha due serie di composizioni sincretiche che continuano di libro in libro: "Passages" e "Structures of Rime" (di cui il numero II è citato sopra). Lo stile di "Passages" è prosastico, il suo spazio è quello che più prettamente rappresenta la poetica autoreferenziale. L'"insieme" o la "serie" è un genere aperto e continuante strutturato come un incastro a tenone e mortasa; si basa su una "deriva" musicale e filosofica, libera di girovagare nella "storia naturale dell'uomo", o di esprimere il senso di una tradizione personalistica *in itinere*, del Cristo kenotico o della Danza Hassidica, dei Dervish e della filosofia processuale di Whitehead. Il tema civile – dell'individuo nei rapporti con la città, la nazione e l'Impero (in chiave dantesca) – si presenta spazialmente nella forma di "ideogrammi" e reti di associazioni con responsabilità reciproche, magnetismo che Dante e Duncan esprimono come pensiero globale, *sincretico*, come si legge in "The Whole Potentiality":

"That the whole potentiality of
the first matter
        may always be
        in act",

the speculative intellect
Whose devotions being
To the general the good
Of the total design thereof

        feeling this way
○ ○
extends into the actual
as the practical intellect

to practice the good of the whole
the end of which is *doing* and
Making, enactment
                and poetry,

intending the very
Movement of his hand so

the Creative, Man
enters into the Process of *Man*.[68]

5.C. Anche il sincretismo di Bonnefoy è in rapporto con la comunità e
la patria. La sua lunga fedeltà a Baudelaire riguarda in gran parte la sua
influenza come poeta della città. Per opporsi complessivamente alla
poesia del concetto e alla denigrazione della violenza, Bonnefoy cerca di
comunicare immediatamente e positivamente la forza delle proprie
sensazioni ed emozioni. Dato che l'angoscia può invadere la quotidianità
e rompere la regolarità naturale della cenestesi, e dato che lo studio non
basta per rimediare a questa situazione, ci vuole fede, amore e amicizia: ci
vuole "*le espace-cœur*" della comunità. Riconoscersi in esilio è lo sprone
fisico per cercare un *altro* sapere, un contratto naturale che si presti
all'allegoria; bisogna, insomma, afferrare (*saisir*) la parola, come il poeta
sostiene in "L'épervier":

---

[68] R. Duncan, *Ground Work. Before the War*, pp.107-8.

Il y a nombre d'années,
À V.,
Nous avons vu le temps venir au-devant de nous
Qui regardions par la fenêtre ouverte
De la chambre au-dessus de la chapelle.
C'était un épervier
Qui regagnait son nid au creux du mur.
Il tenait dans son bec un serpent mort.
Quand il nous vit
Il cria de colère et d'angoisse pure
Mais sans lâcher de l'aube,
Il forma avec elle le signe même
Du début, du milieu et de la fin.

Et il y avait là
Dans le pays d'été, très près du ciel,
Nombre de vases, serrés; et de chacun
S'élevait une flamme; et de chaque flamme
La couleur était autre, qui bruissait,
Vapeur ou rêve, ou monde, sous l'étoile.
On eût dit d'un affairement d'âmes, attendues
À un appontement au bout d'une île.
Je croyais même entendre des mots, ou presque
(Presque, soit par défaut, soit par excès
De la puissance infirme du langage),
Passer, comme un frémissement de la chaleur
Dans l'air phosphorescent qui ne faisait qu'une
De toutes ces couleurs dont il me semblait
Que certaines, au loin, m'étaient inconnues.

Je les touchais, elles ne brûlaient pas.
J'y avançais la main, non, je ne prenais rien
De ces grappes d'un autre fruit qui la lumière.[69]

Riassumiamo: "la pura angoscia" dello sparviero "nel paese d'estate" è sentita nel suo grido mentre forma col corpo morto del serpe "il segno stesso / dell'inizio, del centro e della fine." In seguito, quelli che

---

[69] Y. Bonnefoy, "L'épervier", *Seguendo un fuoco*, p.142-5.

guardano dalla finestra vedono "tanti vasi" su un "pontile" con "fiamme" che sembrano rappresentare le anime in attesa dei morti. Lo spazio purgatoriale sopra il fiume fa sentire "parole" "della flebile *potenza* del linguaggio." Sono le parole che leggiamo noi, che afferriamo, come il poeta ci ricorda in conclusione: "Tendevo verso di loro la mano, no, non afferravo nulla / Di quei grappoli di un altro frutto, se non la luce." Il tendere la mano verso la luce è l'emblema di questo secondo sapere [non-gnostico], di questo recupero di una vera *religio* che dipende dalla pienezza d'estate come dall'angoscia che l'interrompe. È la luce [lumière] che si ha quando si passa – dopo il consumo della preda, che è un fatto individualissimo – all'esposizione delle fiamme, le anime in attesa, che è un fatto collettivo, e un'osservazione che permette un'illuminazione. La sospensione finale è la stessa ellissi comune agli *haiku*, un tendersi sopra un divario; non è casuale che questa percezione sincretica – che ricapitola la struttura ellittica di tutta la poesia – faccia pensare a "Il passero solitario" di Leopardi e a diverse allegorie fortiniane ("La gronda", "L'animale", "Il nido").

V. Conclusione

In un periodo storico in cui l'allegoria non è di moda, sentiamo il bisogno di contatto con i periodi in cui lo era, come il Medioevo e il tardo Rinascimento. Secondo Paul Zumthor, "Toute l'évolution moderne, à partir du XVIe siècle et jusqu'au seuil du XXe, tendra à dépouiller de sa substantialité la lumière: d'une certain manière, nous la lui avons, depuis lors, rendue. Mais nos ancêtres du Moyen Age possédaient le *sens* de la lumière, dans la double acception du mot: une capacité sensorielle de la saisir comme telle, et une signification qu'elle produisait pour eux. Ce sens, nous l'avon perdu."[70] Per recuperare quel "senso della luce" che abbiamo perduto, ci vogliono le ombre, quelle sfumature che la civiltà odierna ha perso e che Bonnefoy trovava nella pittura di Piero: "...pour le plus grand d'entre ces symboles, la lumiere, d'où chez Piero la *pittura chiara*, synthèse en fin obtenue de l'être sensible en peinture."[71]

Ciascuno dei poeti studiati qui occupa uno spazio errante, aperto nelle sue traiettorie, permeato dall'autoreferenzialità, saturato dal mito. Questa combinazione di elementi non dipende dalle allusioni, già come la base

---

[70] P. Zumthor, p.393.
[71] Y. Bonnefoy, *Lieux et Destins de l'Image*, p.164.

narrativa del mito adoperato non dipende da una rappresentazione fedele della realtà. Parlare della rappresentazione dello spazio in una poesia neomanierista è rischioso perchè la sua mimesis è più che altro una recita che oscilla continuamente tra gli spazi di massima familiarità – la casa, il nido – e quelli del massimo mistero, come si addice al viaggiare errante del pellegrino, il cavaliere e il viandante. Quando si mette a scrivere la sua *ars poetica*, il neomanierista pretende un'autorità non solo sul proprio sé, o sulla propria produzione individuale, ma nel nome di un Altro, e per implicazione, nel nome dell'umanità. Il "genere" dell'*ars poetica* assume in realtà molte forme, come si è visto negli esempi citati.

Allora la domanda "come definire il manierismo letterario?" non consente una risposta univoca, a causa della natura processuale della pratica manierista e della negoziazione frequente del paradosso. Il problema ha a che fare con la natura di un'estetica della sperimentazione, ossia della deviazione, che espande il campo del significante (ciò che si chiama stile o espressione), per racchiudere il campo del significato (ciò che di solito si chiama contenuto). Il manierismo è l'etichetta applicata a quegli artisti o scrittori che negherebbero la divisibilità finale di espressione e contenuto. Allora si ha il ruolo prominente dato alla dubietà e alla doppiezza, che avvengono nel soggetto psicologico, nella rappresentazione scenica, la giustapposizione figurale, o forse nelle correlazioni bimembrali dei tropi poetici.

Alla fine della Seconda Guerra Mondiale, non solo il corpo fisico dell' Europa giaceva in rovine, ma anche molto dell'apparato intellettuale. La fenomenologia, centrata sull'evento temporale, ignorava l'immanenza spaziale; gli epistemologi professionali non comunicavano con altri studiosi; e i praticanti della *poésie pure* rimasero eccessivamente involuti, disinteressati e astratti.

Non è esagerato dire che Ezra Pound divenne una specie di uomo-rovina, un monumento testardo e amareggiato, creando nei *Canti pisani* un documento manieristico, ironicamente compassionevole e umanistico. C'è in Ungaretti un manierismo che drammatizza la sua voce da nomade, uomo obbediente alla forza primordiale del solleone, del paesaggio desertico e biblico delle origini, dell'esilio. Anche in Paul Valéry c'è tanto manierismo espresso come ambivalenza verso le lusinghe dell'assenza, dell'estetismo. Secondo Bonnefoy: "Il y avait une force dans Valéry, mai elle s'est égarée. Nous avons à oublier Valéry."[72] A proposito del rapporto tra Bonnefoy e Valéry, il critico Michel Jarrety lo

---

[72] M. Jarrety, "Lire Valéry", *Magazine littéraire* 421 (Juin 2003), p.56.

trova "inconciliable": "entre une poésie qui ne vise qu'à l'événement d'une expérience esthétique refermée sur elle-même, et une autre qui cherche l'avènement d'une communauté possible dont elle maintient l'espoir, aucun point ne saurait être jeté."[73] Ma i *significanti* di questi maestri del modernismo smentiscono le premesse di uno spazio semplice e quotidiano, appunto come ci si aspetta dal neomanierista. Riguardo alla situazione dopo la Seconda Guerra Mondiale, Bonnefoy scrive:

> Les ruines étaient là, sous nos yeux, villes détruites, genocides, usurpations, après guerre, de l'irrépressible espérance par le commerce capitaliste ou le stalinisme, mais la cause de ces malheurs planait au-des-sus d'eux, bien visible, une nuée noire, et c'est cela qui demandait à être, à jamais, notre souvenir. [...] La poésie n'est pas l'ennemie de la pensée, bien au contraire elle attend de l'admirable raison dont l'esprit dispose qu'elle organise ce monde qui pourrait être si beau si tant soit peu en étaient accueillies par nous le suggestions de vraie plénitude.[74]

La capacità di contemplare l'oggetto visivo per arrivare alla pienezza dello spazio presente distingue l'opera di Fortini, Duncan e Bonnefoy. La loro è una visività che riconosce *a priori* la difficoltà della produzione artistica. Rimarranno marginali; visto che la categoria "neomanierismo" dovrebbe rimanere assai selettiva nello stesso senso che Shearman ha scritto per i manieristi storici: "the value of any such term as ours varies in inverse proportion to the number of diverse phenomena it is made to embrace."[75] L'uso efficace nel termine sarà inversamente proporzionale all'ampiezza consentita alla sua definizione. Uno rimane manierista oggi per le stesse ragioni di difficoltà, oscurità, varietà, per la stessa cortesia ed eleganza, che nel tardo Cinquecento e il primo Seicento. I neomanieristi sono periferici con rispetto ai centri del potere e della cultura tradizionale, ma fanno di questa periferia un centro.

---

[73] M. Jarrety, cit., p.59.
[74] Y. Bonnefoy, "La seule réalité, c'est l'être humain engagé dans sa finitude", intervista con Robert Kopp, *Magazine littéraire* 421 (Juin 2003), p.24.
[75] J. Shearman, p.16.

Fabrizio Podda

"Attraverso la mobile speranza". Spazio e sintassi delle immagini nella poesia di Franco Fortini

0. L'interazione tra una immagine ed un io è trattata in ambito estetico-letterario alle voci *punto di vista*, *rappresentazione*, *realismo*, riferibili ad una idea lata di mimesi. Non di meno, quello spazio testuale che separa i simulacri variamente ipostatizzati dal testo estetico (la molteplicità dell' "io", l'immagine) si presta ad essere studiato secondo punti di vista differenti. Delimitando sin d'ora la mia posizione, ipotizzo che nella poesia di Fortini quella interazione produce un'interferenza testuale con alcune categorie (quella di "genere" e di "lirica" su tutte) con le quali le poetiche del Novecento si sono confrontate e rispetto alle quali si sono ricollocate. Tuttavia, lo stridere di mimesi e lirica, se richiede un approccio allo spazio ed una presenza dello spazio non neutri, non è stato ancora, per così dire, "auscultato" adeguatamente.

Il genere lirico ha storicamente ridefinito il proprio statuto formale per l'influenza di altri generi (il teatro, il romanzo), ed è interessante notare come ad un livello più propriamente dinamico-genetico altre tendenze abbiano ridefinito le forme di quel genere, il suo statuto, sempre che se ne possa ancora parlare come di qualcosa di unitario): intanto l'affermazione di un soggetto poetico nuovo, né *ingenuo* né *sentimentale*, o meglio non solo tale, un soggetto di secondo, terzo grado, oggetto di false coscienze *stratificate*. Se dall'*Estetica* hegeliana in poi la lirica è stata il genere per eccellenza della soggettività ("il mondo interno, l'animo che riflette, che sente, e che invece di procedere ad azioni, si arresta al contrario presso di sé come interiorità e può quindi prendere come unica forma e meta ultima l'esprimersi del soggetto"),[46] il novecento ha portato alle estreme conseguenze e verificato l'impossibilità di una visione unitaria del soggetto[47] e la poesia – quella lirica inevitabilmente prima di ogni altra – ne è stata un registro puntuale, il sismogramma. D'altra parte, Northrop Frye ha insegnato che la lirica è anche il genere in cui l'autore finge

---

[46] G. W. Hegel, *Estetica,* Torino, Einaudi, 1997, p.1160.
[47] Già teorizzata, per altro dallo stesso Hegel nella *Fenomenologia dello spirito.*

l'assenza del pubblico.

In una poesia fortiniana, intitolata *Le radici*, l'effetto di senso sembra suggerito dal repentino scivolare dall'una all'altra di due immagini, rispettivamente le silhouette della mano e della rosa nel controluce della sera: "Così siamo ancora soli, amore, / e per questo riposo vedi / nell'esistere unico, nel limite / che la tua mano ha dall'aria / come la rosa nella sera dell'orto, / quanto ci punge, quanto si disegna / vera e a sé giunge chiara / la storia tremenda ma degna di noi / che il mondo è stato".[3]

Il suggestivo analogo che lega le immagini, consentendo quello "scivolamento" che fa da maestosa isotopia inscritta come ipotesto nella poesia (giù giù sino alle radici del titolo: è uno scivolamento metonimico, suggerito anche dalla ripetizione degli enjambement che costringono a trattenere la voce fino a "quanto ci punge"), è appunto la silhouette, la forma, il simulacro che suggerisce un referente senza esserne segno pieno.[4] Della silhouette il testo predica la compattezza (esistere unico) e, correlati, la nettezza, la chiarezza, la separazione da (il limite), nonché, implicitamente, l'interdipendenza di tre posizioni (quella del soggetto vedente e quella della luce, il primo rispetto alla seconda ma non viceversa, nonché la posizione dell'oggetto all'interno di questa linea, a marcare solo due delle possibili rette). Non diversamente dai versi ora citati, in quelli finali il senso sembra arrivarci ex negativo, per scarto, "dall'altra parte del vero".[5]

È allora in una prospettiva che recuperi le epifanie della soggettività entro le dinamiche dell'iconicità che intende procedere questo saggio: tanto più che rispetto a quella prospettiva Fortini poeta (e teorico e critico) si situa in una posizione quanto mai problematica – e

---

[3] La poesia è in F. Fortini, *Una volta per sempre*, Milano, Mondadori, 1963. Mi piace qui sottolineare la vicinanza di immagini con una poesia di Vittorio Sereni, *Fissità* (Stella Variabile): "Da me a quell'ombra in bilico tra fiume e mare / solo una striscia di esistenza /in controluce dalla foce ./ Quell'uomo./ Rammenda reti, ritinteggia uno scafo./ Cose che io non so fare. Nominarle appena./ Da me a lui nient'altro: una fissità / Ogni eccedenza andata altrove. O spenta". In questi versi, come in quelli di Fortini, è l'oggetto scarno, in silhouette, a farsi allegoria (vuota) che agglomera un contenuto biografico e storico. Le altre cose dell'immagine che non siano la fissità del momentaneo riconoscere una forma, sono solo *eccedenza*.

[4] Cfr. J. J. Wunenburger, *Filosofia delle immagini* (1997), Torino, Einaudi, 1999, p.67.

[5] È un verso della poesia *Lukàcs* (Paesaggio con serpente, 1983).

128

sintomaticamente vigile – delle tendenze novecentesche. Quella dello spazio, a tal fine, mi pare una via d'accesso privilegiata, tanto maggiore dati gli strumenti che la teoria letteraria ha messo a punto nel corso degli ultimi anni relativamente ai problemi della figuratività, dell'enunciazione e della soggettività.

1. In un libro di qualche anno fa Jean Jacques Wunenburger (*Filosofia delle immagini*, 2000) ha sottolineato come le lingue, il continuum psicofisico del reale e il corpo con le sue differenti traiettorie, costituiscano i luoghi d'indagine significativi per una tipologia delle immagini.

Ogni immagine prodotta o riprodotta comporta la preesistenza mentale della sua rappresentazione: c'è immagine per un soggetto solo se si è formata in lui a partire da una percezione (siamo prossimi al Merleau-Ponty della *Fenomenologia della percezione* e più a quello di *L'occhio e lo spirito*: "Non c'è visione senza pensiero. Ma non è sufficiente *pensare* per vedere: la visione è un pensiero condizionato, nasce in occasione *di ciò che accade nel corpo*, e dal corpo è stimolata a pensare").[6]

Il numero e la varietà delle immagini dipendono dunque dal corpo, dai suoi mediatori sensorii e motorii (gesto, voce), che partecipano alla formazione delle rappresentazioni sensibili e concrete: vista, udito, olfatto, gusto, tatto concorrono a costruire una sinestesia corporea interna, una "immagine corporea" che funziona da intermediario psicofisico al fine di assicurare il buon esito delle azioni, dei gesti, degli atteggiamenti. È necessariamente una immagine in divenire: è infatti una sorta di medium che assicura il legame fra la struttura-corpo, che controlla le fasi dello svolgimento motorio, e la variabilità-mondo, che rende possibile una ridefinizione continua e fluida del movimento. Le immagini concrete, sensibili prodotte dal corpo, sia ben chiaro, non sono necessariamente una *traduzione* di quelle percettive corporee, ma mantengono con queste un rapporto molto stretto, non omologico ma quantomeno analogico (né d'altra parte è facile indagarne il rapporto).

Wunenburger distingue tra immagini mentali o psichiche, che danno origine ad oggettivazioni più o meno indipendenti dal soggetto e immagini materiali, la cui forma rappresentativa è legata al supporto esterno che rende possibili esperienze di condivisione (e sono naturalmente quelle cui si rivolge la mia attenzione). Distingue ulteriormente tra le immagini mentali a seconda che siano legate alle

---

[6] M. Merleau-Ponty, *L'occhio e lo spirito* (1964), Milano, SE, 1989.

stimolazioni sensorie da un rapporto temporale di contemporaneità (immagini percettive in praesentia), posteriorità (immagini mnesiche) o anteriorità (immagini anticipatrici). Finalmente introduce il "prisma delle immagini": immagine inconscia (sogno: immagine slegata dal nostro controllo), verbale (figure, tropi), primordiale (o semi-immagine, o immagine potenziale: schema, archetipo, tipo, prototipo, stereotipo, paradigma); le immagini di tipo materiale sono quindi differenziate in base al supporto, alle forme della rappresentazione, alle tecniche di produzione e di riproduzione.

Spinto da un'attenzione euristica non dissimile, Greimas,[7] analizzando un brano tratto da *Palomar* di Calvino (*Il seno nudo*), riflette sui livelli di profondità dell'esperienza sensibile (vista-razionale, tatto-profondità etc.), concludendo come in quel caso sia l'insieme sinergico di tutti i canali sensoriali a dare il massimo effetto di comunione fra il soggetto e gli oggetti che percepisce. Una esperienza, quella della *presa estetica*, che passa per il "guizzo", il trasalimento; un'esperienza collocata nell'ordine dell'attesa, dell'approccio (dell'imperfezione), di ciò che precede la congiunzione.. "È soltanto attraverso i percorsi del figurativo [inteso come piano della riconoscibilità delle figure del mondo, N.d.R.], attraverso il percorso della congiunzione del soggetto con il mondo attraverso i canali sensoriali, che si arriva a una percezione immediata della verità".[8]

Tuttavia, in un saggio di qualche anno prima (*Semiotica plastica e semiotica figurativa,* 1984), il figurativo era incaricato invece di veicolare il senso comune, la griglia culturale convenzionale (l'enciclopedia), mentre era il livello cosiddetto plastico a portare la possibilità di un senso altro, di un contenuto di verità.

Entro questo chiasmo, segnato dalla riflessione greimasiana a proposito del figurativo, è a mio avviso possibile segmentare le sfumature di senso che di volta in volta l'immagine dello spazio ovvero lo spazio dell'immagine (in quanto catacresi complessa di un ragionamento figurativo) è chiamata a realizzare nella poesia fortiniana. Tra il massimo di *iconicità* (alta densità figurativa: effetto di realtà) e il massimo di *plasticità* (bassa densità figurativa, astrattezza: significato fortemente ancorato all'organizzazione del piano espressivo) è ravvisabile uno spettro di scelte stilistiche ampio (carenza dell'aggettivazione,[9] utilizzo

---

[7] A. J. Greimas, *Dell'imperfezione* (1987), Palermo, Sellerio, 1988.

[8] Ibidem, p.51.

[9] Per la qual cosa si legga un testo importante come *Poetica in nuce* (in F. Fortini, *L'ospite Ingrato,* De Donato, Bari, 1966), indicativo dell'evoluzione

variato dell'elencazione o della modularità,[10] maggiore attenzione ai rapporti sintattici che a quelli semantici...): ma in questa sede mi interessano non tanto le scelte stilistiche, né le immagini in quanto forma e contenuto, bensì alcuni elementi testuali apparentemente minuti o inutili ("interstiziali", disse a suo tempo Barthes) cui do il nome di *shifter*.[11] Questi elementi fungono da veri e propri attivatori della spazialità (e congiuntamente della temporalità, anche se questo interessa ora di solo rimando), sganciando quest'ultima dalla soggettività enunciata nel testo. È necessario dunque, innanzitutto, rilevare come nei testi si presenti la spazialità.

1.2. Per fare questo rivolgerò uno sguardo trasversale e diacronico alla poesia fortiniana, tenendo fermi la categorizzazione percettivo-estetica indicata da Fortini stesso come *di maniera vs. dal vero* e un motivo, quello della "finestra", che consente di integrare e dialettizzare il discorso con dei casi particolari, utili alla formulazione di alcune ipotesi o, se si preferisce, conclusioni momentanee.[12]

Una prima suddivisione inerente la tipologia delle immagini, ed anzi il modo di rapportarsi a quegli oggetti complessi che chiamiamo immagini, è dunque suggerita dallo stesso Fortini, che intitola la quarta sezione della raccolta QM *Di maniera e dal vero*. D'altra parte, come sottolineato ad esempio già da Mengaldo, questa è una partizione attuata anche altrove

---

poetica di Fortini a cavallo tra la prima edizione di *Poesia e errore* (1959) e la seconda di *Foglio di via* (1969).

[10] Faccio riferimento a quella modalità che, riprendendola da Brecht, Fortini in una conferenza inedita conservata presso l'Archivio del Centro Fortini chiama "stile modulare". È un'espressione che usa in riferimento a *Dalla collina*, ma che può tranquillamente essere estesa ad altri testi coevi o di poco precedenti, in particolare la *Poesia delle rose, Per tre momenti, Deducano te angeli*, o le successive *Il nido, Il falso vecchio* etc.

[11] Faccio riferimento agli studi di R. Jakobson e di E. Benveniste, ma soprattutto alla successiva elaborazione in ambito generativo, che degli shifter ha individuato il doppio momento, quello di attivazione (débrayage) e di disattivazione (embrayage) nel passaggio dall'istanza enunciativa all'enunciato vero e proprio (e nella sua stratificazione). Mantengo qui il termine inglese nella sua valenza quasi etimologica, mentre nei successivi paragrafi farò spesso riferimento all'adattamento francese, la cui traduzione si deve a N. Ruwet.

[12] I testi di riferimento sono tratti dalle raccolte fortiniane successive agli anni '50 (anche se andrebbe tenuto conto della rielaborazione cui, nel corso dei '60, Fortini sottopose le prime sue due raccolte): *Una volta per sempre* (UVPS, 1963), *Questo muro* (QM, 1973), *Paesaggio con serpente* (PCS, 1983), *Composita solvantur* (CS, 1994), e dalla *Poesie inedite* (PI, 1997).

(ad esempio in PCS dalle due sezioni *Il vero che è passato* e *Di seconda intenzione*). Ciò che è visto (e vissuto) direttamente, si direbbe, e ciò che è visto per la mediazione altrui (per altro Fortini rifletté a lungo sull'arte e l'artista rispetto alla categoria della "mediazione" nei saggi di *Verifica dei poteri*). Questa categorizzazione risente in maniera evidente del privilegio accordato nel macrotesto alla vista rispetto agli altri sensi; un privilegio ribadito dal metalinguaggio pittorico (una metafora continuata che funge – credo di poterlo dire senza tema di smentite – da macro-allegoria per Fortini poeta).

La partizione di maniera vs. dal vero individua piuttosto nettamente una serie di testi. Penso ad esempio a tutte quelle *descrizioni di descrizioni* (da Poussin, E. Morlotti, J. Mc Garrell, O. Rosai, *Il massimo di luce, Lukàcs*), o invece a tutti quei testi in cui l'istanza enunciativa simula un rapportarsi alle immagini in presa diretta, in cui il *contenuto di realtà* pare a tutta prima accessorio e strumentale rispetto alla comunicazione del *contenuto di verità*.[13] Si tratta in questo secondo caso delle poesie *dal vero*, delle quali sarebbe possibile fare un elenco copioso: da *La gronda* a *Le radici*, da *Gli alberi* a *Le belle querce*, da *Il sole scalda* a *Agli dei della mattinata*, da *I lampi della magnolia* a *Molto chiare*, ecc..

Prima di andare avanti accenno ad un'altra categoria di immagini che potremmo fare rientrare nella categoria di immagini *di maniera*: quella delle poesie *meta* (meta-poetiche, meta-storiche, meta-gnomiche), nelle quali, talvolta con esiti anche contraddittori nel macrotesto, il poeta esplicita (a volte cita) se stesso al fine di dialettizzare la propria posizione *nel* mondo, *verso* il mondo. A questa tipologia di immagini farò spesso riferimento, giacché risultano funzionali a mostrare come Fortini si volga meta-poieticamente alle modalità della percezione, della rappresentazione e alle dinamiche di costruzione/trasmissione del senso. Pensiamo ad un testo come *L'idillio* (pubblicato a cura di P.V. Mengaldo tra le *Poesie inedite* solo nel 1995): "Risparmiatevi di dirlo. / Certo che regredisco. / All'idillio. / Non ne sono uscito mai. / Dite pure non ascolto. / Guardo e scrivo / quel che vedo. / Dalla finestra / ragazzo / muro di catrame / sole di prima mattina / binari Firenze-Roma / scarpata / breccia brina. / I genitori dormivano. / Guardavo scrivevo / come ora. / Allora mi aspettavano / strada scuola / le sigarette i compagni. / Allora prendevo su / i libri l'aria /era agile acuta. / É tutto".

---

[13] Utilizzo la terminologia di W. Benjamin giacché le immagini di questo tipo attualizzano perlopiù la modularità cosiddetta allegorico-moderna.

In questa poesia occorre notare: a) l'assenza di aggettivi (se non nel finale: "agile acuta") a delineare un quadro referenziale che non comporta problemi di sorta quanto ad illusione di referenza: le parole denotano le cose, senza passare per investimenti soggettivi e simbolici, per nessuna dinamica segnica che possa confonderne il tratto netto (Barthes, in un celebre saggio del 1968, *L'effect du reel*, sostiene che le parole singole siano puramente denotanti); b) l'attualizzazione di una esperienza percettiva del passato, sclerotizzata nell'immagine archetipo del ragazzo alla finestra; c) l'uso antifrastico del titolo: rispetto alle aspettative estetiche portate da quello, il testo rappresenta la delusione, l'ironico ritorcersi dell'attesa su se stessa fino a divenire unico contenuto di una sostanza poetica incapace o impossibilitata ad essere altro che elenco.[14]

Ricapitolando, abbiamo: i) immagini di maniera, ovvero di seconda intenzione, ovvero – come le ho chiamate riprendendo un'espressione di Longhi e Pasolini – descrizioni di descrizioni (con quel sovrappiù che dal riuso, dal ridondante, al limite dalla citazione ironica queste immagini intendono insinuare nel discorso per farlo stridere); e abbiamo ii) immagini dal vero (con quel tanto di finzione, situazionale e vigile, che ci avverte della dialettica tra parole e cose).

A ben vedere le immagini di maniera potrebbero essere però ridotte a immagini dal vero: basterebbe, sospendendo momentaneamente il giudizio estetico, pensarle come una quadratura di quelle e accettare l'equivalenza tra l'esperienza estetica prodotta da un quadro, da una fotografia o da una vista dalla finestra, dalla collina ad esempio. D'altra parte, è una relazione ermeneutica dal vero quella che l'io instaura con le immagini evenemenziali, che si tratti di un quadro, di una sua copia o di una sua immagine mnesica (tanto più interessante se mendace, erronea, segnale di una qualche falsa coscienza: e sarebbe forse utile chiedersi se esistono spazi ed immagini non segnati da doppia – se non proprio "falsa" – coscienza).

Evidentemente il punto è ridefinire la problematicità delle immagini dal vero, quelle che a tutta prima sembrerebbero portatrici di una certa immediatezza (lirica). Saremmo, infatti, portati a pensarle come semplice risultato dell'intertestualità tra una semiotica naturale (il reale nel senso più spiccio) ed una costruita (il testo); ad identificarle immediatamente con il tentativo di realizzare un'illusione referenziale. Così facendo ci

---

[14] Si potrebbe di qui muovere ad una ricognizione dello spazio delle figure dell'elenco e della ripetizione nella poesia moderna e contemporanea, passando da L. Spitzer a J. Lacan a F. Orlando.

troveremmo a parlare di iconicità nei termini di effetti di senso piuttosto che delle dinamiche complessive attivate ai fini di quel senso. Mi interessa invero notare come, contestualmente, l'illusione referenziale sia un effetto di senso in qualche modo accessorio, mentre le sue dinamiche generative portano le tracce di meccanismi che vanno oltre l'esito dell'immagine, strutturando l'intero testo (e il macrotesto). Riprendendo dunque quanto detto in precedenza, a proposito del figurativo nella semiotica greimasiana, che quello conduca all'accesso immediato alla verità o che veicoli piuttosto una griglia convenzionale (il senso comune), lasciando ad altro livello la possibilità di un senso ulteriore, poco importa: sta di fatto che nell'uno come nell'altro caso è necessario accettare un contraddizione: che la parola rimandi alla cosa, e ad un tempo ancora alla parola. Si pensi a testi lontani tra loro, quali *Ai poeti giovani*, del 1954 ("Noi dunque sappiamo che la rosa è una rosa, / la parola una cosa, il dolore un discorso") e *Allora comincerò*, degli anni '80 ("Da quanti anni sappiamo, no? Che una rosa / non è una rosa, che un'acqua non è un'acqua, / che parola rimanda a parola e ogni cosa / a un'altra cosa, egualmente estranee al vero?"), in qualche modo mediati da *Non posso* ("Scherno è lo schernire, / morte il morire, degna d'ira l'ira, / e il solo mutamento è questo verso / che va e viene, ripete, in sé diverso / ed uguale, monotono, cadenze / immotivate…"), che è della fine degli anni '50.

2. A questo punto è necessario ridefinire l'iniziale partizione alla luce della possibile traducibilità-riducibilità (abbassamento di grado) delle immagini di maniera ad immagini dal vero: propongo la questione in maniera capovolta, immaginando cioè che le immagini di maniera appartengano ad una sorta di grado zero della percezione (non solo quelle che ho definito descrizioni di descrizioni; lo stesso può dirsi di quelle che realizzano immagini sclerotizzate o archetipi idillici) e definendole come tipologia *immagini-quadro*: in questa definizione è presente un tratto ideologico importante, che sia cioè impossibile pensare le immagini come "natura", e che vadano intese piuttosto come "prodotto" (soggettivo, storico, culturale). Ipotizzo poi che le immagini dal vero siano trattate, contestualmente, alla stregua delle immagini quadro, ma ad un grado secondo che chiamerò *quadro alla finestra*,[15] cioè immagini scelte e ipostatizzate rispetto al continuum del reale e solo in un secondo

---

[15] Per una suggestione che renda immediatamente l'ambito della problematica si pesi a Magritte e a tutta la serie della *Condizione umana*.

momento re-implicate in processi dinamici o interpretativi. Ne consegue, innanzitutto, che nei testi fortiniani non esiste un "vero" sguardo estetico dal vero (manca il *guizzo* di Calvino), ma solo uno sguardo estetico di maniera, il che conduce alla necessità di porre in discussione, come accennato prima, la funzione dell'effetto di realtà in questa poesia.

Si pongono dunque una serie di interrogativi: l'effetto referenziale è prodotto dagli investimenti particolarizzanti, dall'iconicità, o viceversa la *presentazione* (quanto o più della *rappresentazione*) è sufficiente a persuadere il lettore di trovarsi in presenza delle cose? E ancora, le parole *devono essere* le cose (e sono comunque "cose", ad un livello astratto), o questo è secondario rispetto al fatto che le cose (e le parole in quanto "cose", appunto) devono configurare dei rapporti ermeneutici, delle *congiunzioni* esemplari? E, cosa ora più cogente, quale è il peso dello spazio in tutto questo?

2.2. La tipologia "quadro' ci ricorda che Fortini è stato pittore, che si laureò con una tesi su Rosso Fiorentino, e ci fa pensare a testi importanti come *L'educazione*. Parlare di tipologia "quadro' mi consente oltretutto di ipotizzare, stando alle considerazioni finora addotte, una possibile sovrapposizione tra sguardo estetico e sguardo di maniera: come se la fruizione di una scena delimitata entro lo spazio di una cornice[16] possa equivalere alla fruizione di segmenti di realtà, ritagliati dall'occhio nel continuum del reale non in modo casuale, certo, ma secondo una scelta opportuna e mai celata (ad esempio, scene di un microcosmo, di riduzione al mondo animale, di quotidianità spicciola mai minimalista né del tipo *elogio del quotidiano*, per dirla con Todorov).

Questo avviene effettivamente in molta poesia fortiniana, *in primis* nei testi più esplicitamente ispirati da quadri, ovvero le descrizioni di descrizioni di cui ho detto. Ma lo stesso può dirsi per quei testi nei quali l'immagine *singolare* individuata dalla prensione iconica[17] non è sommatoria *naturale* e/o *culturale* di segni iconici, piuttosto ipostasi soggettiva di frammenti di realtà: un paesaggio dalla finestra, una foto, al più un'immagine mentale sclerotizzata, un archetipo: si pensi alla serie di poesie costruite sul ricordo infantile della balconata da cui l'io assiste all'albeggiare, con quel misto di orrore e speranza, quell'"ago del mondo" (*La partenza*) che è la tremante e contraddittoria frequenza di

---

[16] Cfr. a puro titolo di curiosità le riflessioni di A. Rosselli a proposito del "quadro" nello scritto *Spazi metrici* (leggibile ora in A. Rosselli, *Le poesie*, a cura di G. Giudici, Milano, Garzanti, 1997).

[17] "O prensione molare", per dirla con J. Geninasca (cit.): si pensi ad una sorta di fotogramma.

molta poesia fortiniana (*L'Idillio*, *Il tarlo*, o *Questo verso*).

Queste immagini presentano una caratteristica comune, strutturale: tanto strutturale che potremo applicare ad essa quella definizione che Fortini coniò per la poesia brechtiana dell'esilio (*Raccolta Steffin*), e chiamarla "situazione della finestra". Non sempre lessicalizzata, la finestra è figurata in *absentia* ad un livello più propriamente sintattico in quelle occasioni, ad esempio, in cui l'opposizione alto vs. basso è coordinata a quella dentro vs. fuori (in maniera non dissimile, ad esempio, il "tappeto" è presente in molta pittura del '400/'500 anche là dove non è letteralmente presente nella scena). Metaforicamente, la finestra-occhio media e modula ogni rapporto interiorità-esteriorità; come similitudine (al dire il vero inveterata) essa è già quadro (naturale, spontaneo, fortinianamente: disordinato), discendendo direttamente dall'oraziano *ut pictura poiesis*.

Un esempio, estremo forse ma per questo più indicativo, potrebbe essere dato da questi versi, seconda parte del testo d'apertura di *Composita solvantur*:

> Per quanto cerchi di conoscere
> che cosa guarda dal sereno
> dove il celeste posa in sé,
> di questo sono certo e fermo:
> i globi chiari, i lenti globi
> templari cumuli dei venti
> non sono me.

Qui le due catene di isotopie (quella dell'esterno e quella dell'interiorità) sono tenute sul filo di un equilibrio figurativo (cielo sereno-io contemplante) e valoriale (cercare di conoscere-guardare, posare in sé-essere certo e fermo) fino agli ultimi tre versi della poesia, dove un climax accumulatorio ("i globi chiari" e poi "i lenti globi / templari cumuli dei venti") risolve all'insegna della disforia l'attesa identificazione io-mondo. Una disforia non inaspettata, visto l'iniziale "Per quanto", ma che il doppio movimento degli sguardi (quello del sereno *dall'*esterno e quello proprio *verso* l'esterno) aveva momentaneamente neutralizzato. È tra questi due sguardi che si pone la finestra-soglia: la sua trasparenza consente il passaggio e l'incontro dei due opposti sguardi, la sua non-riflessività (evenemenziale, perché la riflessività del vetro rientra nel continuum di possibilità offerte dalla finestra sintattica)[18] la ostacola, invece.[19]

Ecco dunque la funzione di *shifter* della finestra: individua una immagine e segna una posizione ermeneutica, quella dell'io che di volta in volta è poggiato al vetro, dietro le tende, coi gomiti sul davanzale. Scongiura, di fatto, il rischio della fusione interno-esterno; individua il soggetto in rapporto ad una spazialità suscettibile di essere prescelta quale immagine e, in qualche maniera, estetizzata.

Due possibilità nel *continuum* del rapporto sintattico io-finestra interessano ora: che l'io sia in (fuori della finestra, sul balcone), *in rebus*; o che sia dentro (a distanza rispetto alla finestra).

2.3. Queste due ultime possibilità consentono infatti di parlare della tipologia di immagini che prima ho definito "quadro alla finestra", ovvero delle immagini dal vero. Si può assumere, intanto, che la tipologia delle immagini è determinata in prima istanza dalla posizione del corpo rispetto all'oggetto estetico: sia che si tratti del corpo simulacro dell'enunciatore (narratore) o che, come nei due casi che vado ora ad analizzare, si tratti del corpo dell'osservatore, di quell'attante sganciato rispetto al soggetto enunciatore (questa, d'altra parte, la funzione degli shifter).

a) Prendiamo per primo il caso dell'io dietro la finestra, chiuso nello spazio di cui essa è limite-soglia. Ho parlato di quadro alla finestra riferendomi alle immagini dal vero, non per gusto del paradosso, ma perché questo consente di rilevare come le strategie di iconizzazione rientrino in una dimensione funzionale, straniante e strumentale rispetto alla costruzione del senso. Si tratta di una sovrapposizione tra simulacro della realtà e simulacro della sua percezione del momento (immagine percettiva, immagine mentale), sovrapposizione mai o quasi mai perfetta.[20] Lo scarto tra le due immagini, *ri*-marcando deitticamente l'enunciatore-osservatore, è spesso lessicalizzato nello slittamento semantico da "vedere" a "guardare". Da quello stesso scarto, vero e proprio stilema, si genera spesso la significanza delle poesie. Leggiamo questo testo, *Gli alberi* (QM): "Gli alberi sembrano identici / che vedo dalla finestra. / Ma non è vero. [...] / Non abbiamo tempo / per disegnare

---

[18] Si vedano ad esempio le recenti riflessioni di V. Magrelli in *Vedersi vedersi*, Torino, Einaudi 2002.

[19] Si veda più avanti, per un esempio più ampio, *E questo è il sonno*, testo di apertura di *Foglio di via*, Torino, Einaudi, 1969.

[20] Indicativi a tal proposito e a proposito dello stato di veglia dell'io (anti-)lirico i versi di *Stanotte* (CS): *Vedo il mare, è celeste, lietissime le vele / E non è vero*.

le foglie e gli insetti / o sedere alla luce candida / lunghe ore a lavorare. / Gli alberi sembrano identici, / la specie pare fedele. / E sono invece portati via / molto lontano. Nemmeno un grido, / nemmeno un sibilo ne arriva. / Non è il caso di disperarsene, / figlia mia, ma di saperlo / mentre insieme guardiamo gli alberi / e tu impari chi è tuo padre".

Possiamo vedere come le dinamiche del passaggio, dal riconoscimento della menzogna nei primi tre versi (sembrare ma non essere) al trasferimento intersoggettivo della verità (sembrare ed essere) come attualizzato nei versi finali, passino per lo svelamento del segreto da parte dell'io sapienziale (sembrare-non sembrare-essere) e per la strategia cognitiva che equipara "guardare" a "imparare", opponendo il buon esito di questo approccio alla disforia di quel guardare-rappresentare-imparare prima negato: "Non abbiamo tempo / per disegnare … / o sedere alla luce candida /…a lavorare".

Inversamente a quanto si potrebbe pensare, data l'immediatezza del rapporto, le immagini dal vero richiedono dunque un doppio livello di interpretazione (e, d'altra parte, di *poiesis*): quello più propriamente figurativo, nel quale riconosciamo le singole figure del mondo, di per sé non porterebbe a nessun effetto di senso ulteriore; è allora necessario ritrovare i segni della duplicazione dell'immagine (slittamenti temporali, topologici), e procedere alla de-iconizzazione.[21] È possibile così cogliere il loro carattere finzionale, al limite ironico, più spesso allegorico: separandosi dall'immagine vera, dandole cioè ostentatamente uno statuto di oggetto – definendola preliminarmente "dal vero" – l'io testuale che guarda e che parla si posiziona a distanza dalla finestra-trasparenza, misurando la propria *competenza* nel sovrapporre o spostare l'oggetto-immagine rispetto al continuum cui la ha sottratta (un continuum spaziale e temporale incorniciato dalla finestra-quadro). Un gioco di segreto e menzogna, in cui, alla fine, come in *Gli alberi*, la verità è colta per una sorta di salto logico e trasmessa, *affidata* nell'allegoria. "Il testo poetico […] allestisce con l'allegoria un significante che chiama ma non determina un significato: i versi pongono la necessità del giudizio, ma in ultima istanza spetta al lettore decidere se riempire o meno l'allegoria, grazie ad una "sublimazione etica", con i contenuti proposti dall'intellettuale".[22]

Questa necessità di sublimazione etica apre la strada ad una

---

[21] Quella procedura propria dell'atto critico interpretativo che D. Bertrand (*L'espace et le sens: Germinale d'Emile Zola*, Paris, Hadès, 1985) sostiene si ottenga prelevando i semi più ricorrenti alla base delle isotopie.

[22] L. Lenzini, *Il poeta di nome Fortini*, Lecca, Manni, 1999, p. 206.

definizione dei modi nei quali la poesia fortiniana manifesta, per il tramite dell'articolazione sintagmatica dei valori (ideologia), un modello assiologico (asse paradigmatico), e a chiedersi se e come con questo si rapportano le strutture figurative, le immagini. In fondo è un altro modo per occuparci della voce poetica e del soggetto.[23]

Altri esempi, anche più evidenti, si possono trovare in testi quali *Dalla mia finestra, La gronda,* e ancora maggiormente in *Per questa luce* (PeE).

b) L'altro caso è quello dell'io *in rebus* (un io totale, un io lirico classico, almeno apparentemente). È una tipologia più complessa della precedente: se in quel caso a duplicarsi era solo l'immagine mentre l'io osservatore faceva da collante unificante, in questo caso abbiamo una duplicazione dei soggetti ed una duplicazione delle immagini (duplicazione dei tempi). Abbiamo così un soggetto cognitivo/agente al passato che sta (come nel prossimo esempio) sul balcone ed un io enunciatore presente che lo vede vedere/agire. L'effetto unificante è dato dalla presenza dell'io lirico (spesso anti-lirico), simulacro dell'enunciatore, che sovrappone le due immagini (percettiva e mnesica) ottenendone un sovrappiù, il senso (o il non-senso), non quantificabile in termini semantici né valoriali e perciò afferrabile solo ad un livello prelogico o, come seconda ipotesi, avvallata da *Questo verso,* in una ulteriore configurazione o immagine (l'immagine d'attesa):

Notte ancora e la casa nel suo sonno.
Già sveglio, andavo alla finestra, aprivo
le imposte del terrazzo,
su quella ringhiera posavo la fronte.
Oltre gli orti ancora bui, le chiese e i culmini,
il cielo era chiaro in cima ai rami
dei platani, dei lecci e degli allori.
Il disegno era rigido e preciso,
contro i colli, dei cipressi e delle rondini.
Perché pietà per quell'ombra, perché

---

[23] Ad esempio, D. Bertrand (*Basi di semiotica letteraria* [2000], Roma, Meltemi, 2002) propone – sulla base di una distinzione delle dinamiche spazio_soggetto – una distinzione tra soggetto discorsivo (quello dotato di una competenza in quanto produttore dello spazio); soggetto narrativo (quello che si pone in rapporto con l'organizzazione spaziale dell'enunciato); e soggetto enunciazionale (è il soggetto dell'enunciazione autentica, fondato dalla spazialità, un vero attore epistemico dotato di una propria configurazione cognitiva).

la scongiuro se scorgo
le orme di minuscole ferite
sui ginocchi dei ragazzi e, mi rammento,
gustavo fra i denti le croste brunite
raschiate alle mie cicatrici.
Atterrito dal mondo e da se stesso
egli fermava contro il ferro la sua tempia.
Rispondo che è pietà per l'avvenire,
per il patire interminato che
entro tanto splendore uno spavento
come una bestia immane dall'azzurro
annunziava a quel misero tremante
nella felicità che il pianto libera.
Da qui lo assisto, da qui ora lo consolo...
Poi quando i rami al raggio si avvivavano
della meravigliosa alba serena
l'Apparita lontana era speranza
al primo vento già volando questo verso.

In questa poesia Fortini utilizza una situazione archetipica del suo immaginario, richiamata solitamente allorché necessita puntare il dito su un fare poetico *sentimentale* (ovvero di riconquista di una ideale comunione con la natura *ingenua* della poesia), sempre con un misto di pietà (di sé) e di distacco. In questa poesia la lessicalizzazione della finestra prelude ad una sua funzione sintattica, non dissimile per altro da quanto accade in un celebre testo brechtiano, *Tempi duri*: "Dalla mia scrivania / vedo oltre la finestra in giardino il cespo di sambuco / e vi riconosco qualcosa di rosso e qualcosa di nero / e mi ricordo d'improvviso il sambuco / della mia infanzia ad Augsburg. / Per qualche minuto considero / in tutta serietà se debbo andare fino al tavolo / a prendere i miei occhiali per vedere / ancora le bacche nere sui rami rossi".[24]

La finestra attiva l'accesso ad una dimensione temporale asincrona (al passato o più raramente al futuro) come effetto di un percezione presente. Ma se nel caso di Brecht il significato della poesia è colto nei rapporti sintattico-semantici additati dallo scarto temporale, nel caso di *Questo verso* il significato passa attraverso la sovrapposizione ripetuta/alternata

---

[24] La traduzione è quella dello stesso Fortini e di R. Leiser, in B. Brecht, *Poesie e canzoni*, Torino, Einaudi, 1959.

di immagini. Fino a venire chiuso nell'immagine finale, discontinua rispetto a quella passata-presente e coniugata al futuro, infatti tempo della speranza, dell'attesa: tempo della poesia.[25]

c) Un caso estremo è dato circa le immagini nelle quali la finestra gioca un ruolo (sintattico) importante, ed è quello in cui essa si fa muro, separatore netto. In queste si ha una conversione della centralità della visione in quella dell'udito e del tatto: chiamo questa tipologia delle *immagini muro* (*Il museo storico,* UVPS, *Il nido* (PCS) ma soprattutto *Questo muro* (OI): "Il nero del muro incontra la mano aperta. / Questo muro è tra il vero e la mano. / Il muro è ferro aria tempo. / Una voce chiama di là dal muro"). Il muro (che può essere ferro, aria, tempo) è per essenza un "tra", anche metaforico; come la finestra anch'esso ha una funzione sintattica: su di esso gli occhi possono proiettare immagini mentali (ad esempio la rosa in *Il museo storico*), più spesso interferisce con l'udito. Raramente con esso il soggetto ha un rapporto tattile.

3. Per comprendere la funzione di *shifter* della finestra (e del muro) nelle dinamiche di generazione/ricognizione del significato, ma soprattutto per mostrare le possibilità che l'approccio sintattico – prima che semantico – allo spazio fornisce alla pratica critica, potrebbe risultare utile tornare un po' indietro nella storia poetica di Fortini, analizzando il testo d'apertura della sua prima raccolta, confrontandolo poi con un testo classico, *L'infinito* di Leopardi.

E questo è il sonno, pur da un versante negativo, si muove dentro la tradizione ermetica e post-simbolista. Mi pare evidente e importante sottolineare come sin da questa poesia il discorso della poesia fortiniana si innesti su coordinate spaziali e temporali in maniera mutuamente inestricabile. L'ipotesto di tutta la raccolta (FdV) è quello della soglia e del confine, del luogo di passaggio: in questo frangente specifico è la veglia a fare da situazione enunciativa del soggetto che, come riprendendo un discorso avanzato (l'ellitico "E" dell'incipit richiama un discorso tutto in negativo), installa il discorso sulle frequenze del sonno, storico-esistenziale non meno che soggettivo. Altrove (*Foglio di via, Di porto Civitanova*) la soglia è la montagna in quanto altezza, distanza e possibilità di visione oggettivante (come nella più tarda *Dalla collina*), soglia nel passaggio dalla ricostruzione memoriale all'utopia. Così "soglia" è il presente, una soglia di veglia che parallelamente

---

[25] Cfr. *La gioia avvenire* (FDV) o *Una facile allegoria* (PeE). Si pensi, per un altro esempio, alla poesia *E così una mattina* (CS).

accompagna speranza e verità (entrambe volte al futuro ma radicate nel passato: la verità si configura, in Fortini poeta, come risultante di un'interpretazione continua: il testo poetico sta momentaneamente *vice veri*. A cambiare, nel tempo, sarà la tipologia dei testi, non la strenua battaglia per la verità). Leggiamo il testo:

> E questo è il sonno, edera nera, nostra
> Corona: presto saremo beati
> In una madre inesistente, schiuse
> Nel buio le labbra sfinite, sepolti.
>
> E quel che odi poi, non sai se ascolti
> Da vie di neve in fuga un canto o un vento,
>
> O è in te e dilaga e parla la sorgente
> Cupa tua, l'onda vaga tua del niente.

Sono palesi alcune scelte stilistiche tipicamente fortiniane: ma in particolare, ricollegandomi al discorso sviluppato nei paragrafi precedenti, mi interessa notare l'importanza dell'uso dei deittici nella costruzione della spazialità e nella definizione della soggettività lirica. "Questo" e "quel", rispettivamente ai versi 1 e 5, consentono di portare il discorso critico in maniera proficua all'interno del testo. Disegnando la spazialità dattorno al soggetto dell'enunciazione, i deittici scandiscono e ordinano due distanze, come indica la ripresa anaforica di "*E*" al v. 5: la prossimità del sonno (definito in una sorta di traduzione prima simbolica poi figural-apocalittica) sembra designata dal gesto dello sguardo se non della mano; la lontananza del suono, dapprincipio marcata spazialmente ("quel"), si rivela invece distanza entro la segmentazione di un'altra dimensione: quella tutta mentale del sonno, rispetto alla quale è il corpo-senziente a fare da centro discriminante, ma in maniera differente e nuova che costringe a rivedere anche gli assunti precedenti.

Se nella dimensione spaziale lo schema prevede il corpo al centro ed oggetti di varia natura disposti intorno a distanze che variano approssimativamente dal questo al quello, ordinabili in base a categorie semiche quali vicinanza-lontananza, avanti-dietro, sinistra-destra, sotto-sopra, ma anche prima-dopo e così via, nella dimensione mentale la prospettiva si rovescia specularmente all'interno del corpo (dell'immagine corpo come prodotto socioculturale o psichica): evidentemente non si tratta più di spazialità fisica modellizzabile e oggettivabile, ma di una spazio-tempo che si epifanizza nella parola enunciata e che dovremmo imparare a segmentare a partire dal corpo. Una spazio-temporalità le cui categorie semiche potrebbero avere a che fare, ad esempio, con la coppia interno-esterno, profondo-superficiale, conscio-inconscio, ragione-sentimento etc.

Nel caso particolare di *E questo è il sonno*, "questo" designa allora una prossimità non fisica ma temporale del sonno rispetto alla veglia (che è simulacro testuale della situazione dell'enunciazione: che si tratti di una prossimità temporale è ribadito dalla catena anaforica battuta da "*E*" ai vv. 1 e 5, rafforzata nel secondo caso dall'avverbio "poi"); "quel" designa invece una posteriorità questa volta non temporale ma spaziale (nello spazio intratestuale è "poi" a marcare l'ordine della *consecutio*), poiché sonno e suoni sono percepibili contemporaneamente, ma a ciò nel testo si può solo alludere (e si veda come il fonosimbolismo[26] realizzato dalla ridondanza di nasali e sibilanti nei primi quattro versi porti alla figura di svolta, il "vento" del v.5), mentre il testo richiede che siano ordinati secondo una logica spaziale[27] – evenemenziale, ma necessariamente una volta per sempre.[28] Ciò che risulta dal doppio rovesciamento delle prospettive spaziali e temporali innescate dai deittici è che l'interno del corpo proietta all'esterno una sorta di simulacro del sonno, mentre l'esterno si insinua nell'interiorità attraverso l'udito. Il corpo si staglia *nella* soglia del passaggio di stato dalla veglia al sonno, ma soprattutto *come* soglia, luogo della possibilità di comunicazione tra due spazialità di per sé inconfrontabili ("non sai se ascolti / da vie di neve...// O è in te e dilaga e parla... "). Non si tratta di osmosi – evidentemente il dubbio dei vv. 5-7 lo conferma – ma di saturazione, poiché la spazialità interna non ha modo di fuoriuscire ma "dilaga e parla" in *un* interno. La saturazione del corpo, invece che alla quiete cui il sonno come osmosi sembrava avviare, prepara al sonno come morte: "l'onda vaga tua del niente".

E che questo nichilismo – come è stato da più parti definito – conduca

---

[26] Per fonosimbolismo intendo naturalmente un fenomeno di arrivo, legato in qualche maniera alla sensibilità dell'interlocutore/lettore.

[27] Una sorta di *ordo naturalis* che ha un forte valenza iconica: il soggetto agente precede i propri predicati verbali, la sua sensorialità precede gli oggetti della percezione.

[28] A questo proposito, laddove possibile, la critica delle varianti più ancora che quella genetica consente al critico di accedere alle strategie della significazione in maniera dinamicamente oggettiva.

ad una riflessione che ha per centro la lirica come categoria della vita,[29] oltre che come genere letterario, è confermato, ad altro livello, dal sistema dei pronomi: la prima persona plurale della quartina cede alla seconda singolare nei successivi due distici: parallelamente a quanto avviene per i deittici, anche con i pronomi assistiamo nella prima parte ad un fenomeno di avvicinamento ("io" è incluso in "noi"), mentre nella seconda parte, nonostante "io" sia altro da "tu", la convenzionalità del genere rende evidente che "io" parla a "tu" in quanto simulacro testuale di sé. D'altra parte, questa stessa finzione convenzionale consente al testo lirico di superare la dimensione monologica per entrare in una sociale.[30]

Da un'analisi strettamente testuale, volta a rilevare la struttura semiotica della costruzione spaziale a partire dal corpo, siamo arrivati al problema della soggettività e poi del genere lirico come problema della poesia moderna. Questa interrelazione dei fattori in gioco rimarrà costante in Fortini, come abbiamo detto ripetutamente.

Diversi critici hanno sottolineato come l'ingresso di Fortini nel moderno sia legato ad un particolare rapporto con Leopardi.[31] Lo stesso poeta, in una conferenza del 1981 intitolata *Metrica e biografia*,[32] legava a doppia mandata i primi suoi tentativi poetici con una esperienza esistenziale di derealizzazione[33] (crisi del rapporto io / mondo, spogliarsi di senso del mondo ai suoi occhi) di cui, negli anni giovanili, trovava una traduzione nei *Canti* di Leopardi, ed in particolare nel v. 33 del *Tramonto della luna*: "Esso a lei veramente è fatto estrano".

Ma ad altra altezza, a mio avviso, è possibile incontrare Leopardi in Fortini. In particolare, ritengo importante individuare il rapporto, seppure in negativo, di *E questo è il sonno* con un modello illustre degli *Idilli* leopardiani, l'*Infinito*.[34] È utile notare come il pensiero di Fortini si

---

[29] Concordo sostanzialmente con il Todorov di *I generi del discorso* [tr. It 126]: "i generi letterari si rivelano come la proiezione testuale della varietà degli atteggiamenti assunti dagli uomini verso la vita".

[30] Cfr. Segre 1991 a proposito del Belli.

[31] In particolare G. Lonardi, *Leopardismo. Tre saggi sugli usi di Leopardi dall'Otto al* Novecento, Firenze, Sansoni, 1990 e L. Lenzini, *Il poeta di nome Fortini*, Lecce, Manni, 1999. Lonardi, in particolare, sottolinea l'importanza di un testo come *Tramonto della luna*: per il suo tramite avviene l'entrata di Fortini nel moderno, un'entrata nel segno dell'estraneità, della crisi, per cui l'io si identifica con la figura dello straniero (p.176).

[32] Viene poi pubblicata in "Quaderni piacentini", XX, 2 n. s..

[33] Ibidem, p.116.

[34] L'*Infinito* è testo piusstosto tardo della produzione leopardiana, coevo della *Ginestra* (1836) e, come quello, composta a Torre del Greco. A proposito di

inscriva da subito in un discorso connotato polemicamente (contro "la lettura bianca" di Leopardi[35]), denotando un'attitudine critica della sua poiesi. L'*Infinito* definisce la sua esemplarità (di genere) a partire dalla costruzione di una spazialità che insieme scaturisce e penetra l'io percipiente:

> Sempre caro mi fu quest'ermo colle,
> E questa siepe, che da tanta parte
> Dell'ultimo orizzonte il guardo esclude.
> Ma sedendo e mirando, interminati
> Spazi di là da quella, e sovrumani
> Silenzi, e profondissima quiete
> Io nel pensier mi fingo; ove per poco
> Il cor non si spaura. E come il vento
> Odo stormir tra queste piante, io quello
> Infinito silenzio a questa voce
> Vo comparando: e mi sovvien l'eterno,
> E le morte stagioni, e la presente
> E viva, e il suon di lei. Così tra questa
> Immensità s'annega il pensier mio:
> E il naufragar m'è dolce in questo mare.

In questa poesia, com'è stato più volte notato,[36] il mutuo lavorio dei deittici costituisce la cifra strutturale del testo. A livello semiotico, i meccanismi della significazione si legano a doppia mandata al sistema di deittici. Sappiamo che questi, articoli, aggettivi, avverbi, determinano un simulacro testuale dello spazio esperito dal soggetto della percezione (o

---

Fortini e Leopardi, si leggano *Il passaggio della gioia* (in F. Fortini, *Verifica dei poteri*, Torino, Einaudi, 1989 ma già nella versione Feltrinelli del 1967 e, poco prima, con il titolo *Per il passaggio della gioia,* in "Quaderni Piacentini") ma anche gli scritti di *Nuovi saggi italiani*, 2, Milano, Garzanti, 1987. Per una ricognizione esterna, cfr. le eccellenti osservazioni di L. Lenzini a proposito del rapporto Fortini-Leopardi in *Il poeta*...cit., in particolare il saggio *Il paesaggio e la gioia. Osservazioni su Leopardi in Fortini.*

[35] Così la chiama Fortini in *Il passaggio della gioia,* in *Verifica...,* cit. p.216, pronunciandosi sul libro di S. Timpanaro (*Classicismo e illuminismo nell'800 italiano,* 1965) e rivendicando ad un suo saggio del 1946 una lettura nuova del poeta di Recanati [il saggio in questione è: *Come leggere i classici? La leggenda di Recanati,* "Il Politecnico", 33-34, settembre-dicembre 1946].

[36] Si cfr. per una ricognizione delle posizioni l'ottimo lavoro di L. Blasucci, *I segnali dell'infinito,* Bologna, Il Mulino, 1985.

cognitivo), determinando per un verso i vincoli inverificabili ma fiduciari della relazione letteraria (il contratto scrittura/lettura), per l'altro gli indici dell'impressione referenziale, di cui, più esplicitamente, sono i segni privilegiati.

Nel testo di Leopardi i deittici costruiscono:

a) la denotazione di spazi differenziali per il tramite dello scarto tra distanze:

- questo colle, questa siepe $_{vs}$ tanta parte dell'orizzonte, di là da quella [siepe],[37] ovvero prossimità vs. lontananza;

- ove [nel pensiero che si sofferma sulle sensazioni raccolte e tradotte nell'immagine dell'infinito], ovvero interiorità;

- queste piante vs. quello infinito silenzio vs. questa voce [del vento], ovvero prossimità vs. Lontananza vs. vicinanza.

Tutto ciò produce:

b) la denotazione dell'infinito attraverso un triplo spostamento: 1) l'allontanamento progressivo entro la scena (per via metonimica) dal colle e dalla siepe al luogo di "tanta parte" (l'orizzonte); 2) una sostituzione analogica che, col passaggio della centralità della vista a quella dell'udito, sposta il centro della spazialità in un luogo interno all'enunciatore ("nel pensier mi fingo", "ove") e definisce una spazialità non più differenziale (nonostante "questo" $_{vs}$ "quello") ma comparativa; 3) così preparato, abbiamo infine l'allargamento metaforico e la confusione di questa nuova spazialità con l'immensità temporale ("questa immensità" di eterno, morte stagioni e la presente in cui "s'annega il pensier mio"): è questa fusione osmotica che annulla le distanze (anche temporali: vedi le morte stagioni e la presente stagione) ad avere metafora finale nell'analogon "mare"-"immensità".

Così ridefinita, la spazialità *enunciata* nel testo e ascritta alla coppia "mare"-"immensità" ovvero all'infinito, si configura in maniera che ritengo interessante: una spazialità mentale, differenziale e processuale più che analogica e sincronica; non raccolta passivamente dal soggetto

---

[37] Accetto qui la proposta di M. Fubini [in G. Leopardi, *Canti*, Torino, Einaudi, 1971, curati insieme a E. Bigi: p. 116, n.5], ripresa da Blasucci, di intendere il deittico come riferito alla siepe piuttosto che all'orizzonte (come proposto da A. Baldini, *Questa e quella...*, "Corriere della sera", 7 Febbraio 1950 e da R. Baccelli. *Sugli aggettivi determinativi dell'"Infinito"*, "Letterature Moderne", I, 1950): "non si capirebbe in tal caso la funzione della siepe, ridotta a una sorta di limite-doppione. Visto che l'infinito immaginario verrebbe collocato oltre l'ultimo orizzonte, il quale costituirebbe il vero limite tra realtà e immaginazione" [Blasucci, *I segnali...*, cit. p.101].

ma, per usare un'efficace espressione fortiniana, costruita come un vero veduto dalla mente. Siamo dinanzi alle opposizioni definito: immensurabile, reale:immaginario. Se parlo di una spazialità mentale e differenziale è perché ritengo che la *presa* estetica dello spazio sia di natura fondamentalmente processuale. In quanto tale essa chiama in causa il soggetto e i suoi sensi nel momento della costruzione dell'oggetto estetico.

Nei due testi che ho messo a contatto, *E questo è il sonno* e l'*Infinito*, il passaggio dalla prevalenza di una sensibilità (visiva) all'altra (uditiva) è momento cardine nell'economia della significazione: nel testo fortiniano si tratta di un momento di forte rottura, di crisi, ed interviene all'altezza del v. 5 in corrispondenza del passaggio dal movimento centripeto (assopimento), sottolineato contestualmente dal gorgo verticale degli enjambement e dallo scadimento della cadenza nel silenzio poi rotto dal vento; in quel punto, infatti, il movimento appare momentaneamente invertirsi, come per un barlume di forza: il suono esterno è però immediatamente repulso e, meglio, con-fuso dal parlare interno al soggetto,[38] in un'esperienza mentale di naufragio in atto (si veda il riferimento al campo semantico dell'acqua nel distico finale), un'esperienza che presuppone l'annullamento della fisicità ("l'onda vaga tua del niente"). Strenua resistenza mentale che porta al cortocircuito fisico: sembra questa la cifra di questa veglia, inaugurale alla stagione poetica fortiniana.[39]

Nel testo leopardiano si ha invece un passaggio più graduale (non critico),[40] a cavallo tra i vv. 8 e 9. L'esperienza visiva che cede un po' alla volta a quella uditiva, e si fa poi totalmente mentale, scaturisce alla

---

[38] Quello che poi Fortini definirà meglio come "rumore di fondo", "ronzio" e "tarlo".

[39] Si pensi anche ad un testo successivo come *Una frequenza* (UVPS): "E a mezzo della pagina che leggi, / a mezzo della lettera che scrivi, il no per sempre / ed il mai più.// Quasi calda è la fronte ancora ma irradia / soltanto il suo segnale ormai".

[40] Cfr. in particolare G. Pirodda, *L'Infinito nella storia di Leopardi*, in AA.VV., *Il caso Leopardi*, Palermo, Sellerio, 1974. Pirodda (p.174) sottolinea come il suono, in quanto evento che si compie nel tempo, sposta l'attenzione del soggetto dalla dimensione spaziale a quella temporale. Ma sottolinea soprattutto come questo accada non per via analogica ma in forma polisindetica, disposta secondo una *gradazione*, una progressione discendente che disegna un vero e proprio iter di ritorno dall'eterno al tempo presente, con movimento di accorciamento della prospettiva specularmente inverso rispetto all'allontanamento dei vv. 5-8.

fine nel "dolce naufragar". Ma si tratta evidentemente di un'esperienza differente da quella fortiniana: il "naufragar" fa seguito all'annegare del pensiero nel verso precedente. Quella del naufragio nell'infinito è un'esperienza fisica che necessita della sospensione momentanea del pensiero.[41]

4. Propongo ora un testo nel quale i diversi tipi di immagini analizzate sinora interagiscono, veicolando le dinamiche del senso. Intendo mostrare come le immagini si caratterizzino fortemente rispetto allo spazio grazie al lavoro sintattico degli shifter. Si tratta di una poesia del 1962-63 ma pubblicata in QM, intitolata *Dalla collina:*[42]

    1.
    Il piccolo roditore
    va tra ghiande e cortecce tremando.   α A$_1$

---

[41] C'è una figura nel testo che segna fisicamente, direi geometricamente, quel passaggio, ed è la siepe, che da oggetto della scena diviene *shifter* sintattico, costringendo, in quanto ostacolo, l'innesco di un nuovo livello della percezione. Evidentemente il soggetto ha bisogno di oggetti che fungano da *shifter* (similmente Blasucci parla ripetutamente di *attivatori* sintattici, morfologici etc. dell'infinità: cfr. L. Blasucci, *I segnali...,* cit. pp.123-151): Così leggiamo nello *Zibaldone*: "Del rimanente alle volte l'anima desidererà ed effettivamente desidera una veduta ristretta e confinata in certi modi, come nelle situazioni romantiche. La cagione è la stessa, cioè il desiderio dell'infinito, perché allora in luogo della vista, lavora l'immaginazione e il fantastico sottentra al reale. L'anima s'immagina quello che non vede, che quell'albero, quella siepe, quella torre gli nasconde, e va errando in uno spazio immaginario, e si figura cose che non potrebbe se la sua vista si estendesse da per tutto, perché il reale escluderebbe l'immaginario. Quindi il piacere ch'io provava sempre da fanciullo, e anche ora nel vedere il cielo etc. attraverso una finestra, una porta, una casa passatoia, come chiamano. [171]". E poco dopo: "La maraviglia similmente, rende l'anima attonita, l'occupa tutta e la rende incapace in quel momento di desiderare [172]". Sulla presenza di una simile funzione sintattica in certe figure fortiniane (per tutte il muro di *Questo muro,* la fotografia in *Lukàcs* e le finestre) rimando a quanto detto sopra: nel caso di *E questo è il sonno* è invece il corpo del soggetto a fare da limite, da punto di crisi: a testimonianza, una volta di più, del fatto che gli strumenti della *ribellione* di Fortini erano fino ad allora ancora tutti armati degli arnesi di un'*officina* poetica classica.

[42] Si tenga conto che con le lettere greche si intendono le tipologie di soggetto (io-tu-egli/loro), mentre con le lettere maiuscole si intendono le tipologie di immagini quali indicate nei paragrafi precedenti. Col simbolo α si intende segnalare il debrayage.

Scruta nella mezza luce, fruga
la fossa di spini. Va via tra le pietre.

Tutto è d'accordo. Se tendi la mano
puoi di quassù toccare i monti,
la città dov'eri una volta esistito,
gli ingombri di forme del cielo e del tempo, $\alpha \rightarrow \beta$ B_1
il passato stanchissimo.
Vuoi sapere che cosa sarà di te?
Vuoi ancora naturalmente saperlo.

Molti secoli riposano sotto le nuvole
nella mezza luce sul pendio
dove tra pigne il piccolo roditore si rallegra α A_2
e un ragno si consuma sulla fossa di spini.
Tutto quello che vedi sarà ucciso.
Già quello che sei è una cartilagine delicata. $\alpha \rightarrow \beta$ B_2
Gente viene, ti pare di conoscere le voci,
senti che ragionano salendo. $\alpha \rightarrow \gamma$ C_1

2.

Non riposano secoli ma solo qualche estate
nella mezza luce sul pendio
dove le pietre non meditano nulla.
Tra gli incisivi e le piccole zampe α A_3
fanno viaggio le formiche.
La felce si essicca e si contrae.
I semi sgorgano dai loro astucci.

Provi la forza dell'erba con la mano.
Questo resterà di tutto quello che vedi:
uno schema di foglia e una coppa di ghianda. $\alpha \rightarrow \beta$ B_3
Alla forbice in tremito sotto la crosta del pino
che così è bene confessalo.

Le voci sono vicine, amici sono, gente
che bisogno non ha né di te né di sé. $\alpha \rightarrow \gamma$ C_2
Alzati parla.

3.

Parla dell'amore che bisogna spezzare e mangiare.
Comanda che tempo non c'è, che per sempre
tutto se non si vince ritornerà. $\alpha \rightarrow \gamma$ C$_4$
Di' come ci hanno uccisi e i nomi dei nemici.
Tenta di persuadere. Pretendi. Interroga.

Ma il sasso smosso rotola e sta. $\alpha \rightarrow \beta$ B$_4$
Essi vanno e guardano gli sterpi e le pietre,
le pigne, le cortecce ancora tiepide,
gli incontri del cielo tanto lenti e del tempo,
il passato stanchissimo. $\alpha \rightarrow \gamma$ C$_5$_A$_5$
Vogliono sapere cosa sarà di loro.
Calpestano più lontano.

Le voci che ragionavano non si sentono più. $\alpha[\rightarrow]\ \gamma$ C$_6$
Sono passati o sei tu passato.
Lo spino, il seme del ragno nell'aria sfinito,
dentro la piaga del pino la piuma presa,
il pendio che riposa, $\alpha[\rightarrow]\beta$ B$_5$
tutto quello che vedi è ancora tuo
eppure volgi il capo e non vuoi guardare.

Sin dal titolo questa poesia pone l'attesa di significato su una
dimensione prettamente spaziale. Si noti che *Dalla collina* è scelta
definitiva rispetto ad un primo *Sulla collina* (carte I e II degli autografi):
denotando il punto di inizio dell'azione, "dalla" introduce un "moto da
luogo" mentre "sulla", elidendo l'azione precedente (il salire), avrebbe
puntato l'indice verso la raggiunta stasi. In qualche modo "dalla"
contiene in sé, citandola *in absentia,* l'azione marcata da "sulla" ma non
si riduce a quella, bensì fonda sul presupposto della posizione definita
dalla salita l'istanza enunciativa e lo sviluppo di quella vera e propria
matrice ipogrammatica[43] che è la "visione dall'alto". Quella posizione è
resa contestualmente da "collina": luogo intermedio, distanziamento
mediano rispetto all'azione (il "basso" degli animali, della natura

---

[43] Utilizzo il termine ipogramma (Riffaterre) preferendolo a cronotopo
(Bachtin), persuaso che in questo frangente – contrariamente a quanto si riterrà
più oltre – sia l'aspetto semantico più che quello sintattico a dover essere
enfatizzato. Cfr. M. Riffaterre, *Semiotica della poesia* (1979), Bologna, Il Mulino,
1983, p.39.

selvaggia, del disordine, e l'"alto" del cielo, dell'ordine), la collina è qui il luogo del corpo, o quanto meno il luogo dal quale il simulacro dell'enunciatore nel testo si pone (vv. 6 e sgg.). "Collina" non è montagna né pianura, lo sguardo non è mai sullo stesso piano, parallelo e compartecipante all'azione ma sempre tangente, obliquo, di distaccata e, per questa via, pseudo-oggettivante visione.[44]

"Collina" è oltretutto un richiamo al *topos* leopardiano del "colle" (*L'infinito, Alla luna, Il sabato del villaggio, La vita solitaria*, etc.). Come il sintagma preposizionale "d'in su" (*Passero solitario, A Silvia, Sopra un bassorilievo antico sepolcrale*) "dalla" denota un concentramento di elementi deittici che esaltano la centralità del corpo, ribadendo la parentela tematica con una certa tradizione lirica e veicolando la lettura verso una attesa di ordine decisamente estetico.

Questa attesa è ribadita dal collocamento del testo entro la raccolta: *Dalla collina* si trova nella seconda sezione di *Questo muro: Versi a se stesso*, tra *La posizione* e *Versi a un destinatario* (le ultime due sono *Il falso vecchio* e *Di maniera e dal vero*). In particolare mi preme rilevare il legame intertestuale che *Dalla collina* intrattiene con la sezione *La posizione*: tanto nel ribadire il sema cronotopico /posizione/, quanto nel sottolineare sin dalla soglia la centralità della corporeità.

Nel testo è possibile distinguere i tre diversi tipi di immagine individuati nelle pagine precedenti: l'immagine quadro (A, un'immagine al presente, via via espansa rispetto alla prima manifestazione); immagine quadro alla finestra (B, alterna presente e passato e interferisce con le immagini A); immagine muro (C, è caratterizzata dal passaggio dal vedere al sentire / parlare, e dall'interferenza con l'immagine A nonostante sia al presente come quella).

Correlati a queste tre immagini abbiamo tre soggetti: un "io" (α) che si installa come lirico ("tutto è d'accordo") introducendo l'immagine quadro A_1, ma si scopre progressivamente anti-lirico B_1; cede allora l'attributo lirico al "tu" (β), figura non del lettore o di un fantomatico *altro* presente nel testo, piuttosto simulacro dell'"io" stesso in quanto inscritto dal *débrayage* enunciazionale entro l'immagine quadro alla finestra, distinta dall'immagine A_1 (il grado zero dell'immagine quadro, passibile di ulteriori espansioni); infine "essi"-"amici"-"voci"-"gente" (γ), figura non ancora soggetto (questi attanti non riescono a divenire

---

[44] Si pensi ad esempio a un testo come *Per Carlo Cassola* (UVPS): "Ma mutato da questa / modesta altura / vedo, o mi pare, / altro da quel che era / il vivere che resta".

attori).

I tre soggetti generano e veicolano le tre immagini (o ne sono generati?): nella fattispecie, il soggetto in quanto soggetto della percezione, soprassiede a tutte le immagini: è lui che percepisce l'immagine quadro (presa estetica di maniera dell'archetipo-idillio), dandone una valutazione di tipo estetico ("tutto è d'accordo") ed espandendola via via come per effetto di un progressivi avvicinamenti e allontanamenti lungo un medesimo asse prospettico; è in lui che si genera l'immagine mentale B ai suoi diversi gradi di espansione, sovrapposta evenenzialmente alle immagini A, innescando l'installazione del simulacro "tu" (β); questo soggetto α, in quanto soggetto del fare e cognitivo entro il quadro alla finestra, ha in compito di verificare la percezione di β ("toccare", "guardare"), ma soprattutto di porre in atto il progetto che β persegue: la patemizzazione della figura γ, una patemizzazione che può essere letta anche come il tentativo di fare di quella un soggetto del discorso. Questa figura γ è una figura non ancora soggetto che ripete l'iter ermeneutico di α senza trarne però la medesima esperienza (in primis estetica).

Questo meccanismo può dirsi esemplificativo della strategia comunicativo-persuasiva propria della poesia lirica: alla luce di questo che, sostanzialmente, può essere detto un tentativo di sostituzione della figura di terza persona γ alla figura β e di β ad α come segue

ENUNCIATORE → IO (ANTI-LIRICO)→ TU (LIRICO) VOCI-AMICI-GENTE →ENUNCIATARI

(tutti tentativi falliti di embrayage, di riassorbimento dell'istanza enunciativa verso la fonte), è possibile definire l'immagine finale B_5 come risultato disforico di una emozione ("tutto quello che vedi è ancora tuo / eppure volgi il capo e non vuoi guardare") incapace di farsi passione, di innescare un'azione. Il giudizio di α sul percorso passionale di γ non è dato nel testo ma facilmente arguibile proprio nel movimento finale. La chiusura della tentata comunicazione α- β γ all'insegna del doppio fallito tentativo di sovrapposizione delle istanze enunciative, segna la sfiducia contestuale verso il genere con cui il testo si misura: il genere lirico.[45]

---

[45] Per ovvie ragioni di spazio in questa sede posso solo limitarmi a mostrare come le immagini, lo spazio e il soggetto interagiscano per il tramite di operatori sintattici quali i deittici e le figure in praesentia/absentia (finestra, muro). Per un'analisi più completa di questo testo mi permetto di rimandare a F. Podda,

Il giudizio e la necessità di "sublimazione etica" sono lasciati invece al lettore, cui nell'esperienza della lettura può accadere, d'altra parte, di sovrapporsi tanto all'"io", quanto al "tu", quanto alle "voci" lontane.

5. Da un discorso sulle immagini e sulla loro tipologia, da un discorso sulla soggettività e su quegli operatori sintattici (come il muro, la finestra, i deittici) tramite i quali la corporeità si installa nello spazio enunciato, siamo infine pervenuti ad un discorso che verte anzitutto sulla problematicità della lirica. Questo mi pare di un certo interesse in un poeta che, come Fortini, ha sempre opposto resistenza a quel genere: "L'uomo del presente come "tutto pieno" e "tutto vuoto" è l'uomo del piacere-e-dolore, il mondo gli è immagine, èidos, idillio, quadro; può emettere solo lamenti, elegia. È lirico. In questo senso la lirica è sempre mortale e negatrice del movimento".[46]

La spazialità è allora la via privilegiata per la verifica dell'interconnessione testuale tra soggetto e cose del mondo, tra soggetto e percezione delle cose. Nelle sue dinamiche, infatti, nella sua costruzione e decostruzione, attivazione e neutralizzazione etc., lo spazio enunciato porta in sé le tracce del soggetto e le tracce delle cose (e di quelle "costellazioni di cose" che le immagini sono). Esso oltretutto veicola la possibilità – per il tramite dei deittici e delle figure sintattiche – di un accesso differente alle immagini della poesia e in generale della letteratura, altrimenti passibili di sotto/sopravvalutazione. Sulla base di tutti questi elementi chiamati in gioco (e non solo della soggettività, dunque) è oltretutto possibile, a mio avviso, provare a parlare del genere lirico partendo da un punto di vista iconico.

Tornando allo spazio, e per concludere, se dovessi dare qui una sua definizione relativamente alla poesia di Fortini, direi che esso è quella "mobile speranza / che si ignora e resiste" attraverso la quale "andrò verso il mio treno". Sono i versi finali di *La partenza* (UVPS). Con la medesima speranza, nell'attimo di lasciare, dopo averla attraversata, la

---

Itinerari dell'io poetico, in "L'Ospite Ingrato", VI, I, 2003, Macerata, Quodlibet.

[46] Si tratta dello stralcio di una lettera scritta da Fortini ad Edoarda Masi nei primi giorni di luglio del 1975 ma spedita solo il 3 settembre in Cina (dove la Masi si trovava). La lettera è custodita presso l'Archivio del Centro Studi Franco Fortini e al momento è inedita, tranne per poche altre parti (cfr. F. Podda, *Itinerari dell'io poetico,* cit. pp. 253-254). In *Poetica in nuce,* cit. p.93, Fortini scrive qualcosa di molto simile:"Quanto maggiore è il consenso sui fondamenti della commozione tanto più l'atto lirico è confermativo del sistema".

poesia fortiniana, risuonano i versi che immediatamente precedono quelli citati: "E ora sul punto di dormire / un dolore terribile mi morde / come mille anni fa quando ero bambino / e lo chiamavo Iddio, e Iddio è questo / ago del mondo in me". Lo spazio è allora quest'epifania della speranza che ci attende e punge, irraggiungibile e inestinguibile, semplicemente da attraversare da questo corpo e da questo tempo.

Mirella Scriboni

Immagini-memoria di Alessandria d'Egitto in Ungaretti (e 'dialogo' con Kavafis)*

Conosco una città	*O tu che passi, se di Alessandria sei*
Che ogni giorno s'empie di sole	*Non mi giudicherai!*
E tutto è rapito in quel momento	*Tu la rapina della nostra vita*
	Conosci: e come bruci, e quali
Me ne sono andato una sera	*Eccessi attinga, il piacere.*
(G. Ungaretti)	(C. Kavafis)

1. Lo "spirito" di Alessandria d'Egitto: Said, Ungaretti e Kavafis

Alexandria has been written about by Lawrence Durrel, E.M. Forster, Pierre Louys, Cavafy, and Ungaretti, none of whose spirits are much in evidence in today's disappointing and disenchanting Mediterranean port. ... I spent my few days there haunting for the Alexandria of the past ... I found next to nothing of it. ... So forlorn is the city without its great foreign communities, so apparently without a mission, so reduced to a minimal existence as a cut-rate resort that it filled me with sadness.[1]

---

* L'idea iniziale di questo scritto – parte di un lavoro in corso su Ungaretti, Enrico Pea e Fausta Cialente – è nata nel corso di due anni passati ad Alessandria d'Egitto, a contatto con i luoghi dove questi autori vissero e di cui hanno scritto. Luoghi ora molto cambiati, ma che pure conservano qualche eco dell'Alessandria del passato.

[1] *Cairo and Alexandria*, in Edward W. Said, *Reflections on Exile and Other Literary and Cultural Essays*, London, Granta Books, 2001, pp. 333-45. E. Said (1935-2003), nato a Gerusalemme da famiglia palestinese che si trasferì poi al Cairo, frequentò scuole inglesi prima di recarsi a completare gli studi negli Stati Uniti. Dal 1963 fino alla prematura morte fu docente di letteratura comparata alla Columbia University di New York. Aperto sostenitore della causa palestinese ma fortemente critico di ogni forma di integralismo, nella mole dei suoi scritti e interventi ha lasciato una rara testimonianza di passione intellettuale e morale,

È questa la sconfortante immagine di Alessandria d'Egitto che l'"esule" Edward Said si trova di fronte nel 1990, a distanza di trent'anni dall'ultima sua visita alla città.

Va aggiunto subito che "l'Alessandria del passato" – almeno quella vissuta da Kavafis e Ungaretti e conosciuta da Forster[2] e Durrell[3] – era andata scomparendo nel corso degli anni '50-'60: la 'rivoluzione' che nel 1952 portò al governo del paese Gamal Abdel Nasser, infatti, diede inizio ad un processo di arabizzazione, seguito dall'esodo delle comunità straniere, e da quel momento in poi Alessandria perse progressivamente la fisionomia di città aperta e cosmopolita quale era stata a lungo. Prima e in parte a cavallo di questa data spartiacque, però, la presenza delle comunità straniere era cospicua non solo ad Alessandria ma anche al Cairo, e come Said stesso ricorda, "Cairo then was a wonder of a place to live in".[4]

Non appare casuale, peraltro, che riferendosi ad autori che avevano scritto di quella Alessandria, Said elenchi da una parte gli 'stranieri' e dall'altra gli 'alessandrini' Kavafis[5] ed Ungaretti, accomunati dall'esperienza di vita in questa città nei decenni a cavallo tra Ottocento e Novecento. Kavafis, infatti, se ne allontanò solo per brevi periodi, e Ungaretti vi trascorse ventiquattro anni, dalla nascita fino al 1912, quando lasciò l'Egitto per proseguire gli studi in Francia. Solo in questa occasione, tra l'altro, visitò per la prima volta l'Italia.

È proprio in questi decenni che Alessandria, allora porto tra i più vivaci e prosperi del Mediterraneo, vive la stagione aurea di quel cosmopolitismo che le conferì una fisionomia tutta individuale all'interno della storia e della topografia culturale egiziana, contraddistinguendola dal Cairo, città araba per eccellenza. Una "Babele", come la descrive in

---

oltre che di lucida intelligenza critica.

[2] E. M. Forster (1879-1970) dal 1915 al 1919 lavorò per la Croce Rossa ad Alessandria, dove strinse amicizia con Kavafis.

[3] L. Durrell (1912-1990) dal 1941 al 1944 lavorò come addetto stampa all'ambasciata Britannica ad Alessandria e al Cairo.

[4] E. Said, *Egyptian Rites*, in cit., pp.153-164.

[5] Costantino Kavafis (1863-1933): nato da famiglia greca ad Alessandria, vi passò tutta la vita, lavorando in un ufficio dell'amministrazione inglese, con l'eccezione di un periodo trascorso da bambino in Inghilterra e di tre viaggi in Grecia. Era solito distribuire tra gli amici poesie dattiloscritte su foglietti o raccolte in fascicoli. Mentre era in vita furono pubblicate solo due brevi raccolte delle sue poesie, nel 1904 e nel 1910. La sua opera omnia (154 liriche) fu pubblicata postuma ad Alessandria nel 1935.

Vita in Egitto Enrico Pea[6], luogo di rifugio per esuli e di accoglienza per stranieri di ogni nazionalità: greci, italiani, armeni, francesi, spagnoli, russi; città popolata e chiassosa, spazio quasi teatrale, dove si mescolavano tutte le lingue, si incrociavano le vite e le storie, in un'atmosfera di convivenza e reciproca tolleranza tra arabi, ebrei, 'levantini' e stranieri.

Della lunga fedeltà di Ungaretti a questa Alessandria d'Egitto, "per sempre persa e per sempre ritrovata per via di poesia",[7] dà testimonianza nella sua produzione poetica non solo il corso e ricorso della memoria, che in diverse "fasi" torna a visitarla, ma anche l'immancabile aggettivo possessivo, 'deittico'[8] non accidentale in uno stile parco di aggettivazione: Alessandria e l'Egitto, anche quando non sono esplicitamente nominati, sono comunque "la mia città", "la mia terra affricana", "il mio paese d'Affrica".[9]

Molto più elusivo appare, tuttavia, il senso di questa fedeltà, ed è più difficile, dunque, capire fino a che punto la città luogo della memoria e della poesia sia anche un referente 'oggettivo', vale a dire la città che era

---

[6] *Vita in Egitto*, Milano, Mondadori, 1949. Enrico Pea (1881-1958) arrivò ad Alessandria a quindici anni, nel 1896, e ne ripartì nel 1914. Ebbe un ruolo propulsivo nell'attività della "Baracca Rossa", sede di un'università popolare e ritrovo di esuli e 'liberi pensatori' di varie nazionalità. Fu qui che incontrò, intorno al 1906, Ungaretti.

[7] *NA*, pp. 517-8. Si veda in fondo l'elenco delle sigle usate per le opere di Ungaretti e Kavafis.

[8] Per la funzione del deittico in Ungaretti si vedano: O. Macrì, *Aspetti rettorici e esistenziali dell'"Allegria" di Ungaretti*, in *Realtà del simbolo*; C. Ossola, *PSI*; E. Sanguineti, *Tra Liberty e Crepuscolarismo*, Milano, Mursia, 1961. Anche se l'importanza del deittico "questo" e "quello" è stata ampiamente evidenziata dalla critica, non altrettanto però, mi sembra, è stato detto rispetto alla funzione 'deittica' dell'aggettivo possessivo. Tra gli esempi pure inclusi da Macrì in un lungo elenco (pp.24-25) sono stranamente assenti le ricorrenze del possessivo per "città" e "Affrica". L'unica altra specificazione di possesso 'geografico' si trova in *Roma occupata 1943-44*, *DO*: "*Mio fiume* anche tu, Tevere fatale / Ora che la notte già turbata scorre...", che postilla idealmente la notissima "questi sono i miei fiumi" citata da quasi tutti i commentatori.

[9] Rispettivamente in: *Silenzio*, *Monotonia* e *Giugno* [*AL*]. Vale forse la pena di notare che l'Italia è invece sempre "Patria" o "Italia". Cfr. *Popolo*, *AL* ("O Patria ogni età / s'è desta nel mio sangue"); *Italia*, *AL* ("Ma il tuo popolo è portato / dalla stessa terra / che mi porta / Italia"); *1914-15*, *ST* ("Chiara Italia, parlasti finalmente / Al figlio d'emigranti ... Patria fruttuosa, rinascevi prode..."); *Incontro a un pino*, *DO* ("in *Patria* mi rinvenni..."); *Accadrà?*, *DO* ("Tragica Patria .... Patria stanca delle anime...").

stata spazio di vita quotidiana e di imprescindibile esperienza umana ed intellettuale[10].

A mostrare l'Alessandria d'Egitto del giovane Ungaretti contribuiscono solo in parte la *Nota* introduttiva (accompagnata dalle note dell'autore a molte delle poesie di *Vita d'un uomo*) e gli articoli di *Quaderno egiziano*, che integrano alcuni degli spazi vuoti e dei silenzi delle poesie, tessendo la trama dell'autobiografia e rivelando associazioni sottese all'occasione del componimento poetico. A paragone dei molti riferimenti all'infanzia, infatti, quelli che riguardano l'esperienza e le esperienze alessandrine dell'età più adulta appaiono più ellittici e, in definitiva, reticenti.[11] Sconcerta, ad esempio, sia nella *Nota* che nelle note a *Vita d'un uomo*, la totale assenza di riferimento diretto a Kavafis, che pure Ungaretti conobbe ad Alessandria, e che incontrò un'ultima volta nel corso del viaggio in Egitto del 1931:[12] alla frequentazione del gruppo

---

[10] All'importanza del periodo della formazione giovanile di Ungaretti ad Alessandria richiamava già Leone Piccioni: "La nascita della poesia di Ungaretti avviene in un clima di rapporti letterari e culturali, del tutto a sé, appartato, fuori dalla *bagarre* italiana del tempo, fuori dalla polemica, e dalla necessità di una scelta, di una presa di posizione all'interno della nostra cronaca letteraria [...] è pur vero che la parte preparatoria della sua esplosione poetica è tutta legata all'Egitto", in *Prefazione* a VUP, pp. XV-XVII.

[11] A questo proposito appare significativa anche l'evasività che si coglie in una intervista radiofonica del 1961 ("Ungaretti racconta la sua vita", RadioTre), in cui Ungaretti, rispondendo ad una domanda su Gozzano, specifica di averlo letto per la prima volta quando Enrico Pea portò ad Alessandria un suo volume di poesie, e aggiunge: "quella di Gozzano era una poesia che non sentivo ... i miei *contatti* erano *d'altro ordine*" [corsivo mio].

[12] Come Ungaretti ricorda nel 1957, in occasione di una visita in Grecia: "Sono nato, è noto, in Alessandria d'Egitto, dove comunità greche ed italiane hanno contratto l'uso di sentirsi legate più che da interessi, dall'affetto. In Alessandria d'Egitto, ero ancora quasi un ragazzo, il primo gruppo di letterati a cui m'accostai, miei coetanei, fu quel gruppo del quale era organo la rivista "Grammata". Sedevamo tutte le sere insieme al caffè, e fra noi veniva anche Costantino Cavafy, un poeta che oggi la critica di ogni dove annovera tra i quattro o cinque veri del Ventesimo secolo. Mi furono *d'insegnamento inuguagliabile* le conversazioni con lui, per il quale non aveva segreti la sua lingua nel suo trimillenario mutarsi e permanere, né *la nostra Alessandria*, crogiolo di civiltà [...] Rividi Cavafy nel 1932, durante l'ultima visita che feci alla nostra città. Era già colpito dal male che l'avrebbe ucciso, e, stoicamente, per quella gentile forza d'animo che non abbandona mai un vero poeta, volle accompagnarmi nella ricognizione dei luoghi amati" [corsivo mio], in *Cavafy, ultimo alessandrino*, *VUS*, pp.666-669.

della rivista neo-Ellenica *Grammata*, infatti, si accenna di passaggio (senza però che venga nominato Kavafis) solamente in una delle note.[13]

Va aggiunto, inoltre, che nell''autoesegesi' ungarettiana posteriore (che come tale va a sua volta interpretata),[14] la localizzazione delle 'origini' sembra essere sempre più spostata (con un'operazione che talvolta appare di voluto depistamento) dalla città al deserto, verso un astorico territorio extraurbano, contrassegnato dall'"aridità" e spazio di "miraggi":

> Chi legga le mie poesie ... s'accorgerà che c'è al principio un'aridità, un'aridità bruciata, e una luce che provoca tale aridità allucinante, carica d'abbagli. ... Sono nato al limite del deserto e il miraggio del deserto è il primo stimolo della mia poesia.[15]

> Sono d'Alessandria d'Egitto: altri luoghi d'Oriente possono avere *le mille notti e una*, Alessandria ha il deserto, ha la notte, ha il nulla, ha i miraggi, la nudità originaria che innamora perdutamente e fa cantare a quel modo senza voce che ho detto....[16] [*NA*, p.505].

Ricercando attraverso le poesie di Ungaretti l'immagine e l'atmosfera dell'Alessandria di quegli anni – in definitiva lo "spirito" di cui parla Said – la sensazione che si prova inizialmente è quella di trovarsi di fronte ad un luogo scarnificato non solo di narratività, ma anche di segni di esperienza concreta, una città 'metafisica' ben diversa da quella molto fisica, palcoscenico di umanità, di Pea e da quella vibrante e 'sensuale' di Kavafis.

Nel percorso di ricerca dell'essenzialità che porta Ungaretti a "liberare

---

[13] Quella a *C'era una volta, Note*, p.524.

[14] Il problema della scelta tra "interpretare Ungaretti attraverso Ungaretti" o valutare l'importanza della sua poesia anche "cogliendone gli aspetti irrisolti e contraddittori, le esitazioni, perfino le aporie, piuttosto che le sicure acquisizioni" è affrontato da Mario Barenghi, in *Ungaretti - Un ritratto e cinque studi*, Modena, Mucchi, 1999, p.6.

[15] Testo radiofonico del '63, riportato da Barenghi, cit., p.24.

[16] Si noti la differenza tra "al limite del deserto" e "nel deserto". Il deserto come 'attributo' diretto di Alessandria (che, infatti, non si trova esattamente nel deserto) e quindi spazio natale, sembra comparire solamente nell'autobiografia ungarettiana posteriore. Nelle poesie lo spazio in cui viene situata Alessandria è infatti quello di una "piana" o "pianura". Cfr: "estese pianure" (*I Fiumi*); "piana striata di freschezza" (*Sogno*); "piana sterminata" (*Ricordo d'Affrica,* 1924).

la parola da ogni incrostazione sia letteraria che fisica",[17] scompaiono infatti progressivamente le denotazioni narrative, e del paesaggio di Alessandria rimane un disegno, composto di linee e volumi, che la riconduce quasi a pura forma, astrazione geometrica ed essenza spaziale: l'"Essenza"[18] di una città che si "empie" di luce come se non fosse essa stessa circoscritta nello spazio, ma lo spazio a sua volta fosse creato – quasi ab origine – dalla presenza della città.

A partire da una percezione illuminante il paesaggio di Alessandria d'Egitto diventa così un 'correlativo oggettivo', l'oggetto di un'esperienza sensoriale inscindibile dalla connotazione epistemologica che vi è contenuta. Questa città luogo della memoria, spazio unitario e armonico, non troverebbe però origine e giustificazione – viene da pensare – se non in una realtà che è stata quella dell'*hic et nunc* di una specifica dimensione temporale e storica, quella cioè dell'Alessandria precedente all'abbandono e alle "amputazioni"[19] lamentati da Said.

È evidente, anche ad una prima lettura, come l'elemento della luce, di una luminosità solare, sia determinante nella raffigurazione ungarettiana dello spazio di Alessandria. Non può non apparire coincidenza significativa, allora, il fatto che Marguerite Yourcenar, autrice di un fondamentale saggio su Kavafis, individui proprio nella presenza di una luce "tutta greca" che "bagna le cose" il tratto che contraddistingue l'Alessandria di "questo greco" da una "qualsiasi grande città mediterranea":

> Les cafés populaires, les rues assombries par la tombée du soir, les maisons mal famées ... ne sont présentés qu'en fonction de l'aventure humaine, de la rencontre et de l'adieu, et c'est ce qui prête une si juste beauté aux moindres esquisses de plein air et d'intérieur. Aussi bien que d'Alexandrie, il pourrait d'ailleurs s'agir du Pirée, de Marseille, d'Alger, de Barcelone, de n'importe quelle grande ville méditerranéenne. ... Mais une lumière toute grecque continue subtilement à baigner les choses: légèreté de l'air, netteté du jour,

---

[17] Giuseppe De Robertis, *La formazione della poesia di Ungaretti*, in *VUP*, p.410.

[18] Cfr. *NA*, p.504.

[19] "In Cairo you see evidence of many different narratives, identities, histories, most of them only partially there, many of them now either ragged or diminished. But Cairo has not really suffered the amputations Alexandria has.", Said, cit., p.345.

hâle sur la peau humaine.[20]

Yourcenar non fa nessun confronto e tantomeno stabilisce paralleli tra la poesia di Kavafis e quella di Ungaretti, anche se riporta "... quelques lignes sobres de Giuseppe Ungaretti évoquant, dans une laiterie du boulevard de Ramleh, à Alexandrie, à la table des jeunes rédacteurs de la revue *Grammata* ... un Cavafy sentencieux, compassé, mais affable, disant de temps à autre quelques mots qu'on n'oubliait pas".[21]

È vero che – al di là del comune tema alessandrino – la poetica e le tematiche di Kavafis ed Ungaretti non appaiono facilmente accostabili. Eppure nei riferimenti ad Alessandria, che entrambi raramente nominano, limitandosi altre volte a definirla, quasi per antonomasia, "città", si incontrano talvolta immagini simili, che sembrano rinviare ad un'essenza della città percepibile solo da chi ne abbia conosciuto intimamente il 'paesaggio'.

E a volte si ha come l'impressione che tutti e due si rivolgano ad un lettore implicito, con il quale si può stabilire una sorta di complicità proprio sulla base di punti di riferimento e di una 'lingua' comuni.[22] Colpisce, ad esempio, nella poesia di Kavafis *Tomba di Iassis* (1917),

---

[20] Marguerite Yourcenar, *Présentation Critique de Constantin Cavafy*, in *Essais et mémoires*, Paris, Gallimard, 1991, pp.135-36.

[21] Ibid., p.134.

[22] Segnalerò via via, con la sigla *DKU*, nel corso di questa lettura, analogie di immagini tra poesie di Kavafis ed Ungaretti, senza pretesa di rigore critico. Una verifica della possibile (se pure circoscritta) intertestualità tra i due alessandrini, infatti, dovrebbe innanzitutto tenere conto delle varianti interpretative tra le diverse traduzioni dal neo-greco di Kavafis. Altra variabile, ancora più difficile da analizzare, è quella dell'esatta datazione delle poesie, soprattutto quelle di Kavafis, che aveva l'abitudine di rielaborare anche le poesie già distribuite in 'foglietti'. È impossibile, naturalmente, sapere se Kavafis avesse letto poesie di Ungaretti, però si può ipotizzare che questi abbia potuto contribuire con letture di suoi versi giovanili agli incontri del gruppo dei poeti alessandrini che si riunivano attorno al gruppo di *Grammata*. Non sembrerebbe inoltre improbabile che ad Alessandria, dove Ungareti aveva lasciato la madre e il fratello, sia arrivato *Porto Sepolto*. Viceversa, credo si possa dare per scontato che Ungaretti avesse letto o possedesse copie di poesie distribuite da Kavafis. Tra l'altro Robert Liddel, biografo di Kavafis (che però non menziona Ungaretti), riporta che "Nel 1912 [Kavafis] aveva dato in dono le proprie poesie all'italiano Pea", in Robert Liddel, *Kavafis: biografia*, Milano, Crocetti, (trad. di Marina Lavagnini), 1998, p.175. (Titolo dell'originale inglese: *Cavafy, a Critical Biography*, London Gerald Duckworth &Co., 1974).

161

quella che suona quasi come una citazione dell'incontro tra i concittadini Farinata e Dante nell'*Inferno*:

> ... O tu che passi, se di Alessandria sei / Non mi giudicherai ! / Tu la rapina della nostra vita / Conosci: e come bruci, e quali / Eccessi attinga, il piacere... .[23]

Versi che sembrano riecheggiare, come in un ellittico dialogo anche questo tra concittadini, quelli iniziali del *Silenzio* (1916) di Ungaretti:

> Conosco una città / che ogni giorno s'empie di sole / e tutto è rapito in quel momento ...

Analizzando, tra l'altro, come si manifesti il "ricordo" nella poesia di Kavafis, Yourcenar osserva che la sua è "une mémoire-image, une mémoire-idée quasi parménidienne"[24] e conclude che: "D'ordinaire, ce n'est pas tant la résurrection du passé qu'il recherche qu'une image de celui-ci, une Idée, peut-être une Essence".[25]

A questo proposito si potrebbe aggiungere che anche in Ungaretti il ricordo di Alessandria[26] si esprime in 'immagini-memoria', nelle quali l'immagine appare quasi il momento sincronico di partenza e ritorno di una memoria che, immergendosi nel flusso spazio-temporale, si fa "memoria-idea".

Come pure che, nell'italo-alessandrino, il movimento del ricordo tende a raggiungere "un'Idea, forse un'Essenza" attraverso lo stesso processo di "distillation du souvenir"[27] rilevato da Yourcenar in Kavafis.

---

[23] In *KCE*.

[24] Yourcenar, cit., p.152.

[25] Ibid., p.153.

[26] *DKU* : in Kavafis (considerando a parte, naturalmente, le poesie ambientate nel passato storico) nonostante che la memoria agisca dall'interno dell'"amata città", il punto di osservazione appare spesso situato a distanza. Si veda ad esempio *Di sera* (1917): "... Quei giorni di passione li ho riuditi, / Il loro suono mi è venuto accanto, / La giovinezza che bruciammo, un sussulto ... E soccombendo alla malinconia / Per distrarre la mente mi affacciai / Al balcone, perché il fluire / Dell'amata città un pò mi lambisse, / E il trepidare dei commerci, la via...", *KCE*.

[27] Ibid., p.158.

2. "L'infinito cerchio": *L'Allegria*, in particolare *Il Porto Sepolto*

Immagini-memoria di Alessandria che si fanno, già nel momento in cui affiorano, "memoria-idea", sono presenti in modo costante e coerente nella poesia di Ungaretti, per lo meno fino al 1932, l'anno successivo al viaggio in Egitto che lo riporta per la prima volta, dopo quasi venti anni, nei luoghi della prima giovinezza. Dopo questa data sembra cambiare qualcosa, e il filo della memoria si tende fin quasi a spezzarsi, come cercherò di illustrare più avanti.

Gli elementi geometrici che delineano la città sono già contenuti in *Paesaggio di Alessandria d'Egitto*[28] (1915), una delle prime poesie di Ungaretti e la prima delle uniche tre occorrenze in cui viene usato il nome della città[29].

È un paesaggio immerso nella luce abbagliante evocata dall'immagine iniziale di "verdura estenuata dal sole", inscritto in uno spazio fortemente segnato dalla concretezza di presenze fisiche e di suoni:

> La verdura estenuata dal sole // il bove bendato prosegue il suo giro ... // L'acqua mesciuta si distende barcollante. / Si risotterra durante il viaggio. ... Il fellà è accoccolato nell'antro / del sicomoro ritto sulle proboscidi / che escono di terra ... col moto uguale di anelli ... Il fellà canta / gorgoglio di passione di piccione innamorato / nenia noiosa delizia ...

Il movimento dell'animale che aziona la pompa del pozzo, unito a quello dell'acqua e delle radici – elementi questi ultimi che sembrano assumere vita propria – disegna nello spazio una geometria circolare, ribadita nell'immagine dell'antro e della 'nicchia' ritagliata dalla figura del "fellà ... accoccolato nell'antro" e ancora, sinesteticamente, in quella del "gorgoglio" dell'acqua e della nenia. Tutta la scena è poi avvolta dalla nenia, in cui è racchiuso il "canto arabo" al quale Ungaretti riconduce l'influenza della poesia araba sulla propria:

> Quel vociare piano che torna, e torna a tornare, nel canto arabo, mi colpiva .... In quel salmodiare s'insediava il valore d'Essenza e ne

---

[28] Pubblicata nel 1915 su *Lacerba*, inserita poi in *Poesie disperse*, *VUP*.

[29] Le altre due si trovano in *1914-1915*, (1932), *Leggende*, *ST*: "Ti vidi, Alessandria, / friabile sulle tue basi spettrali...", e *in Monologhetto*, *Un grido e paesaggi*, (1939-1952): "Era burrasca, pioveva a dirotto / A Alessandria d'Egitto in quella notte...".

divenivo quasi inconsapevolmente consapevole. [*NA*, p.504].

Lo stesso elemento di circolarità, unito a quello della profondità e dello slancio verso l'alto, ritorna nella geometria semantica di alcune tra le prime poesie dell'*Allegria*: *Levante, Tappeto, Ricordo d'Africa, Notte di maggio* e *Chiaroscuro*.[30] In *Levante*,[31] mentre la nave si allontana dal porto e "a poppa emigranti soriani ballano", "La linea / vaporosa muore / al lontano cerchio del cielo" e nella memoria del poeta si fissa l'immagine dei vicoli di un quartiere della città abitato prevalentemente da ebrei:

... Di sabato sera a quest'ora / Ebrei / laggiù / portano via / i loro morti / nell'imbuto di chiocciola / tentennamenti / di vicoli / di lumi / ...

In *Tappeto* le immagini dei colori di Alessandria si fondono in una trama unitaria ("...ogni colore si espande e si adagia / negli altri colori..."), mentre nella *Notte di maggio* appare di nuovo un' immagine circolare, quando "Il cielo pone in capo / ai minareti / ghirlande di lumini".

Il ricorrere di immagini circolari, su cui si è soffermata la critica da Macrì ad Ossola e Cambon,[32] offre una chiave interpretativa importante

---

[30] In *Ultime*, scritte a Milano nel 1914-15, la prima "raccoltina" (come Ungaretti definì le suddivisioni delle raccolte) de *L'Allegria*.

[31] **DKU*: Assente nel *Porto Sepolto* del 1916, *Levante* è fusione di varianti della molto più lunga e narrativa *Nebbia*, inclusa nella raccolta *Poesie disperse* (non datate). Azzarderei che i seguenti versi di *Nebbia*: "E abbiamo finalmente smarrito l'itinerario della città ... Ma le strade percorse ora riprincipiare non più ..." richiamano piuttosto da vicino quelli di una delle più famose poesie di Kavafis, *La città* (1910): "... Un inseguito dalla città tu sei. Un deambulare / per trite vie il tuo. Nei ribaditi / Spazi di quel quartiere farti vecchio, / Incanutire tra stanze consuete. / Ogni Altrove non è che questa riva, / Questa città ... " [KCE]. E ancora, nei versi di *Nebbia*: "A poppa / Gli emigranti soriani / ballavano // a un suono / di piffero", sintetizzati nell'unico verso "A poppa emigranti soriani ballano" di *Levante* , sembra esserci un'eco degli altri versi kavafiani: "Quando tra le musiche incantate udrai / Un bisbigliare di corteo invisibile / A mezzanotte sorgere, e svanire; ... È Alessandria che parte; tu salutala / Come pronto da tempo, come un forte ... (Questo è degno di te, che meritasti / Tale città in dono) va' sicuro ... Manda un addio a quella che tu perdi, / Ad Alessandria; dagli incanti / Strumenti e suoni del divino tìaso / Un'estasi verrà, per te, suprema", in *Il dio abbandona Antonio*, 1911, KCE.

[32] Macrì analizza in particolare il significato di simboli collegati all'

164

per cogliere la connotazione filosofica presente nella dimensione spazio-temporale della memoria ungarettiana di Alessandria: una connotazione, questa, che si richiama non solo a Leopardi, ma anche alla rappresentazione dell'idea di infinito nell'antica simbologia egiziana (l'"infinito cerchio"). All'origine è l'esperienza sensoriale che il poeta rintraccia nella "prima infanzia":

> Ci sono due elementi della mia prima infanzia ... e presto verranno a sorprendermi nel senso d'ispirazione poetica. Innanzitutto, la notte, la notte e il suo traffico: voci di guardiani notturni: si rincorrevano, venivano, s'allontanavano[33]: *Uaed!* ..., ritornavano *Uaed!*..., ogni quarto d'ora, rifatto il giro intorno al mio orecchio infantile. Era il primo percepire dell'infinito, d'un infinito cerchio, come già gli antichi Egiziani usavano rappresentarlo nel mordersi la coda di un serpente. [*NA*, p.498].

Un'analoga percezione dell'infinito è determinata anche da esperienze diurne, come in *Ricordo d'Affrica*, dove è ancora il carattere abbagliante della luce a contraddistinguere la qualità dello spazio 'rapito' da un sole che cancella i tratti topografici, riconducendo la natura stessa della città all'essenza di spazio primigenio. Qui il tempo è azzerato ad un momento

---

"elemento acqueo, fluviale e marino", sottolineando esempi che richiamano all' "archetipo dell'acqua materna" (cit., pp. 26-31). Ossola prosegue nella linea interpretativa di Macrì e nel commento su *A riposo* sottolinea: "L'area simbolica che si delinea (il "nido", la "corolla di tenebre", come altrove l' "urna") [...] richiama naturalmente alle tenebre del "porto sepolto", ai penetrali d'innanzi nascita, alle acque materne, agli archetipi delle cosmologie equoree...", *PSI*, pp. 124-5. G. Cambon, sottolineando che "... le memorie dell'Egitto musulmano hanno un gran posto nel diario dell'*Allegria*" e che "Ungaretti non fu immune dal fascino della civiltà araba, da lui sentita come esaltazione dei sensi e ossessione del vuoto, quindi come languore, voluttà, musica serpentina", commenta che in *Levante*, come in molte altre "pagine dell'*Allegria* ... la grazia dell'arabesco può fungere da rivalsa sulla brutalità organizzata ... e naturalmente da scampo momentaneo ... nella fantasia del "nomade" che non scorda il suo nativo Oriente, *divenutogli ormai fiaba e miraggio*." [corsivo mio], cit. pp.70-4. Su Cambon si veda anche, più avanti, la nota alla poesia *Preghiera*.
[33] **DKU* : cfr. Kavafis, *Le voci* (1904): "Dei morti, dei perduti / Come morti, per noi, voci ideali, / Amatissime voci... / Udibili nei sogni, talvolta: / Dalla mente pensosa, / A volte, percepite. / Nel loro suono, / Del poetico aprirsi, per un attimo, / Di questa nostra vita qualche accento / Riaffiora; e già è un lontano / Nella notte, di musica, svanire", *KCE*.

in cui scompare (o non è ancora apparsa) la distinzione tra vita e morte:

Il sole rapisce la città // Non si vede più // Neanche le tombe resistono molto

Le tombe, testimonianza di un tempo rinchiuso tra un inizio e una conclusione, vengono allora riassorbite in uno spazio-tempo quasi ossimoricamente aspaziale e atemporale .
L'immagine delle tombe è ripresa nel primo verso di *Chiaroscuro*: "Anche le tombe sono scomparse / Spazio nero infinito calato / da questo balcone / al cimitero"; ma negli ultimi versi le tombe scomparse ritornano ("Tornano le tombe"), insieme alla memoria del "compagno arabo" suicida, a cui sarà dedicata la poesia di apertura de *Il Porto Sepolto*. È dunque – foscolianamente – la memoria che, attraverso la poesia, genera il tempo, sottraendo per un momento alla distruzione ciò che a questa è continuamente sottoposto.
Di fronte alla distruzione continua di testimonianze effimere, di una storia comunque transitoria, quello che rimane è lo spazio primordiale, l'"infinito cerchio" dell'esistenza universale, nel quale si ricongiungono e dissolvono gli elementi del paesaggio di Alessandria, in una visione spazio-temporale in cui si colloca anche il sentimento del tempo, della morte e del nulla:

È nel significato di quel nonnulla che sembra apparisca la prima presa di coscienza dell'essere stesso che io sono [...] Alessandria è nel deserto, in un deserto dove la vita è forse intensissima dai tempi della sua fondazione, ma dove la vita non lascia alcun segno di permanenza nel tempo. Alessandria è una città senza un monumento, o meglio senza quasi un monumento che ricordi il suo antico passato. È una città dove il sentimento del tempo, del tempo distruttore è presente all'immaginazione prima di tutto e soprattutto. E dicendo *nulla*, in particolare ho pensato, difatti, a quel lavorio di costante annientamento che il tempo vi produce. [...] Voglio insistere su uno dei tre elementi: quello del lutto. Tutte le settimane, tutte, mia madre mi conduceva al camposanto.[...] Sentimento della morte, sino dal primo momento, e attorniato da un paesaggio annientante: tutto si sgretola, tutto, credo di averlo già detto: tutto non ha che una durata minima, tutto è precario. Ero preda, in quel paesaggio, di quella presenza, di quel ricordo, di quel richiamo, costante, della morte. [*NA*, pp.497-499].

A questa Alessandria – con esplicito segnale toponomastico – si richiama il "porto sepolto" luogo sospeso tra realtà e mito, emblema di una città che "si consuma e s'annienta", che non conserva la memoria nel paesaggio visibile, ma solo nei recessi di qualcosa che non appare più, forse non è mai apparso o non è mai stato.

Di un "porto sommerso", racconta Ungaretti, gli parlarono ad Alessandria i fratelli Jean ed Henry Thuile, due giovani ingegneri e scrittori francesi, che abitavano fuori Alessandria, ai confini con il deserto:

> Mi parlavano d'un porto, d'un porto sommerso, che doveva precedere l'epoca tolemaica, provando che Alessandria era un porto già prima d'Alessandro, che già prima d'Alessandro era una città. Non se ne sa nulla. Quella mia città si consuma e s'annienta d'attimo in attimo. Come faremo a sapere delle sue origini se non persiste più nulla nemmeno di quanto è successo un attimo fa? Non se ne sa nulla, non rimane altro segno che quel porto custodito in fondo al mare, unico documento tramandatoci d'ogni era d'Alessandria. Il titolo del mio primo libro deriva da quel porto: *Il Porto Sepolto*. [*NA*, p.519].

Ne *Il Porto Sepolto*[34] si accentua la metafisicità dello spazio e all'interno della sua geometria emerge con forza, oltre al segno di profondità dell'"abisso",[35] quello dello slancio verso l'alto, del riaffiorare alla superficie. All'abisso sono collegati lo scavo alla ricerca di ciò che è nascosto sotto quello che il tempo ha cancellato[36], delle radici ancestrali, quasi di un'esistenza originaria, e il lavoro del poeta alla ricerca dell'"Essenza". Solo lo slancio verso l'alto del canto può riportare alla luce, in superficie, l'ineffabilità del "segreto" come nei versi dell'eponimo *Il porto sepolto*:

---

[34] Seconda "raccoltina" de *L'Allegria*, nella quale confluiscono (con poche varianti) poesie della prima edizione de *Il Porto Sepolto* del 1916. La riedizione *PS1* di questa *editio princeps* è stata magistralmente curata da Carlo Ossola.

[35] Di "*Tradizione e intertestualità , imitatio e contaminatio*" nel simbolo dell'abisso e del porto parla a lungo Ossola, in *PS1*, pp.103-11.

[36] **DKU* : cfr. Kavafis, 1892: "Dentro il mio cuore sono scritte / molte poesie; e li amo / quei miei *canti sepolti*" [corsivo mio], *KCE* (in *Poesie nascoste*, Milano, Crocetti, 1985).

Vi arriva il poeta / e poi torna alla luce con i suoi canti / e li disperde // Di questa poesia / mi resta / quel nulla / d'inesauribile segreto

Molto significativa, in questo contesto, è la posizione dedicatoria di *In memoria*, prima poesia della "raccoltina" (nonostante sia posteriore ad altre per data di composizione), dove torna "il mio compagno arabo / che s'è ucciso l'altra sera" di *Chiaroscuro*, del quale viene inciso il nome come sopra un'epigrafe: "Si chiamava / Mohamed Sheab".
A Parigi, dopo aver lasciato Alessandria ed essere diventato "Marcel", Sceab

... non sapeva più / vivere / nella tenda dei suoi / dove si ascolta la cantilena / del Corano / gustando un caffè // E non sapeva / sciogliere / il canto / del suo abbandono… .

Come se il non essere riuscito a conservare dentro di sé, nel nuovo mondo, la "tenda dei suoi" e "la cantilena" del canto arabo gli avesse anche fatto perdere il "segreto" della sua identità araba. L'arabo Sceab, che ha perso la memoria del segreto – e da questa perdita è stato perso – diventa allora metonimia di altre presenze della città di Alessandria taciute nelle poesie, delle persone che Ungaretti aveva frequentato insieme a lui, incontrate in quel "caffè remoto" di *C'era una volta* che, come il poeta stesso annota: "Allude a uno di quei caffè frequentati dai miei amici che facevano la rivista neo-ellenica "Grammata" e dove andavamo Sceab ed io a sorbirci il serale yogourth":[37]

Bosco Cappuccio / ha un declivio / di velluto verde / come una dolce / poltrona //
Appisolarmi là / solo / in un caffè remoto / con una luce fievole / come questa / di questa luna[38]

---

[37] *Note*, p.524.
[38] Verrebbe da escludere che il "remoto" alluda a luoghi "favolistici" o a un senso di favolistica lontananza. Piuttosto potrebbe suggerire un'idea di separatezza e di intimità all'interno dei caffè (tra cui il "Pastroudis" frequentato da Kavafis) luogo di ritrovo degli intellettuali alessandrini. Cfr. anche Contini: "Il nucleo della lirica sta in quel "caffè", nel quale si consuma un'intera serie di memorie; e il valore della parola penetra tutta la poesia, così da segnare ogni altro vocabolo, che par tendere a quello o muoverne necessariamente", *Su Giuseppe Ungaretti*, in *Esercizi di lettura*, Torino, Einaudi, 1974, p.45.

In *Lindoro di deserto* ritorna la parola "compagno",[39] che si estende, per analogia, ai luoghi del vissuto comune da cui entrambi si erano allontanati:

> ... Mi si travasa la vita / in un ghirigoro di nostalgie // Ora specchio i punti di mondo / che avevo compagni / e fiuto l'orientamento // Sino alla morte in balia del viaggio... .

Il "cerchio infinito" appare di nuovo nelle immagini di *Fase d'Oriente*, dove anche il sole che "vendemmia" sembra riportare ad una circolarità di movimento:

> Nel molle giro di un sorriso / ci sentiamo legare da un turbine / di germogli di desiderio // Ci vendemmia il sole // Chiudiamo gli occhi / per veder nuotare in un lago / infinite promesse... .

Talvolta, però, mentre il segreto s'inabissa sempre di più, in superficie appare il "miraggio", la nicchia dell'oasi, come in *Tramonto*: "Il carnato del cielo / sveglia oasi / al nomade d'amore"; ma il miraggio scompare di nuovo, lasciando l'anima "sola" e "nuda":

> ... Ma ben sola e ben nuda / senza miraggio / porto la mia anima (*Peso*).

Per la prima volta qui, Ungaretti si riconosce "nomade",[40] mentre

---

[39] Si noti però che nell'ordine di datazione delle poesie da parte di Ungaretti sia *Lindoro* che *C'era una volta* precedono *In memoria*, e quindi alla nominazione ("si chiamava Sceab") si arriverebbe solo dopo l'evocazione dei "compagni" di *Lindoro* e de "i caffè" di *C'era una volta*. Va aggiunto inoltre che la parola "compagni" sembra essere sempre connotata dal riferimento a compagni di scuola (ad Alessandria Ungaretti frequentò prima la scuola salesiana *Don Bosco*, poi l'*Ecole Suisse*). Molto significativa, a questo proposito, la dichiarazione di Ungaretti : "*Ho avuto sempre compagni* appartenenti a qualsiasi suddivisione religiosa. In ogni paese d'Oriente ci sono, è noto, cento riti antichissimi di cristianesimo, e di più ci sono i musulmani, e di più ci sono gli ebrei. I miei compagni erano ragazzi che appartenevano a tutte le credenze e alle più varie nazionalità. È *un'abitudine presa dall'infanzia quella di dare, certo, un'importanza alla propria nazionalità, ma insomma di non ammettere che non potesse essermi fratello chi ne avesse un'altra*" [corsivo mio], *NA*, p.504.

[40] Vocabolo assente in *Ultime*, *AL*. Ritornerà più tardi nel "nomade adunco" di

riappare, immerso nella luce dell'Oriente, il "miraggio",[41] uno degli elementi che nell'autobiografia ungarettiana segnano l'appartenenza alla terra africana:

> Il miraggio. Nel Sahara, i beduini, l'occhio esorbitato, la lingua di fuori secca, non sapevano come salvarsi dalla loro condizione di rantolanti. Da laggiù, laggiù, allora, dalla scalea di strati di compatta luce contagiati sul suolo percosso da solleone martoriato di rabbia, mentre la sua luce rarefatta rimbalzava attraversata da strati più densi: nel cuore di quegli abbagli sovrapposti brusca eleggeva la luce sospesa capovolta una sembianza di dimore felici. ... Nacque a quel modo il gusto e la passione di slanciarmi, di tuffarmi, di imbozzolarmi in miraggi. [*NA*, pp.502-3].

"Miraggio" tuttavia non è solo l'"abbaglio", ma anche l'immagine del desiderio che dall'Egitto evoca il paesaggio dell'Italia, un altrove ancora non conosciuto, impossibile da prefigurare nella sua alterità rispetto al paesaggio noto e familiare, che è ancora solamente quello arabo. E del "miraggio", della ricongiunzione al mondo del padre e degli antenati, è 'figura' un altro porto, quello che per il ragazzo Ungaretti esiste alla superficie del *Porto Sepolto*:

> Alessandria è anche il porto. La mia prima infanzia l'ho trascorsa in un quartiere distante dal mare. Ogni tanto andavamo al porto, quando a mia madre occorreva acquistare la legna per il fuoco del nostro forno. Vi andavamo anche quando arrivavano dall'Italia amici, o quando qualcuno vi faceva ritorno. Il porto è stato quindi un po' per me il miraggio dell'Italia, di quel luogo impreciso e perdutamente amato per quanta notizia ne avessi dai racconti in famiglia. Si tratta della mia prima infanzia, di quel momento della vita che rimane nella mente tuffato nella notte o nel solleone del miraggio. [*NA* , p.502].

Come però dall'Egitto l'immaginazione si era proiettata in avanti, verso il luogo dei racconti di famiglia,[42] da quello che ora è l'opposto

---

Dolina notturna, in *Naufragi*.
[41] Già apparso nel "Morire come le allodole assetate / sul miraggio..." di *Agonia*, in *Ultime*, *AL*.
[42] Cfr. *Lucca*: "A casa mia, in Egitto, dopo cena, recitato il rosario, / mia madre ci parlava di questi posti. / La mia infanzia ne fu tutta meravigliata...", in

punto di osservazione italiano – la lacerazione e la disarmonia del campo di battaglia – la memoria torna indietro, ricercando armonia nelle immagini della città natale. E a barlumi, in un'altra[43] *Fase*, il poeta si immerge in un "pozzo d'amore", cercando riposo "nell'occhio / di mill'una notte", dove:

> ... Agli abbandonati giardini / ella approdava come una colomba // Fra l'aria / del meriggio / ch'era uno svenimento / le ho colto / arance e gelsumini

In *Silenzio* ritornano alla memoria le immagini del momento in cui Alessandria ("la mia città"), sparisce alla vista, lasciando il senso di calore e di vicinanza di un "abbraccio":

> Conosco una città / che ogni giorno s'empie di sole / e tutto è rapito in quel momento // Me ne sono andato una sera // Nel cuore durava il limio / delle cicale // Dal bastimento / verniciato di bianco / ho visto / la mia città sparire / lasciando / un poco un abbraccio di lumi nell'aria torbida / sospesi

Anche qui, come in *Ricordo d'Africa*, la città è "rapita" dal sole, ma l'uso del passivo in funzione aggettivale sfuma il "rapisce" della poesia precedente, accentuando la connotazione quasi di smagamento – dell'abbandonarsi da parte della città all'effetto della luce abbagliante – evocata da questa "immagine-idea" ricorrente. L'idea contenuta in entrambe le poesie, infatti, sembra essere quella di un dissolversi dei particolari del paesaggio e dello stesso elemento umano all'interno dello spazio creato dalla luce: spazio che si "empie" di sole come se fosse finito e infinito allo stesso tempo, separato e racchiuso in un'armonica sfericità originaria i cui contorni si disegnano, mentre il poeta se ne allontana, nella circolarità dell'orizzonte.[44]

Prime , AL.
[43] Come nota Contini: "Anche Ungaretti ha qualche sua formula riferibile a un sistema di critica della vita: per esempio, "fase": "Cammina cammina / ho ritrovato / il pozzo d'amore" è una *Fase*; c'è una *Fase d'Oriente*; e in *Trasfigurazione*: "Mi sento negli occhi / attenti alle fasi / del cielo", cit., pag. 45.
[44] Non concorderei qui con le conclusioni di Vivienne Souvini-Hand, la cui attenta lettura delle poesie di tema egiziano ha comunque il merito di proporre una interpretazione collegata all'esperienza biografica di Ungaretti. Souvini-Hand individua nelle poesie riferite all'Egitto "opposing viewpoints", derivanti

In questo senso – pur nella similarità dell'immagine – appare invece molto diversa la connotazione della parola "rapina"[45] nella già citata *La tomba di Iassis* di Kavafis ("Tu la rapina della nostra vita / Conosci: e come bruci..."), che evoca piuttosto un'estenuazione dei sensi, una dissipazione di energie vitali nella città dalla quale non si riesce ad allontanarsi e che proprio con la sua "rapina" impedisce di farlo ("un inseguito dalla città tu sei"). Un rapporto di passionale conflittualità, quello di Kavafis con Alessandria, che però, altrove, è lo stesso "fluire dell'amata città"[50] a placare.

Nel fragore del campo di battaglia, dell'aria "crivellata ... dalle schioppettate" di *In dormiveglia*, ad Ungaretti torna l'eco dei rumori di vita quotidiana della città lontana:

> ... Mi pare / che un affannato / nugolo di scalpellini / batta il lastricato / di pietra di lava / delle mie strade / ed io l'ascolti / non vedendo / in dormiveglia[51]

La disarmonia di un rumore familiare, però, viene riassorbita dal dormiveglia nel rassicurante luogo natale, al quale è ribadita l'appartenenza in quel "mie strade".

È ancora sul campo di battaglia, nelle acque dell'Isonzo, che per la prima volta si ricompongono le identità finora separate: la nascita e il passato egiziano confluiscono idealmente nell'origine toscana e nell'adozione francese, e l'acqua dei quattro fiumi sugella il simbolico battesimo della rinascita. A "ricevere il sole", tuttavia, l'uomo nuovo si china "accoccolato ... come un beduino"[52] e la nuova nascita è coronata, negli ultimi versi, da una "corolla di tenebre", che richiama la "ghirlanda di lumini" che si disegnava nel cielo di Alessandria.

---

da una natura antitetica dei sentimenti di Ungaretti nei confronti della città natale, e nella lettura di questa poesia e di *Ricordo d'Affrica* legge una connotazione "negativa" dell'Egitto nell'uso del verbo 'rapire' ("which has harsh, invasive connotations") riferito alla "blinding nature of the Egyptian sun". Cfr.V. Souvini-Hand, *Mirage and Camouflage – Hiding behind Hermeticism in Ungaretti's "L'Allegria"*, Troubador, 2000, pp.27-41.

[45] "Rapina" è peraltro la traduzione scelta da Ceronetti per il greco *hormé*.

[50] Cfr. *Di Sera*, già citata.

[51] "Allude agli scalpellini pugliesi assunti dal Municipio d'Alessandria per lastricare con pietre di lava le strade della città", *Note*, p.524.

[52] *I Fiumi*, in *PS*, *AL*.

In *Monotonia*[53] "Ungaretti uomo di pena" languisce sotto la "volta appannata" di un cielo incapace della luminosità di quello della terra africana, e "il tentennare" dei vicoli di Alessandria ha ceduto il passo ad un "groviglio di sentieri". Persa è anche l'armonia dell'"arpeggio" del canto arabo:

> Fermato a due sassi / languisco / sotto questa / volta appannata / di cielo // Il groviglio dei sentieri / possiede la mia cecità // Nulla è più squallido / di questa monotonia // Una volta / non sapevo / ch'è una cosa / qualunque / perfino / la consunzione serale / del cielo // E sulla mia terra affricana / calmata / a un arpeggio / perso nell'aria / mi rinnovavo[54]

A tratti lo spazio può nuovamente illuminarsi e farsi benigno, come ne *La notte bella*:

> ... Sono stato / uno stagno di buio // Ora mordo / come un bambino la mammella / lo spazio...

In altri momenti, tuttavia, il poeta cade in un "labirinto": "... questo pazzo ha voluto sapere / cadendo nel labirinto...", mentre "il cuore in ascoltazione" si scopre a "seguire / come una scia / una scomparsa navigazione" (*Perché?*).

Nel *Commiato* dedicato ad Ettore Serra, ultima poesia della "raccoltina", l'immagine conclusiva de *Il Porto Sepolto* è quella dell'abisso, in simmetria con l'immagine dell'immersione alla ricerca del segreto con cui si era aperto:

> ... Quando trovo / in questo mio silenzio / una parola / scavata è nella mia vita / come un abisso

In questo "abisso" resta dunque sepolto il segreto dell'esistenza

---

[53] *DKU*: cfr. l'identico titolo *Monotonia* della lirica di Kavafis : "Il monotono giorno da un monotono / identico giorno è seguito. Cose identiche / si faranno e rifaranno nuovamente - / momenti identici incombono e dileguano...", *KPO*.

[54] *Monotonia* riprende, con varianti non sostanziali, *Paesaggi*, *PS1*, a proposito del quale Ossola commenta: "All' *impossibilitas dicendi* dell'oggi corrisponde insomma l'armonia del ricordo, 'l'arpeggio' percepibile nel remoto, "adagiato sulla mia terra africana...", in *PS1*, p.203.

originaria di un'Alessandria che in superficie mostra solo le "macerie" del passato e quello "sgretolamento" che sembra costituirne il destino. Ma come dall'abisso può essere "scavata" "una parola", così nel paesaggio disegnato in superficie dalla poesia resta una traccia del "segreto", dell'"Essenza" della città: è la luminosità che la "rapisce" e la "vendemmia", è il canto del *fellah* che vibra nell'aria, sono i "caffè remoti" dove si appartano a dialogare i giovani intellettuali levantini ed arabi.

L'impressione che ne deriva è che questa armonia di immagini non sarebbe possibile se non nel riferimento ad un'armonia di convivenza, ad un flusso di vita e di esperienza quotidiana, una circolazione di idee e di sentimenti. Quelli di una città che può solo essere l'Alessandria d'Egitto della giovinezza di Ungaretti, non una "qualsiasi grande città mediterranea" né un repertorio di immagini mitiche o favolistiche. Fissata in uno spazio-tempo dell'anima e della mente, ma anche del corpo e delle percezioni sensoriali; che può diventare "luogo" di poesia e di "rinvenimento"[55] solo in quanto è stata momento di vita vissuta e di intensa esperienza.

Uno spazio aperto, crocevia di culture e di lingue, ma anche 'nicchia' appartata tra cielo, mare e deserto, fuori dalla "*bagarre* italiana", racchiusa ma espansa nell'"infinito cerchio" della propria autoreferenzialità; spazio disarmonico ed armonico allo stesso tempo, luogo di smemoratezza e di memoria ancestrale, del mistero mai svelato, del "sentimento del tempo". Dove tutte le esistenze individuali sono espressione di un'esistenza universale che nel proprio ciclo riassorbe e fonde le antinomie. Lo "spirito" – quello forse di cui era alla ricerca Edward Said – di un momento storico in cui il riconoscimento del segno dell'universalità, al di là delle differenze, era ancora possibile. O immaginabile. Di un "paese innocente",[56] cercato ma non più ritrovato.

Il *nostos* alla ricerca del "paese innocente" prosegue dopo *Il Porto Sepolto* nelle poesie di *Naufragi*:[57] "E subito riprende / il viaggio..." (*Allegria di naufragi*). L'allontanamento fisico dalla terra natale si

---

[55] M. Barenghi nota che per Ungaretti "*Poesia* è un luogo – una dimensione, uno spazio – suscettibile di rinvenimento, piuttosto che di reinvenzione", in *Ungaretti: Un ritratto e cinque studi*, Milano, Mucchi, 1999, p.20.

[56] *Girovago*, in *Girovago, AL*. L'immagine del "girovago", un nomade non ancora "esule", richiama quella del "vagabondo indolente" di *Paesaggio d'Alessandria d'Egitto*.

[57] *Prime*, scritte tra Parigi e Milano nel 1919, terza "raccoltina" di *AL*, che chiude *AL* in parallelo inverso ad *Ultime*, che l'aveva aperta.

174

accentua, ma appare quasi frutto di costrinzione piuttosto che di scelta, come in *Lontano*:

> Lontano lontano / come un cieco / m'hanno portato per mano

A questo allontanamento fisico si oppone la rinnovata dichiarazione di appartenenza alla terra natale:

> ... Ora / il sereno è chiuso / come / a quest'ora / nel mio paese d'Africa / i gelsumini... (*Giugno*).

In *Sogno*[58] torna ancora il ricordo di Alessandria:

> Ho sognato / stanotte / una / piana striata / d'una / freschezza // In veli / varianti / d'azzurr'oro / alga

In *Ritorno*[59], tuttavia, "l'azzurro scuro delle profondità ... si è franto" e ne *L'Affricano a Parigi*[60] è proprio la diversa percezione spaziale a connotare lo spaesamento, il contrasto tra la 'città-continente' di appartenenza e Parigi:

> Chi trasmigrato da contrade battute dal sole dove le donne nascondono polpe ubertose e calmo come reminiscenza arriva ogni urlo, / Chi dall'esultanza di mari inabissati in cieli scenda a questa città, trova una terra opaca e una fuligine feroce. / Lo spazio è finito.
> ...

È uno spazio "finito" ed "opaco"che non può riflettere le immagini luminose e ridenti di *Un sogno solito*:[61]

> Il Nilo ombrato / le belle brune / vestite d'acqua / burlanti il treno // Fuggiti

Solo in un'ultima *Preghiera*,[62] allora, può essere evocato lo spazio

---

[58] "La *piana* a cui si allude è quella di Alessandria, stretta nelle braccia del mare.", *Note*, p.525.
[59] In *Prime* : Parigi – Milano 1919.
[60] Ibid.
[61] Ibid.
[62] Ibid. Non a caso anche ultima poesia di *AL*.

della perfezione circolare:

> Quando mi desterò / dal barbaglio della promiscuità / in una
> limpida e attonita sfera // Quando il mio peso mi sarà leggero // Il
> naufragio concedimi Signore / di quel giovane giorno al primo
> grido[63]

3. Distanziamenti e riavvicinamenti della memoria: *Sentimento del Tempo* e *Quaderno Egiziano*

Con il passaggio alla diversa stagione esistenziale e poetica[64] del
Sentimento del tempo (1919-35) la "scia" del percorso di allontanamento
dalla città natale si assottiglia progressivamente. Sparisce, tra l'altro, la
puntuale datazione che invece contrassegnava il 'diario' dell'*Allegria* (le
poesie della nuova raccolta sono suddivise in "raccoltine" tematiche), si
diradano le note ai testi dell'autore e le analogie della memoria si fanno
molto più elusive.

In *Prime*[65] il legame con la terra natale sembra evocato
malinconicamente in *O notte* (1919), dove l'immagine del deserto,
accostata a quella della perdita del "libero slancio" vitale della gioventù,
assume una forte connotazione di inaridimento:

> ... O gioventù, / passata è appena l'ora del distacco. // Cieli alti
> della gioventù, libero slancio. // E già sono deserto. /[66]...

In un 'altro' *Paesaggio* (1920), alla "mattina" con la sua "corona di

---

[63] Commenta Glauco Cambon: "Si noti l'archetipo spontaneo della sfericità
come simbolo di perfezione, armonia assoluta, coi precedenti parmenidei,
empedoclei, danteschi e - sì - dickinsoniani (la Dickinson elevò la parola-
immagine *Circumference* a rango privilegiato, in senso affine a quelli che qui
Ungaretti attribuisce a "sfera" e "globo.)", cit., p.45.

[64] Come evidenzia Contini: "L'*Allegria* dava il senso delle cose presenti e
istanti, e in più d'un'invalicabile distanza; svolta una tal posizione fino a invertirla
al possibile, Ungaretti mette ora l'accento sopra la distanza. [...] *Sentimento del
Tempo* [...] s'imposta sopra un cambiamento di tempo.", cit. p.61.

[65] Scritte ancora a Parigi. Il titolo si riaggancia a quello delle *Prime* conclusive
dell'*Allegria*.

[66] Vocabolo usato per la prima volta nel titolo *Lindoro di deserto* (in *PS1* e
AL) e successivamente nella poesia *Distacco* (con varianti tra *PS1* e *Al*) e in
Godimento , *Naufragi*, *AL*.

freschi pensieri", segue un "meriggio" dove "l'invadente deserto formicola d'impazienze" e si contrappone infine la "notte", quando: "... Tutto si è esteso, si è attenuato, si è confuso. / Fischi di treni partiti. ...".

Allo stesso modo, ne *Le stagioni* (1920) l'"illusa adolescenza" della prima parte presagisce, nel "*riflesso*" di "*uno stormo di tortore*",[67] il momento finale, dove "anche il sogno tace".

L'idea della perdita forse irreparabile è ribadita nella forte negazione iniziale e nelle successive iterazioni di *Ricordo d'Affrica* del 1924 (malinconico richiamo al *Ricordo d'Affrica* del 1914); qui lo "spazio tra la piana ... e il mare", il protettivo luogo del rifugio e dell'armonia di altri momenti, è perso:

> Non più ora tra la piana sterminata / E il largo mare m'apparterò, né umili / Di remote età, udrò più sciogliersi, chiari, / Nell'aria limpida, squilli; ...

E mentre nel *Silenzio* del 1916 la linea del cielo lasciava l'immagine circolare di "un abbraccio di lumi nell'aria", qui:

> "... È solo linea vaporosa il mare / che un giorno germogliò rapace, / E nappo d'un miele, non più gustato / Per non morire di sete, mi pare / La piana,[68] ...".

Anche l'uso dell'attributo "rapace", fortemente connotato, sembra fare da contrasto al polisemico "rapire" del primo *Ricordo* ("il sole rapisce la città"). Come se, per inversione semantica, la "rapacità" del mare consistesse nell'aver rigettato il navigante lontano da sé (e lontano da Alessandria), mentre il sole 'rapiva' la città dentro di sé.

Tracce di uno spazio ancora illuminato dalla luce d''Oriente' possono essere individuate qua e là ne *La fine di Crono*[69], ad esempio nella "spaziosa calma" di *Apollo*. La luce, tuttavia, cede progressivamente all'oscurità e alle ombre in *Inno alla morte* (1925): "... È l'ultima volta che miro .... la scia di luce..." e in *Lido* (1925), dove dalla luce si ritorna nell'"oscuro":

> ... Conca lucente che all'anima ignara / il muto sgomento rovini /

---

[67] In corsivo nel testo.

[68] Indubbio (per affinità alle altre ricorrenze di "piana") riferimento ad Alessandria.

[69] Seconda "raccoltina" del *Sentimento del Tempo*.

... Anima ignara che torni dall'acqua / e ridente ritrovi / L'oscuro, / ...

"Memoria-idea", quest'ultima, ribadita con uguali parole in *Lago Luna Alba Notte* (1927):

> ... Conca lucente, / trasporti alla foce del sole ! // Torni ricolma di riflessi, anima, / E ritrovi ridente / L'oscuro... / ...

Persa la "luminosa sfera" e gli "abissi" custodi del segreto del "porto sepolto", si aprono "gorghi" in *Nascita d'aurora* (1925): "... È l'ora che disgiunge il primo chiaro / Dall'ultimo tremore. // Del cielo all'orlo, il gorgo livida apre. ..."; la gioventù si fa "impietrita" sull'orlo di un abisso minacciosamente diverso da quello del "porto sepolto":

> Gioventù impietrita, / O statua, o statua dell'abisso umano... / ... (*Statua*, 1927).[70]

Si accentua l'oscurità nella "stanca ombra nella luce polverosa" di *Ombra*[71] (1927), nel "sole moribondo" e nell'"ultimo fiammeggiare d'ombra" (*Di Sera*, 1928).[72]

Il nomadismo è diventato ormai esilio: "... E mi sento esiliato in mezzo agli uomini..." (*La pietà*, 1928)[73] e, come le rovine di Alessandria , anche la memoria sembra sgretolarsi:

> ... Figlia indiscreta della noia, / Memoria, memoria incessante, / Le nuvole della tua polvere, / Non c'è vento che se le porti via? / ... (*Caino*, 1928).[74]

In due poesie del 1929 la memoria ritorna però ai "segreti" delle notti dell'infanzia e della giovinezza alessandrine:

> Fui pronto a tutte le partenze. // Quando hai segreti, notte hai pietà. // Se bimbo mi svegliavo / Di soprassalto, mi calmavo udendo /

---

[70] In *Sogni e accordi, ST.*

[71] Ibid.

[72] Ibid.

[73] In *Inni, ST.* Se non vado errata, questa è la prima occorrenza di riferimento all'esilio in senso autobiografico. Precedente a questo è solo "l'esule universo" di *Eco*, in *Sogni e accordi, ST.*

[74] Ibid.

Urlanti nell'assente via, / Cani randagi. Mi parevano / Più del lumino alla Madonna / Che ardeva sempre in quella stanza, / Mistica compagnia. // ... (*Capitano*)[75]

Era una notte urbana, / Rosea e sulfurea era la poca luce / Dove, come da un muoversi dell'ombra, / Pareva salisse la forma ... E dal fondo del mio sangue straniato / Schiavo loro mi fecero segreti ... (*Primo Amore*)[76].

Ancora, successivamente, per non cadere nel baratro, il poeta si appella alla gioventù:

Bel momento, ritornami vicino. // Gioventù, parlami / In quest'ora voraginosa. // O bel ricordo, siediti un momento. // Ora di luce nera nelle vene / E degli strilli muti degli specchi, / Dei precipizi falsi della sete... / ... (*Ti svelerà*, 1931).[77]

È all'interno di questa temperie umana e poetica che si colloca il viaggio in Egitto del 1931, il ritorno dopo quasi venti anni, raccontato in *Quaderno egiziano*.[78]

Non è possibile qui entrare in un'analisi approfondita di questo testo – non esclusivamente giornalistico[79] – e seguire il percorso di quello che, a mio parere, è un doppio binario di riavvicinamento/distanziamento rispetto ad Alessandria.

Mi limiterò ad alcune annotazioni, premettendo che se ci si aspetta di

---

[75] In *Leggende, ST*.

[76] Ibid.

[77] In *Una colomba, ST*. Annota Ungaretti: "Il prodigio del momento poetico e della presenza del passato accentuano il sentimento tragico della fuga del tempo. Non si può nulla cogliere, se non sotto forma di ricordo poetico, come se la morte sola fosse capace di dar forma e senso a ciò che fu vissuto. La durata interna è composta di tempo e di spazio, fuori del tempo cronologico [...] La memoria trae dall'abisso il ricordo per restituirgli presenza, per rivelare al poeta se stesso", *Note*, p.537.

[78] *QE* raccoglie i dodici articoli - datati dal 9 luglio al 3 dicembre 1931 - che Ungaretti scrisse cone inviato della *Gazzetta del Popolo* di Torino, più tardi raccolti, insieme ad altre prose di viaggio, in *Il deserto e dopo. Prose di viaggio e saggi*.

[79] "L'assunto giornalistico qui non è che l'appiglio di una narrazione in profondità; la cronaca è storia interiore; la descrizione, sondaggio", Cambon, cit., p.139.

trovare in *Quaderno* una rivisitazione da parte di Ungaretti dell'Alessandria (e dei luoghi e delle persone) dei primi ventiquattro anni di vita, si rimane delusi: dei dodici articoli-capitoli del *Quaderno*, infatti, sei si riferiscono al Cairo, e degli altri sei solamente tre alla città di Alessandria, mentre gli altri sono titolati "Il Mecs", che è la 'riviera di ponente' di Alessandria, la località ad est del porto dove abitavano i fratelli Thuile. Nei tre 'capitoli' alessandrini, inoltre, dopo il primo – che contiene la narrazione della partenza dall'Italia, del viaggio e dell'arrivo ad Alessandria – Ungaretti passa dal racconto personale all'*excursus* storico.

Nel secondo e nel terzo, infatti, viene tracciata la storia di Alessandria, sottolineando il permanere di una continuità dell'impronta greca nell'Egitto pre-islamico: dalla fondazione della città, attraverso l'Alessandria romana e l'arrivo del cristianesimo, fino al periodo bizantino. Arrivato a questo punto Ungaretti conclude: "Con l'invasione araba, nel 641, Alessandria muore. E d'Alessandria antica, di nove secoli di questa città sopra il suolo, non è rimasto ritto nulla?" [*QE*, p.38].

Anche negli articoli dal Cairo il procedimento è quello del passaggio dal racconto in prima persona ad un *excursus* storico, pure di grande interesse, sulla "Rivalità di tre potenze", dove si dà un quadro della storia dell'Egitto dopo la spedizione napoleonica e dei rapporti intercorsi tra Francia, Impero Ottomano e Inghilterra, con le vicende che portarono all'autonomia dell'Egitto dall'Impero ottomano prima e alla dominazione inglese poi. A questo segue un articolo su "Il lavoro degli Italiani", dove viene esaltato il ruolo degli italiani, di "generoso consiglio" e di disinteressata attività nel campo dell'egittologia, dei lavori pubblici, della sanità, della burocrazia. Salvo poi concludere: "I nostri interessi qui sono soprattutto culturali ed economici. E, per il debito di riconoscenza che l'Egitto moderno ha verso di noi e per la sollecitudine di un ulteriore sviluppo che lo anima, questi interessi reclamano, da parte dell'Egitto, una tutela lungimirante" [*QE*, p.63].

I tre articoli scritti al Mecs sono invece un'occasione per ricordi d'infanzia – di cui peraltro Ungaretti è sempre abbastanza prodigo – ma vi si intravedono anche nuclei tematici e simbolici che saranno ampliati successivamente (ancora il "sentimento del tempo" e la morte).

Mi sono dilungata in queste specificazioni, perché mi pare che la limitatezza numerica e il contenuto stesso degli articoli di ambientazione alessandrina riflettano da una parte la reticenza di Ungaretti, cui accennavo all'inizio, sul periodo della gioventù ad Alessandria, e dall'altra siano frutto (e costruzione) di una scelta di distanziamento di cui non è facile capire le motivazioni.

In ogni caso, non si può non notare come in *Quaderno* il punto di osservazione interno sia spostato dall'Alessandria 'urbana', dalle sue strade e dai suoi caffè, verso il territorio extraurbano ed astorico del deserto. Si può dunque far risalire a questi scritti (oltre che ad alcune delle poesie di *Sentimento del Tempo* che li precedono) la 'desertizzazione' ungarettiana delle proprie origini, accompagnata dalla 'desertizzazione' esistenziale. In questo senso non si può non concordare (almeno in gran parte) con il giudizio di Cambon che vede ne *Il deserto e dopo* una tappa fondamentale della elaborazione di una "autobiografia mitica".[80]

Alcuni aspetti del *Quaderno*, però, impediscono di considerarlo espressione di un totale distanziamento. Quello che vi si legge, piuttosto, è un' oscillazione tra riavvicinamento e distacco: il riavvicinamento di chi ritorna nel luogo dove è nato e cresciuto (quasi inevitabilmente l''arabo' Ungaretti) e il distacco invece dell'osservatore esterno, il 'giornalista', inevitabilmente italiano e 'occidentale'. È significativo, ad esempio, che una delle prime immagini, all'arrivo ad Alessandria, sia quella di una reazione che è di riconoscimento e disconoscimento allo stesso tempo: guardandosi attorno Ungaretti nota che "gli uomini portano ancora la *galabia*", ma subito dopo esprime fastidio per i segni di occidentalizzazione visibili nella diversa foggia e nel materiale della tunica (ha il taglio di una camicia occidentale e non è di cotone egiziano); aggiunge poi che "le donne anch'esse si occidentalizzano. Alcune non portano più il nobile manto tradizionale col velo nero... E le gambe, messe in mostra dalle vesti corte, non sono belle..." [*QE*, p.21]

Subito dopo, però, prevale in Ungaretti il riconoscimento della familiarità del paesaggio in cui è cresciuto e la città natale ritorna, anche se conflittualmente, ad essere "mia":

> Com'è disordinata questa città! Tutte queste lingue che s'incrociano; queste insegne, italiane, francesi, arabe, greche, armene, delle botteghe; l'architettura; il gusto! Qual Merlin Cocai s'è divertito a inventarla? Non so quale rancore m'invade, d'amarla, questa mia città natale! [*QE*, p.22].

Il poeta ritrova inoltre il "profumo d'alghe"di *Sogno*:

> Ora ho un sogno, perché ho risentito il profumo delle alghe di

---

[80] Cambon, cit., p.146-7.

questo mare. Un profumo unico al mondo. La sua freschezza pungente qui è enorme, come la nausea che gli è legata. [*QE*, p.23].

Il disappunto per l'occidentalizzazione è manifestato nuovamente in uno degli articoli dal Cairo, che descrive la serata trascorsa con un amico in un locale dove è rappresentata "una *pochade*" in arabo. Qui Ungaretti stigmatizza come segno di "puerilità di un popolo" la contraddizione tra l'inneggiare alla libertà che si leva ad un certo punto dal pubblico e la rinuncia quotidiana alle tradizioni arabe che ha invece riscontrato rivedendo il paese.[81]

Si percepisce, in definitiva, un disagio, direi quasi una schizofrenia, tra l'Ungaretti che (come un arabo legato alle tradizioni) reagisce con insofferenza all'occidentalizzazione culturale e l'Ungaretti 'italiano', che rappresenta la "Patria", un'Italia inserita (se pure in ruolo di second'ordine) nel gioco delle potenze coloniali e amica del re 'fantoccio' Farouk. Non è secondario, tra l'altro, che gli articoli legati all'attualità calchino l'accento sull'emigrazione italiana vista sotto la luce più consona al regime, quella cioè dell'Italia portatrice di civiltà e di disinteressato aiuto.

È impossibile e fuori tema, qui, affrontare il controverso argomento relativo all'Ungaretti 'fascista', chiedendosi se e fino a che punto questa identità potesse essere in conflitto con la doppia appartenenza che aveva contrassegnato il lungo periodo di vita ad Alessandria. Al tempo stesso non si può ignorare che Ungaretti – quale inviato di un giornale italiano – ha un ruolo 'ufficiale' e che questi sono gli anni in cui l'uomo, se pur non sempre il poeta, aderisce maggiormente allo spirito patriottico del regime ("Chiara Italia, parlasti finalmente / Al figlio d'emigranti..."[82]).

Un "figlio di emigranti",[83] dunque, che – pur senza eccessiva enfasi –

---

[81] "La sala è ammattita *Vive! Vive! Vive!*". "Che succede?" "Nulla" mi spiega l'amico. "E' una manifestazione politica. Gridano: Viva la libertà! [...] La libertà? Quale libertà? Di conservare le loro tradizioni? Ma se ogni giorno è una nuova rinunzia. [...] Tradizione i *clubs* femministi? Hanno anche i *clubs* femministi! Tradizione il desiderio di portare la bombetta invece del *tarbush*? E questo Parlamento che vogliono piuttosto così anziché così, è tradizione? E quel *vive*! Quel francese *vive*! è tradizione? In verità l'uomo non è mai libero...." , *QE*, pp.41-2.

[82] In *1914-15, ST*.

[83] I genitori di Ungaretti erano emigrati in Egitto nel periodo di grande flusso d'emigrazione italiana collegata ai lavori del Canale di Suez. Dopo la morte del padre (in seguito ad una malattia contratta in questo lavoro) quando Ungaretti

offre il suo tributo alla madrepatria, sorvolando sul debito di riconoscenza nei confronti dell' Egitto e sull'accoglienza che Alessandria in particolare aveva offerto non solo ad emigranti come i genitori, ma anche ad esuli politici e a 'liberi pensatori'. Ed ovviamente tacendo sulla propria stagione 'anarchica' della "Baracca Rossa" (non a caso qui non viene menzionato Enrico Pea, pure sempre ricordato con affetto in periodi e scritti successivi).

Meno comprensibile è il silenzio di Ungaretti su Kavafis (che per la sua non ignorata omosessualità poteva certamente risultare sgradito alla 'cultura' fascista), se si considera il fatto che l'anno precedente il rumoroso Marinetti[84], anche lui inviato in Egitto dalla *Gazzetta del Popolo* di Torino, aveva riferito di una serata passata ad Alessandria a casa del poeta, che in quell'occasione aveva dato lettura di alcune delle sue poesie.

Non sorprendente ma pur sempre sconcertante, invece, il fatto che né in *Quaderno* né in saggi critici posteriori si trovi alcun accenno alla scrittrice Fausta Cialente,[85] la cui casa ad Alessandria era diventata un punto di ritrovo di intellettuali europei ed egiziani e successivamente di oppositori al fascismo negli anni dal 1921 al 1947, quando la Cialente visse in Egitto insieme al marito.

Il *Quaderno*, in definitiva, appare contrassegnato da un' irresoluzione tra un doppio punto di vista: quello di un Ungaretti in (se pur parziale) conflitto tra "terra affricana" e "Patria". È indubbio, tuttavia, che dopo questo ritorno i riferimenti ad Alessandria e all'Egitto diventeranno molto più saltuari e cambieranno di tono, facendo apparire più evidente il distanziamento.

---

aveva due anni , la madre continuò l'attività del forno che avevano acquistato.

[84] F.T. Marinetti, nato ad Alessandria nel 1876, la lasciò per trasferirsi a Parigi nel 1893. Gli articoli dall'Egitto, uscirono tra il marzo del 1930 e il dicembre 1931 e furono successivamente unificati in *Il fascino dell'Egitto* (in *Teoria e invenzione futurista*, Milano, Mondadori, 1968).

[85] Sembra improbabile che Ungaretti non sapesse niente di lei: *Natalia*, primo romanzo della Cialente (1898-1994), era uscito a Roma nel 1929, e aveva vinto il "Premio dei dieci", assegnato da una giuria di dieci autori illustri, tra cui Massimo Bontempelli. *Cortile a Cleopatra*, ambientato ad Alessandria e terminato nel 1931, fu pubblicato nel 1936 da Corticelli, Milano. A questo seguirono altri due romanzi di ambientazione egiziana: *Ballata Levantina*, Feltrinelli, Milano, 1961 e *Il vento sulla sabbia*, Mondadori, Milano, 1973.

4. "La sorte dell'esule"

Subito dopo il viaggio in Egitto solo una poesia torna esplicitamente al 'paesaggio' di Alessandria, ma il tono, che nell'"immagine-memoria" della partenza si riallaccia idealmente alla ormai lontana *Levante* , sembra quello di un congedo definitivo:

> Ti vidi, Alessandria, / Friabile sulle tue basi spettrali / Diventarmi ricordo / In un abbraccio sospeso di lumi // ... (*1914-5*).[86]

In un'altra poesia dello stesso anno, *Canto Beduino*,[87] c'è invece un momentaneo abbandono al canto arabo, come se solo in questo fosse possibile riprodurre un' armonia ormai perduta.

> Una donna s'alza e canta / La segue il vento e l'incanta / E sulla terra la stende / E il sogno vero la prende // Questa terra è nuda / Questa donna è druda / Questo vento è forte / Questo sogno è morte.

Dopo il 1932, con rare eccezioni, la produzione poetica di Ungaretti si interrompe, fino alla ripresa de *Il Dolore*, la cui prima poesia, *Tutto è perduto* (1937),[88] si apre significativamente con l'immagine della perdita dell'infanzia:

> Tutto ho perduto dell'infanzia / E non potrò mai più / Smemorarmi in un grido. / ...

Perdita dolorosamente ribadita nella poesia immediatamente successiva, *Se tu mio fratello*:

> ... Ma di te, di te più non mi circondano / Che sogni, barlumi, / I fuochi senza fuoco del passato // La memoria non svolge che le immagini /...

Il motivo della perdita della memoria ritorna ciclicamente in composizioni di anni più tardi, come *Il tempo è muto*:[89]

---

[86] In *Leggende* (1932), *ST*.
[87] In *L'Amore* (1932), *ST*.
[88] In *Tutto è perduto*, *ST*.
[89] In *Il Tempo è muto* (1940-45), *DO*.

Il tempo è muto fra canneti immoti ... // ... I cieli / già decaduti a baratri di fumi.... // Proteso invano all'orlo dei ricordi, /...

Nella penultima poesia del *Dolore* anche le tracce di "un pensiero fedele" scompaiono inghiottite da un mare che sembra "riversarsi" nel deserto e acquisirne lo stesso potere di "cancellare le orme":

I ricordi, un inutile infinito, / ... Il mare, / .... Rapido a cancellare le orme dolci / D'un pensiero fedele... // ... I ricordi, / Il riversarsi vano / Di sabbia che si muove / Senza pesare sulla sabbia, / Echi brevi protratti, / Senza voce echi degli addii / A minuti che parvero felici... (*Ricordi*)[90].

Fino ad arrivare all'ultimo verso di *Terra*, poesia conclusiva de *Il Dolore*, dove ormai "... Il grido dei morti è più forte...".

Nel successivo viaggio della *Terra Promessa*,[91] infine, "Itaca" si allontana nel momento stesso in cui se ne varcano le mura, quasi la vera Itaca fosse quella da cui era iniziato il viaggio di ritorno, non quella a cui si è finalmente approdati:

... D'Itaca varco le fuggenti mura, / So, ultima metamorfosi all'aurora, / Oramai so che il filo della trama / Umana, pare rompersi in quell'ora. / / Nulla più nuovo parve della strada / Dove lo spazio mai non si degrada / Per la luce o per tenebra, o altro tempo. (*Canzone*).

Ancora una volta, qui, Ungaretti sembra dialogare con il concittadino Kavafis, che in *Itaca*[92] aveva scritto:

Quando ti metterai in viaggio per Itaca / devi augurarti che la strada sia lunga / fertile in avventure e in esperienze. ... Che i mattini d'estate siano tanti / quando nei porti – finalmente, e con che gioia – / toccherai terra tu per la prima volta. .... Sempre devi avere in mente Itaca – / Raggiungerla sia il pensiero costante. / Soprattutto, non affrettare il viaggio; / fa che duri a lungo, per anni, e che da vecchio / metta piede sull'isola, tu, ricco / dei tesori accumulati per strada /senza aspettarti ricchezze da Itaca. / Itaca ti ha dato il bel viaggio, /

---

[90] In *I Ricordi* (1942-46), *DO*.
[91] In *TP*.
[92] *Itaca* (1911), in *KRD*.

senza di lei mai ti saresti messo / in viaggio: che cos'altro ti aspetti? E se la trovi povera, non per questo Itaca ti avrà deluso. / Fatto ormai savio, con tutta la tua esperienza addosso / Già tu avrai capito ciò che Itaca vuole significare.

'Dialogo' ripreso e concluso da Ungaretti negli *Ultimi cori per la Terra Promessa*:[93]

... Accadrà di vedere / Espandersi il deserto / Sino a farle mancare / Anche la carità feroce del ricordo? / ... / Verso meta si fugge: / Chi la conoscerà? // Non d'Itaca si sogna / Smarriti in vario mare, / Ma va la mira al Sinai sopra sabbie / Che novera monotone giornate / Si percorre il deserto con residui / Di qualche immagine di prima in mente, // Della Terra Promessa / Nient'altro un vivo sa. //... Poi mostrerà il beduino, / Dalla sabbia scoprendolo / Frugando col bastone, / Un ossame bianchissimo. /...

Nel momento in cui il viaggio si avvicina alla fine, però, è la *Superstite infanzia*[94] che parla ancora ad "Ungà":

Un abbandono mi afferra alla gola / Dove mi è ancora rimasta l'infanzia. // Segno della sventura da placare. // Quel chiamare paziente / Da un accanito soffrire strozzato / È la sorte dell'esule. / ...

Sigle usate per le opere di Ungaretti

1. *VUP* = Giuseppe Ungaretti, *Vita d'un uomo. Tutte le poesie*, a cura di Leone Piccioni, Milano, Mondadori, 1969.
2. NA [in VUP] = "Nota introduttiva", in *Note* a cura dell'autore e di Ariodante Mariani.
3. Raccolte di *VUP* citate:
AL = *L'Allegria* (1914-1919); *DO* = *Il dolore* (1937-1946); *ST* = *Sentimento del Tempo* (1919-1935); *TP* = La Terra promessa, Frammenti 1935-1953; *TV* = *Il Taccuino del Vecchio* (1952-1960).
4. *VUS*: Giuseppe Ungaretti, *Vita d'un uomo. Saggi e interventi*, a cura di Mario Diacono e Luciano Rebay, Milano, Mondadori, 1974.
5. *PS1* = *Il Porto Sepolto*, a cura di Carlo Ossola, Venezia, Marsilio, 1990.
6. *QE*: *Quaderno Egiziano*, in *Il Deserto e dopo. Prose di viaggio e saggi*, Milano, Mondadori, 1961.

---

[93] In *TV*.
[94] In *Ungà*, prima "raccoltina" del *Dialogo* (1966-68), *VUP*.

Sigle usate per le opere di Kavafis citate (nel testo mi sono adeguata alla grafia "Kavafis", preferita in italiano secondo l'uso corrente per la lingua neogreca. Ho mantenuto nelle citazioni la grafia "Cavafy", preferita in inglese e francese)

1. K*CE* = C. Kavafis, *Un'ombra fuggitiva di piacere*, a cura di Guido Ceronetti, Milano, Adelphi, 2004.

2. K*PO* = C. Kavafis, *Poesie*, a cura di F.M. Pontani, Milano, Mondadori, 1972.

3. *KRD* = C. Kavafis, *Settantacinque Poesie*, a cura di Nelo Risi e Margherita Dalmati, Torino, Einaudi, 1992.

* D*KU* = Sigla usata nelle mie note per segnalare richiami ('dialogo') tra poesie di Ungaretti e Kavafis.

Marco Sonzogni

Minuzie montaliane[*]

1. Premessa: gli *spazi privilegiati* di questo intervento...

Qualche parola, per cominciare, sui confini argomentativi del mio contributo. La variabilità delle definizioni di termini quali *spazio* e *spazialità*, e l'adattabilità delle loro applicazioni, sono tali da giustificare un intervento in cui i correlativi *oggettivi* di questi paramentri definitorî – o, piuttosto, i correlativi *soggettivi*, riccorrendo alla formula suggerita da Piero Bigongiari (che, anche per chi scrive, sembra la più consona per Montale, data la fitta intersezione tra la sua vita e la sua opera) – escano, a un certo punto, dai binari lungo i quali le loro matrici (tradizionalmente e intuitivamente intese) scorrono. Questa giustificazione mi sembra inoltre legittimata dal fatto che gli spazi di cui mi occuperò sono particolarmente, direi anzi simbolicamente, montaliani.

La spazialità del mio intervento andrà progressivamente restringendosi e trasformandosi, con il «favore»[1] del *medium musaico* e dell'ispirazione

---

[*] Questo articolo riprende la quarta sezione – intitolata *L'ombra di Clizia:* La figlia che piange e Lullaby – della mia tesi di dottorato: «Cher Maître et Ami». Edizione critica delle lettere di Eugenio Montale a Valery Larbaud e altri documenti montaliani (1925-1939). In forma orale, e in inglese, questo intervento – intitolato *With Clizia's Passport: Montale's Translations of T.S. Eliot's* La figlia che piange *and Léonie Adams'* Lullaby – è stato presentato alla conferenza «Value and Visibility: Poetic Translations across Italy and the UK in the Twentieth Century» tenutasi alla University of London, Institute of Romance Studies, School of Advanced Studies, il 10 e l'11 settembre 2004 (gli atti sono in corso di stampa). Una versione più ampia di questo saggio uscirà nel 2005 sulle pagine dell'«Italianist». Dedico auguralmente questo intervento a Julia Maria Seemann, che ha saputo accogliere e ascoltare, con pazienza e sensibilità, la voce di Eugenio Montale.

[1] Si tratta di un termine montaliano. Nella seconda strofa dell'undicesimo mottetto delle *Occasioni*, il poeta scrive infatti: «La tua voce è quest'anima diffusa. / Su fili, su ali, al vento, a caso, col / favore della musa o d'uno ordegno» (cfr. E. MONTALE, *L'anima che dispensa*, in ID., *L'opera in versi*. Edizione critica a cura di R. BETTARINI e G. CONTINI, Einaudi, Torino, 1980, p. 143).

189

poetica, da contenitore a contenuto. Ecco allora che mi "trasferirò", per così dire, dai macro-spazi di tre città – Firenze e Milano, in Italia, e New York, nella «Nuova Inghilterra» (come Montale definisce gli Stati Uniti nella lirica che prenderò tra poco in esame[2]) – ai sub-spazi di parti di esse – il «Gabinetto Vieusseux» e la Pensione «Annalena» a Firenze; la Biblioteca Comunale «Sormani» e l'appartamento del poeta in Via Bigli a Milano; l'Archivio del «Sarah Lawrence College» a Bronxville, nello stato di New York, nonché quattro aeroporti: quello di «Ciampino» (Roma), quello di «Shannon» (nell'ovest dell'Irlanda), quello di «Gander» (Terranova) e quello di «Idlewilde» (New York) – per arrivare infine ai micro-spazi – tanto "idealmente" quanto "fisicamente" terminali – di un libro, sopravvissuto all'alluvione fiorentina del 1966, e di un foglietto, ad esso allegato.[3] Sono questi gli spazi privilegiati del poeta e di chi ha la pazienza di seguire i movimenti dei suoi pensieri e delle sue parole.

2. Montale e lo spazio poetico della traduzione

Due osservazioni preliminari. [4] In primo luogo, se la bibliografia relativa

---

[2] Cfr. E. MONTALE, *Interno/Esterno*, in *L'opera in versi*, cit., p. 698.

[3] Per una completa descrizione di questo volume e del documento in esso contenuto rimando alla quarta sezione del presente contributo.

[4] Non sono molti gli scritti in cui Montale parla apertamente della traduzione. Quelli che seguono mi sembrano i piú diretti e quindi i piú significativi: «Per la traduzione, *Arsenio* sarebbe adatto perché riunisce in breve molti miei temi; ma deve uscire sul Criterion e temo che se appare prima in francese, Eliot possa rinunziarci. E al *Monthly Criterion* tengo, per quanto lo sappia agonizzante. Ti lascio però liberissimo nella scelta. Vedi tu quel che senti meglio rinascere in te con parole diverse. Io credo che se non ti proponi una rigida fedeltà (non ci tengo) riuscirai bene e troverai qualche approssimazione, semiritmo ecc. che renda lo spirito di questa poesia. Forse *Marezzo* si presterebbe a un giuoco di quartine zoppicanti e altalenanti come il mare. Oppure tre o quattro ossi brevi, che mi sembrano traducibili in quartine esitanti come quelle del Rilke di *Vergers*. Oppure *Arsenio* e vada in malora Eliot, che in fondo potrebbe pubblicarlo lo stesso (del resto lo stamperà in italiano e in inglese)» (Cfr. E. MONTALE, *Lettere a Nino Frank*, a cura e con introduzione di F. BERNARDINI NAPOLETANO, in «Almanacco dello Specchio», n. 12, a cura di M. FORTI, Mondadori, Milano, 1986, p. 33 (il passo in questione è espunto dalla lettera databile tra il 22 febbraio e il 5 marzo 1928); «Tradurre è difficile, in certo senso piú difficile che scrivere opere originali. Si può diventare un grande scrittore in proprio usando poche centinaia di

alla teoria e alla pratica della traduzione "poetica"[5], in generale è imponente e intimidatrice, quella sulla sua presenza e sul suo significato all'interno del canone montaliano, in particolare, è, sì, meno estesa, ma altrettanto autoritaria. Detto questo, la traduzione poetica è un ponte multiculturale, stretto ma aperto, gettato tra letteratura e linguistica: e aperta dovrebbe quindi restare anche ogni discussione sui processi traduttivi. In secondo luogo, e di conseguenza, la "natura" di queste considerazioni su Montale tradotto e traduttore è quella di riflessioni in forma di appunti alle quali sono affidate, ricorrendo al titolo di una lirica montaliana, «conclusioni provvisorie». Un atteggiamento e una terminologia di conveniente prudenza che, credo, Montale stesso avrebbe forse consigliato, anche per via etimologica. Nella sua provvisorietà,

---

parole; ma per tradurre occorre una vasta tastiera e una profonda conoscenza di almeno due lingue (quella *da cui* e quella *in cui* si traduce) e dei possibili scambi, delle possibili equivalenze delle due lingue in giuoco» (cfr. E. MONTALE, *Buon anno senza perle ai traduttori mal pagati*, in «Corriere d'Informazione», 28-29 dicembre 1949; ora in ID., *Il secondo mestiere. Prose 1920-1979*, a cura di G. ZAMPA, Mondadori, «I Meridiani», Milano, 1996, I, p. 886); «In due modi, quando si è uomini di qualche cultura, si può essere dialettali: o traducendo dalla lingua, giocando sull'effetto di novità che il trasporto può imprimere anche a un luogo comune, o ricorrendo al dialetto come ad una lingua vera e propria, quando la lingua sia considerata insufficiente o impropria a una ispirazione. Il secondo caso è il piú valido e il piú interessante; ma i due modi possono essere presenti nell'interno dello stesso poeta, anzi lo sono quasi sempre. E non è detto che il primo caso non possa dare risultati poetici perché tradurre poesia è uno dei possibili modi di far poesia originale» (cfr. E. MONTALE, *La musa dialettale*, in «Corriere della Sera, 15 gennaio 1953; ora in ID., *Il secondo mestiere. Prose 1920-1979*, cit., I, p. 1494;); «Pare dunque che l'opera d'arte esista solo per chi l'ha creata, e in quel momento, *non dopo*. Dopo, diventa una traduzione per tutti, anche per l'autore» (cfr. E. MONTALE, *Variazioni*, in «Corriere della Sera», 26 febbraio 1953; ora in ID., *Il secondo mestiere. Arte, musica, società*, a cura di G. ZAMPA, Mondadori, «I Meridiani», Milano, 1996, p. 184); «Considero come mie opere critiche anche alcune traduzioni...» (cfr. E. MONTALE, Lettera a Luigi Russo, 5 gennaio 1957; ora in Id., *Il secondo mestiere. Prose 1920-1979*, cit., I, p. XXX).

[5] Nelle battute d'apertura di un saggio di ricognizione sulla pratica della traduzione poetica negli anni Trenta, Oreste Macrì offre questa interessante glossa esplicativa al titolo del proprio intervento: «[l]'aggettivo "poetica" nel titolo dovrebbe essere superfluo; la traduzione o è *poetica* (intenzionale) o non è traduzione; purtroppo non esiste altro termine, per cui l'equivoco si perpetuerà» (cfr. O. MACRÌ, *La traduzione poetica negli anni Trenta*, in **La traduzione del testo poetico*, a cura di F. BUFFONI, Guerini e Associati, Milano, 1989, p. 243).

tuttavia, un discorso condotto per appunti – "schede" o «schegge»[6] – può essere il contenitore ideale per evitare, almeno in parte, le "sabbie mobili" del risaputo, soprattutto quando l'autore in questione è uno scrittore del calibro di Montale.

In uguale (se non in maggiore) misura, questo "rischio"[7] è implicito anche nell'affrontare qualsiasi discorso sull'«itinerario della teoresi circa la traducibilità del testo poetico»[8]: soprattutto dal momento in cui Montale non ha lasciato – fatta eccezione per i suoi carteggi (spesso, per altro, trascurati dalla piú parte dei suoi critici) e per gli articoli scritti «in margine a traduzione altrui o proprie»[9] – «essays specifically relating to the topics of translation and aesthetics».[10]

Rivendicatasi e rapidamente intensificatasi,[11] soprattutto nel secondo dopoguerra,[12] attraverso studi specifici e raccolte antologiche[13] uscite da

---

[6] Questo termine è stato adottato da Maria Antonietta Grignani e Rossana Bonadei in un saggio su Montale traduttore di Hudson (cfr. M.A. GRIGNANI-R. BONADEI, *Schegge per l'analisi di Montale traduttore di Hudson*, in *La traduzione del testo poetico*, cit., pp. 183-194).

[7] Con le parole di Emanuele Calò, «[u]n elenco delle teorie della traduzione rischia di risolversi in un dizionario di luoghi comuni» (cfr. E. CALÒ, *Manuale del Traduttore*, Edizioni Scientifiche Italiane, Napoli, 1984, p. 16).

[8] Cfr. G. SANSONE, *Traduzione ritmica e traduzione metrica*, in *La traduzione del testo poetico*, cit., p. 12.

[9] Scrivono infatti Grignani e Bonadei: «[l]'idea del tradurre di Montale non è stata esposta dal poeta in saggi organici, ma va ricercata negli articoli che egli scriveva in margine a traduzioni altrui o proprie» (cfr. M.A. GRIGNANI-R. BONADEI, *Schegge per l'analisi di Montale traduttore di Hudson*, cit., p. 184).

[10] Cfr. G. TALBOT, *Montale's Mestiere Vile. The Elective Translations from English of the 1930s and 1940s*. Published for the Foundation for Italian Studies, University College Dublin, by Irish Academic Press, Dublin, 1995, p. 78.

[11] Edwin Gentzler parla di una vera e propria "esplosione" della traduttologia nel corso degli ultimi anni. Nell'introduzione alla seconda edizione del suo studio sulle teorie contemporanee della traduzione, lo studioso americano ha scritto infatti che «in recent years translation studies has exploded with new developments» (cfr. E. GENTZLER, *Contemporary Translation Theories*. Second Revised Edition. Multilingual Matters, Clevendon, 2001, p. 1).

[12] Con le parole di Susan Bassnett e André Lefevere, «[t]he growth of translation studies as a separate discipline is a success story of the 1980s. The subject has developed in many parts of the world and is clearly destined to continue developing well in the twenty-first century. Translation studies brings together work in a wide variety of fields, including linguistics, literary study, history, anthropology, psychology, and economics» (cfr. L. VENUTI, *The Translator's Invisibility. A History of Translation*, Routledge, London and New York, 1995,

centri di ricerca e dipartimenti universitari sempre piú numerosi, questa "nuova" disciplina[14] è andata progressivamente modificando il proprio nome e, di conseguenza, anche i propri orizzonti e obiettivi di ricerca. Quello che si può definire come l'eterno confilitto intrinseco alla traduzione e quindi alla traduttologia – la "dualità", e quindi la "divisibilità", tra astrazione teorica ed esecuzione pratica – non è sempre percepito come riconciliabile, tantomeno risolvibile.[15] In termini essenziali, da una prospettiva d'indagine prevalentemente normativa e linguistica, e quindi *source-oriented*, le riflessioni teoriche sui processi traduttivi sono passate, sotto la piú aperta e flessibile nomenclatura di *translation studies*, a una dimensione prevalentemente descrittiva e funzionale, e quindi *target-oriented*.[16]

---

p.vii).

[13] Nella prefazione al volume antologico di contributi sulla teoria e pratica della traduzione da Erodoto a Nietzsche da lui curato, Douglas Robinson osserva infatti: «[w]e are currently in the midst of an astonishing translation theory boom, one that has not only revolutionized the field (often literally – some of the new works are politically as well as methodologically radical) but has generated a spate of English-language translation theory anthologies where there were none before» (cfr. D. ROBINSON, *Western Translation Theory. From Herodotus to Nietzsche*, St. Jerome Publishing, Manchester, 1997, p. xvii; abbrev.: *Translation Theory*).

[14] Citando ancora le parole di Edwin Gentzler, «"Translation Theory" is and is not a new field; though it has existed only since 1983 as a separate entry in the Modern Language Association International Bibliography, it is as old as the tower of Babel» (cfr. E. GENTZLER, *Contemporary Translation Theories*, cit., p. 1).

[15] Come ha sottolineato Giuseppe Mattioli, «[l]a traduttologia (pare ormai essersi affermato questo termine per indicare la disciplina che si occupa dei problemi del tradurre) nasce con una conflittualità interna molto forte, relativa al suo stesso statuto, segnata com'è da due tendenze opposte: una che la porta a svilupparsi come pura riflessione teorica, l'altra che la spinge invece ad affrontare specifici problemi traduttivi. Questa situazione conflittuale ha radici profonde, perché la traduzione è un'operazione complessa che implica competenze diverse e contrastanti» (cfr. E. MATTIOLI, *La traduzione di poesia come problema teorico*, in *La traduzione del testo poetico*, cit., p. 29).

[16] Secondo Louis Kelly si possono identificare tre principali "categorie" o "scuole" di traduzione. In primo luogo, quelli che concepiscono la traduzione come una abilità letteraria: da Terenzio a Jiri Levy; in secondo luogo, quelli che identificano la teoria della traduzione con l'analisi di operazioni semantiche e grammaticali: i linguisti e grammatici, da Sant'Agostino agli strutturalisti; in terzo luogo, i seguaci dell'ermeneutica che definiscono il linguaggio e i suoi

Uno dei *trend* piú recenti (e piú controversi) in sede di teoria e pratica della traduzione letteraria, tuttavia, ha proposto, con convinzione, una nuova dicotomia interpretativa (anche se, a ben guardare, è tutt'altro che nuova in quanto intrinseca alla natura "contraddittoria" della traduzione). Secondo questo modello, una traduzione può essere eseguita o eliminando ogni tratto "stranierizzante" – e quindi, per certi versi, "straniante" – dell'originale, che diventa quindi una parte integrante della lingua e della cultura d'arrivo e d'adozione; o, al contrario, segnalando, per così dire, queste caratteristiche, e comunicando quindi apertamente che si tratta di una traduzione (*domesticise* e *foreignise* sono i verbi paradigmatici di questo contesto argomentativo).[17]

Se lo scopo precipuo di questa nuova prospettiva di esecuzione, analisi e valutazione di una traduzione è quello di spostare l'enfasi sulla traduzione stessa e, di conseguenza, su una maggiore "visibilità" del traduttore[18] – la cui autorità è stata spesso limitata, se non del tutto obliterata – nel caso delle traduzioni poetiche di Montale questa visibilità è, al di là del gioco di parole, visibile *a priori* in quanto programmatica: è cioè da intendere, in altre parole, come parte integrante dell'identità

---

segni in termini di "energia creativa": dai romantici tedeschi a Heidegger (per una discussione completa e dettagliata di questo aspetto si rimanda allo studio di Kelly *in toto*: cfr. L. KELLY, *The True Interpreter*, Blackwell, Oxford, 1979). Più recentemente, e con parametri cronologici molto piú ristretti – segnalati, appunto, dall'aggettivo «contemporary» nel titolo del suo studio – Edwin Gentzler ha identificato, con le sue parole, «five different approaches to translation that began in the mid-sixties and continue to be influential today: (1) the North-American translation workshop; (2) the "science" of translation; (3) early translation studies; (4) polysystem theory and (5) deconstruction» (cfr. E. GENTZLER, *Contemporary Translation Theories*, cit., pp. 1-2).

[17] Si deve allo studioso e traduttore americano Lawrence Venuti lo sviluppo di questa prospettiva di studio della traduzione. Nel capitolo dedicato al concetto di «invisibilità» del traduttore, Venuti mette in evidenza il paradosso intrinseco alla traduzione: «[o]n the one hand, translation is defined as a second order representation: only the foreign text can be original, an authentic copy, true to the author's personality or intention, whereas the translation is derivative, fake, potentially a false copy. On the other hand, translation is required to efface its second-order status with transparent discourse, producing the illusion of authorial presence whereby the translated text can be taken as the original» (cfr. L. VENUTI, *The Translator's Invisibility. A History of Translation*, cit., pp. 6-7).

[18] Venuti ha infatti sottolineato che «[t]he more fluent the translation, the more invisible the translator, and, presumably, the more visible the writer or meaning of the foreign text» (cfr. L. VENUTI, *The Translator's Invisibility. A History of Translation*, cit., p. 2).

culturale e della firma autoriale del poeta. La traduzione è quindi un elemento costitutivo fondamentale della scrittura montaliana, che può essere allora definita, in ogni sua "forma", come un *continuum* di originalità.[19] Così definita, questa dinamica scritturale montaliana – "ibrida" eppure "omogenea", "polifonica" eppure "monodica" – è attivata e distillata dalla sua sempre allertata memoria di poeta[20]: trascende quindi dalla piú o meno risaputa (e in certi casi evidente) "assistenza linguistica" di cui si sarebbe potuto avvalere.[21] Gli appunti che seguono sono pertanto da intendere *in primis* come esercizî di lettura della poetica montaliana

---

[19] A questo proposito si rimanda a un saggio di Edward Said sul concetto di "originalità", particolarmente montalianao anche per via dell'accostamento – o "parallelo" – musicale. Secondo Said, infatti, una delle eredità della "scrittura moderna" è che «the image for writing changes from original inscription to parallel script, from tumbled-out confidence to deliberately fathering-forth (in which Hopkins's alliteration signifies parallel), from melody to fugue» (cfr. E. SAID, *On Originality*, in ID., *The World, the Text and the Critic*, Harvard University Press, Cambridge, Mass., 1983, p. 135).

[20] Questo aspetto è stato colto con puntualità da George Talbot. Nella parte conclusiva del suo studio, significativamente intitolata *Montale, Translation and Originality*, il montalista irlandese scrive infatti: «Montale uses a particular word in a translation because of its echo in his poetic memory rather than because of its propriety in a given context. Our perception of the world is cloaked in language, and language makes sense only in the context of memory. In his translations Montale does not attempt an illusory originality: he takes what is there already and changes it almost imperceptibly – a subtle process of inserting his texts into the memory of the living and the dead» (cfr. G. TALBOT, *Montale's Mestiere Vile. The Elective Translations from English of the 1930s and 1940s*, cit., p. 252). Le traduzioni poetiche di Montale sono forse il migliore esempio, con le parole di Fortini, di quel «fenomeno di interferenza fra due testi» che fa sì che «il vero risultato sia nel sovrapporsi d'una memoria e d'un presente» (cfr. F. FORTINI, *Traduzione e rifacimento*, in *La traduzione. Saggi e studi*, a cura di G. PETRONIO, Edizioni Lint Trieste, Trieste, 1973, p. 126). Sulla «memoria di poeta» di Montale si veda anche: M.A. GRIGNANI, *Prologhi ed epiloghi. Sulla poesia di Eugenio Montale*, Longo Editore, Ravenna, 1987, p. 15 e seguenti).

[21] L'aspetto, tanto intrigante quanto controverso, dei *ghost-writer* montaliani e quello speculare di Montale «profondo conoscitore della letteratura anglosassone» – così si legge infatti nella nota di copertina di *Sulla poesia*, anche se, con le parole di Talbot, il poeta «was not, however, an expert English scholar» (cfr. G. TALBOT, *Montale's Mestiere Vile. The Elective Translations from English of the 1930s and 1940s*, cit., p. 250) – vengono a perdere buona parte della propria incidenza quando sono "verificati" in questa prospettiva creativa.

piú che come esercizî di teoresi della traduzione.[22]

Non restano allora dubbi – e se ne è avuta la conferma piú completa e convincente dallo studio di George Talbot, intitolato *Montale's Mestiere Vile: The Elective Translations from English of the 1930s and 1940s*[23] – che la traduzione sia sempre stata per Montale un processo creativo e quindi, inevitabilmente, *target-oriented*: "elettivo" quando praticato come piattaforma *poietica*,[24] "vile" quando eseguito nei limiti di «forzata

---

[22] In quello che è forse il suo contributo piú esplicito alla teoria della traduzione, Montale ha infatti sottolineato che «[t]radurre è difficile, in certo senso piú difficile che scrivere opere originali. Si può diventare un grande scrittore in proprio usando poche centinaia di parole; ma per tradurre occorre una vasta tastiera e una profonda conoscenza di almeno due lingue (quella *da cui* e quella *in cui* si traduce) e dei possibili scambi, delle possibili equivalenze delle due lingue in giuoco» (cfr. E. MONTALE, *Buon anno senza perle ai traduttori mal pagati*, in «Corriere d'Informazione», 28-29 dicembre 1949; ora in SM, I, p. 886).

[23] Si rimanda a una lettura integrale del citato studio firmato da George Talbot (cfr. G. TALBOT, *Montale's Mestiere Vile. The Elective Translations from English of the 1930s and 1940s*. Published for the Foundation for Italian Studies, University College Dublin, by Irish Academic Press, Dublin, 1995).

[24] Da un punto di vista etimologico, il verbo greco *poieîn* significa infatti "creare" (da cui *póesis, poíesis*: creazione, poesia): l'aspetto creativo della poesia, intrinseco in originale, è quindi tale anche in traduzione. Nell'introduzione al citato *Manuale del traduttore* dai lui curato, Emanuele Calò sottolinea, anche da un punto di vista specificamente legale, la rivendicazione per la traduzione di «quella connotazione, peraltro già presente della normativa sul diritto d'autore, che la identifica come "elaborazione di carattere creativo"» (cfr. E. CALÒ, *Manuale del Traduttore*, cit., p. 13). Cesare Pavese, certamente uno dei piú grandi traduttori italiani (anche in sede di revisore e di scelte editoriali), è su questa lunghezza d'onda. Nella lettera a Enrico Bemporad del 4 aprile 1931 (il traduttore risponde ai commenti dell'editore fiorentino alla propria traduzione di *Our Mr Wrenn* di Sinclair Lewis), Pavese scrive infatti: «[o] la traduzione precisa, fredda impersonale ed allora, se pure è possibile ottenerla, il pubblico ci capirebbe poco davvero, o una traduzione che sia una seconda creazione, esposta ai pericoli di ogni creazione e soprattutto conscia del pubblico a cui parla». In un'altra missiva, datata 15 gennaio 1940 e indirizzata a un'altra casa editrice, Bompiani (in questo caso il romanzo da tradurre è *In Dubious Battle* di John Steinbeck, poi tradotto da Vittorini – e successivamente da Montale – con il titolo *La battaglia*), Pavese sottolinea ancora che «[p]er tradurre bene bisogna innamorarsi della materia verbale di un'opera e sentirsela rinascere nella propria lingua con l'urgenza di una seconda creazione. Altrimenti, è un lavoro meccanico che chiunque può fare» (cfr. C. PAVESE, *Lettere 1922-44*, a cura di L. MONDO, Einaudi, Torino, 1966, p. 290 e p. 554).

e sgradita attività» professionale, con le parole del poeta.[25]

Per Montale l'aspetto creativo e culturale della traduzione è allora intrinseco, prioritario – a volte, come dimostra inequivocabilmente il carteggio con Nino Frank, addirittura rispetto al valore artistico-estetico della traduzione[26] – e svincolato da precise impalcature e impostazioni teoriche che non siano "contemporanee" e "contestualizzate" alla sua attività di scrittore.[27] Nello schema della *variatio* montaliana, ogni singola parola del poeta è infatti sempre *in tune* con le sue intenzioni autoriali e sempre all'unisono con se stessa: è quindi sempre prosastica e poetica, epistolare e giornalistica, indipendente ed e intertestuale: è quindi, allo stesso tempo, sempre "vergine", cioè "originale", e sempre "variata", cioè "tradotta".[28]

Le traduzioni poetiche esaminate in questo saggio chiudono il lustro che traghetta la scittura montaliana dalla fine degli anni Venti all'inizio degli anni Trenta (1928-1933)[29]: precedono quindi «his frenetic activity

---

[25] A questo proposito Lonardi parla di due "zone" operative: quella «della libertà» e quella della «dura necessità» (cfr. G. LONARDI, *Dentro e fuori il tradurre montaliano*, in ID., *Il vecchio e il giovane, e altri studi su Montale*, Zanichelli, Bologna, 1980, p. 144).

[26] Nella lettera del 22 febbraio 1928, la seconda del loro carteggio, Montale scrive infatti a Frank: «Credi che mi sarà possibile trovare in Francia un traduttore, anche approssimativo, di tre o quattro poesie brevi? Larbaud le ospiterebbe volentieri su *Commerce*; aveva proposto la cosa a Mme. Le Saché Bossuet che non seppe cavarsela» (cfr. *Lettere a Nino Frank*, a cura e con introduzione di F. BERNARDINI NAPOLETANO, in «Almanacco dello Specchio», n. 12, a cura di M. FORTI, Mondadori, Milano, 1986, p. 32).

[27] Nelle traduzioni poetiche di Montale è evidente, con le parole di Maria Antonietta Grignani e Rossana Bonadei, «una sorta di *éclat*, di forza della grammatica della visione che porta a far sì che Montale dia sempre la lezione italiana e sua di quello che traduce, a prescindere dal fatto che traduca dall'inglese, dal francese e dallo spagnolo» (cfr. M.A. GRIGNANI-R. BONADEI, *Schegge per l'analisi di Montale traduttore di Hudson*, in *La traduzione del testo poetico*, cit., p. 183).

[28] Cito ancora Grignani e Bonadei, secondo cui la "firma" di Montale traduttore «deve intendersi non tanto in senso grammaticale quanto lessicale, soprattutto laddove il lessico si colora di valori fonico-cromatici e molto anche in senso sintattico-ritmico» (cfr. M.A. GRIGNANI-R. BONADEI, *Schegge per l'analisi di Montale traduttore di Hudson*, in *La traduzione del testo poetico*, cit., p. 183).

[29] In apertura di un celebre saggio sulle differenze tra traduzione e rifacimento, il poeta e traduttore Franco Fortini ha demarcato, per linee essenziali, la storia della traduzione poetica in Italia nel XX secolo: «[a]

as a translator»[30] negli anni delle «maggiori traduzioni» (cioè dal 1938 al 1943), come sono stati definiti dalla critica montaliana con le parole dello stesso Montale.[31] La prima edizione del *Quaderno di traduzioni* – pubblicata in tiratura limitata per i tipi milanesi delle Edizioni della Meridiana nel 1948 – contiene una nota del traduttore in cui Montale chiarisce la cronologia e la tipologia delle traduzioni incluse:

Dal banchetto – non certo luculliano – delle mie maggiori traduzioni (che furono tra il 1938 e il 1943 i soli *pot boilers* a me concessi) erano cadute sotto il tavolo alcune briciole che finora non avevo pensato a raccogliere. Mi ha aiutato a ritrovarle la fraterna sollecitudine dell'amico Vittorio Sereni, al quale dedico il mio "Quaderno". Alcune di queste prove – le liriche di Guillén e due delle poesie di Eliot – risalgono al 1928-29. Anteriori al '38 sono anche i rifacimenti dei tre sonetti shakespeariani. I brani di *Midsummer* sono del '33; alcuni di essi dovevano adattarsi a musiche preesistenti, e quindi sarebbe inutile attendersi una fedeltà al testo. Di tutte le versioni s'è voluto, in ogni modo, pubblicare l'originale a fronte per ragioni di uniformità.[32]

Anche da questa breve nota esplicativa – e soprattutto dalla scelta di termini quali «prove» e «rifacimenti»,[33] oltre che, ovviamente, dalla

---

considerare la storia della traduzione letteraria dal punto di vista dello sviluppo delle istituzioni culturali dei passati cinquant'anni si può probabilmente giungere alla conclusione che al decennio 1920-1930, nel quale solo eccezzionalmente i poeti sembrano avvertire l'importanza della traduzione per il proprio lavoro, segue un'età di grande sviluppo della traduzione poetica, fra il 1930 e il 1943 circa» (cfr. F. FORTINI, *Traduzione e rifacimento*, in *La traduzione. Saggi e studi*, cit., p. 123). In aggiunta, sono questi, come ricordato, gli anni che segnano il passaggio dagli *Ossi* alle *Occasioni*.

[30] Cfr. G. TALBOT, *Montale's Mestiere Vile. The Elective Translations from English of the 1930s and 1940s*, cit., p. 15.

[31] Si veda la nota seguente. In questi anni Montale traduce soprattutto dall'inglese e sorpattutto romanzi di autori americani.

[32] Cfr. E. MONTALE, *Nota*, in ID., *Quaderno di traduzioni*, Edizioni della Meridiana, Milano, 1948, p. 7 [9]; ora in *L'opera in versi*, p. 1154 (cfr. E. MONTALE, *Tutte le poesie*, a cura di G. ZAMPA, Mondadori, Milano, 1984, pp. 1146-7).

[33] Per una completa comprensione del termine «rifacimento» e della sua applicazione ai processi traduttivi si rimanda ai saggi di Gianfranco Folena («*Volgarizzare*» e «*tradurre*») e Franco Fortini (*Traduzione e rifacimento*)

scelta degli autori tradotti – è evidente come Montale intendesse e affrontasse la traduzione: cioè come esercizio di «conversione»,[34] con la formula coniata da Gilberto Lonardi, e quindi, se non come "pretesto" (parola che da una certa parte della critica è stata e continua ad essere intesa con valenze negative[35]), certamente come esercizio di scrittura.[36] È quindi logico che Montale, da poeta-traduttore,[37] prediliga strategie di

---

inclusi nel citato volume *La traduzione. Saggi e Studi*. Le traduzioni poetiche montaliane sembrano saldare "simbioticamente" le due prassi traspositive.

[34] Lonardi apre il suo saggio sulle traduzioni poetiche di Montale defininendole «spesso mirabili esercizi di "conversione"» (cfr. G. LONARDI, *Dentro e fuori il tradurre montaliano*, in ID., *Il vecchio e il giovane, e altri studi su Montale*, p. 144).

[35] È di questo avviso, per esempio, Ugo Piersanti. In un saggio intitolato *Il testo non è pretesto*, si legge infatti: «[f]ermo restando che il testo non può essere ridotto a pretesto (qui sta anche, sia pure intesa in senso traslato, la "moralità" del tradurre, il rispetto verso il "mondo" e l'"arte" di un autore che ci apprestiamo a rendere in un'altra lingua), le modalità d'approccio possono essere le piú varie: e non è detto che i risultati di una traduzione piú "distaccata" e "controllata" siano inferiori a quelli di una traduzione partecipata ed emotivamente vissuta» (cfr. U. PIERSANTI, *Il testo non è pretesto*, in *La traduzione del testo poetico*, cit., p. 137).

[36] Con le parole di Fortini, «la traduzione poetica è quindi l'operazione letteraria per eccellenza» (cfr. F. FORTINI, *Traduzione e rifacimento*, in *La traduzione. Saggi e studi*, cit., p. 129).

[37] Nel piú volte citato intervento su Montale traduttore di Hudson, Grignani e Bonadei riassumono il credo traduttorio del poeta in questi termini: «[n]on esiste in Montale, a giudicare da questi scritti sparsi, un ideale del ricalco, e certamente egli è contro la traduzione interlineare, cioè quella che Goethe definiva "parodica". D'altra parte Montale si pronuncia contro le forzature antistrutturali, nel senso di una violenza alla struttura ricevente, alla lingua ricevente: nel noto articolo del 1947 intitolato *Eliot e noi*, egli infatti metteva in guardia il traduttore dallo stravolgere "il genio originariamente plastico e disteso del nostro discorso". La simpatia del poeta va, tutto sommato, allo scrittore-traduttore, magari "genialmente infedele" – l'espressione si trova in uno scritto del '49 esplicitamente dedicato al problema della traduzione – ma, nondimeno, la sua è una concezione che tiene conto della componente ineliminabile della forma interna di una lingua e semmai procede per piccoli colpi di pollice ad una accelerazione di ritmi. La sua idea per cui ogni linguaggio poetico è un linguaggio storicizzato, un rapporto, ci dice già che nelle sue traduzioni in prosa e in poesia non dobbiamo cercare la letteralità» (cfr. M.A. GRIGNANI-R. BONADEI, *Schegge per l'analisi di Montale traduttore di Hudson*, in *La traduzione del testo poetico*, cit, p. 84).

traduzione che "aggirino" le imposizioni e i limiti della letteralità.[38] La libertà che Montale si prende è tuttavia «vigilata nei confini del modello», con le parole di un altro grande poeta traduttore, Franco Fortini:[39] non per prescrizione teorica, come sottolineato, ma piuttosto come saluto di un "riconoscimento simpatico"[40] e come segno di «condizioni di affinità»[41] – cioè quell'insieme di "consonanze" che la lingua tedesca raccoglie nel termine *Einfühlung*[42] – e, quindi, di "ingresso" «nel meccanismo creativo

---

[38] Nel suo celebre studio sulle problematiche della traduzione, Benevenuto Terracini "scarta" la traduzione letterale in quanto «non è una traduzione, ma un cattivo commento grammaticale» (cfr. B. TERRACINI, *Il problema della traduzione*, a cura di B. MORTARA GARAVELLI, Serra & Riva, Milano, 1983, p. 29).

[39] Cfr. F. FORTINI, *Traduzione e rifacimento*, in *La traduzione. Saggi e studi, cit., p. 126.

[40] Un altro grande nome tra i poeti–traduttori, Giorgio Caproni, parla infatti di una «simpatia irresistibile» (cfr. G. CAPRONI, *L'arte del tradurre*, in *La traduzione del testo poetico, cit., p. 122) come della ragione più semplice, e allo stesso tempo più complessa, che porta il poeta a tradurre un altro poeta. A questo atteggiamento di "simpatia autoriale" come presumibilmente ideale condizione di traduzione è dedicato un capitolo del citato studio di Lawrence Venuti (cfr. L. VENUTI, *The Translator's Invisibility. A History of Translation*, cit., pp. 273-306). Venuti spiega il concettto di approccio «simpatico» in termini di «characterize the practice of translation» come «transparent» e di «define the role of the translator» come «identification with the foreign author's personality» (cfr. L. VENUTI, *The Translator's Invisibility. A History of Translation*, cit., pp. 274-5).

[41] In un intervento sulle traduzioni inglesi della poesia in dialetto romanesco di Giuseppe Gioachino Belli, Riccardo Duranti (egli stesso traduttore e traduttologo di grande sensibilità), fa riferimento a «certe condizioni di affinità» che rendono possibile «quel trasferimento di energia poetica da una lingua all'altra» che teorie linguistiche della traduzione postulano invece come «impossibile» (cfr. R. DURANTI, *Il paradosso della distanza: Belli tradotto in lingua inglese*, in *La traduzione del testo poetico*, cit., pp. 169-170).

[42] In un saggio sulla figura del traduttore come «*artifex additus artifici*», Renato Poggioli ha esposto in modo chiaro e convincente la definizione di traduzione come "empatia": «translation is, both formally and psychologically, a process of inscape, rather than of escape; and this is why, of all available aesthetic concepts, the best suited to define the activity and experience of the translator is that of *Einfühlung* or "Empathy", which must not be understood merely as the transference of an emotional content. The foreign poem is not merely an object, but an archetype, which provokes an active spiritual impact» (cfr. R. POGGIOLI, *The Added Artificer*, in *On Translation, edited by R.A. BROWER, Harvard University Press, Cambridge (Mass.), 1959, pp. 141-2).

di un altro poeta».[43] In questo spazio "occasionale" e "liminale" – una "zona" quintessenzialmente montaliana – si compie lo scambio metamorfico tra le originalità in gioco.

È allora "naturale" che queste traduzioni di poesia siano eseguite da Montale in anni di metamorfosi poetica e siano quindi esse stesse metamorfiche: cioè "simultanee mutazioni" dell'intonazione poetica propria "attraverso" (e qui ritorna dunque anche l'etimo della traduzione) quella altrui. Questo processo può forse sembrare irriconciliabilmente contraddittorio ma, come ha rilevato Donatella Bisutti, la «condizione essenziale» della scrittura creativa – cioè «una condizione contemporaneamente di distanza e di coinvolgimento»[44] – è anche quella della traduzione.

La presenza, "osmotica" e "mimetica"[45], del poeta nel traduttore è quindi, per tanti traduttori e traduttologi, condizione necessaria per la "completa" riuscita della traduzione poetica.[46] È infatti nel periodo,

---

[43] Con le parole di Donatella Bisutti – autrice, traduttrice ed editrice – «la traduzione è un processo creativo, analogo a quello della scrittura poetica originale» attraverso cui «si entra dunque nel meccanismo creativo di un altro poeta, si penetra in un'altra psiche nel momento della sua attività creativa, dall'interno: diversamente dalle usuali forme di conoscenza di un testo, che procedono dall'esterno verso l'interno» (cfr. D. BISUTTI, *Sul rapporto fra poeta tradotto e traduttore*, in *La traduzione del testo poetico*, cit., p. 180 e p. 181).

[44] Scrive ancora Donatella Bisutti: «La condizione essenziale della traduzione è la condizione essenziale della scrittura creativa: cioè una condizione contemporaneamente di distanza e di conivolgimento. In questa contemporaneità consiste la difficoltà quasi paradossale dello scrivere. E la difficoltà del tradurre. La traduzione è il massimo esercizio di distanza e di coinvolgimento» (cfr. cfr. D. BISUTTI, *Sul rapporto fra poeta tradotto e traduttore*, in *La traduzione del testo poetico*, cit., p. 179).

[45] Secondo Renato Poggioli, «[t]he foreign poem becomes in him "a model", in the sense that this word has recently acquired in the field of scientific theory and inquiry. It is in such a context that we can define translation as a form of literary mimesis, and in such a context alone» (cfr. R. POGGIOLI, *The Added Artificer*, in *On Translation*, cit., p. 141). Si veda inoltre: M. L. SPAZIANI, *La traduzione di poesia come osmosi*, in *La traduzione del testo poetico*, cit., pp. 151-158.

[46] Basti citare in questa occasione due poeti traduttori di generazioni letterarie profondamente diverse. Nelle parole di prefazione alla propria traduzione dell'*Eneide*, Leopardi avverte: «[m]essomi all'impresa, so ben dirti avere io conosciuto per prova che senza esser poeta non si può tradurre un vero poeta» (cfr. G. LEOPARDI, *Traduzione del libro secondo della Eneide*, in ID., *Opere*, a cura di S. SOLMI, Riccardo Ricciardi Editore, Napoli, 1956, Tomo I, p. 969). Nel

ricorrendo all'aggettivo prediletto da André Gide e ripreso da Renato Poggioli,[47] piú *disponible* – quello del «laborioso transito metamorfico»[48] dalle ultime poesie aggiunte alla seconda edizione di *Ossi di seppia* agli incisivi mottetti cliziani delle *Occasioni* – che Montale traduce poesia. L'intento del poeta è di «scavare un'altra dimensione»[49] nel «pesante linguaggio polisillabico»[50] italiano – che in alcune circostanze, proprio attraverso l'impietoso *looking glass* della traduzione, il poeta ha addirittura «maledetto»[51] – portandolo a contatto con la struttura, le parole e la poetica di testi stranieri.[52] Da questo "incontro-scontro" Montale ottiene infatti, *in primis*, un notevole «dinamismo ritmico»:[53] senza dubbio una delle conquiste traduttorie piú difficili da raggiungere[54] (soprattutto quando il "battito" delle lingue in causa è molto diverso,

---

citato saggio sulla fedeltà all'elemento poetico nella traduzione, anche Giorgio Orelli sottolinea che «[l]a condizione fondamentale perché una traduzione sia bella è che il traduttore sia esso stesso uno spirito poetico, e vi porti un suo tono di sentimento, che in certa misura sostituisca quello del poeta originale, intraducibile nella sua pienezza e individualità» (cfr. G. ORELLI, *Sulla «fedeltà» alla poesia nel tradurre*, in *La traduzion. Saggi e studi, cit., p. 321).

[47] Cfr. R. POGGIOLI, *The Added Artificer*, in *On Translation, cit., pp. 141-2.

[48] Cfr. L. CARETTI, *Testi montaliani inediti*, in «Il Ponte», a. XXXIII, n. 4-5, 30 aprile-31 maggio 1977, pp. 487-96.

[49] Cfr. E. MONTALE, *Intenzioni (Intervista immaginaria)*, in «La Rassegna d'Italia», a. I, n. 1, Milano, gennaio 1946; ora in Id., *Il secondo mestiere. Arte, musica, società*, a cura di G. ZAMPA, Mondadori («I Meridiani»), Milano, 1996, III, p. 1482.

[50] Ibid.

[51] Ibid.

[52] Con le parole di George Talbot, «[h]aving come into contact with Modernism, Montale cultivated a foreign sensibility in his own work» (cfr. G. TALBOT, *Montale's Mestiere Vile. The Elective Translations from English of the 1930s and 1940s*, cit., p. 244).

[53] Lonardi precisa che Montale persegue questo «fine di diamismo ritmico» rifiutando «la coincidenza periodo sintattico-misura versale» (cfr. G. LONARDI, *Dentro e fuori il tradurre montaliano*, in ID., *Il vecchio e il giovane, e altri studi su Montale*, cit., p. 159).

[54] Secondo Nietzsche, infatti, «[t]hat which translates worst from one language into another is the tempo of its style, which has its origin in the character of the race, or, expressed more physiologically, in the average tempo of its "metabolism"» (cfr. F. NIETZSCHE, *Beyond Good and Evil*. Translated by R.J. HOLLINGDALE, in *Western Translation Theory. From Herodotus to Nietzsche*, cit., p. 262).

come per l'inglese e l'italiano).[55]

Si compie e si spiega dunque nella somma – che il talento poetico dell'autore trascende a *summa* – di questi termini, a mio avviso, quella che Lonardi ha definito, con grande acume, «l'alta reattività»[56] di Montale traduttore. In aggiunta, per altro, questa "disposizione" a tradurre è uno dei tratti distintivi delle attività letterarie del Modernismo. Stan Smith, con piú convinzione di altri critici, ha scritto infatti che negli anni abbracciati dal movimento modernista la traduzione non era per gli scrittori «one of several activities» bensí «a key to all their activities».[57]

Nel caso di Montale, poi, questa non mi sembra solo la prospettiva piú legittima ma anche la piú proficua: la mia lettura di due traduzioni poetiche del 1933 intende infatti sollevare interrogativi e indicare nuovi percorsi di interpretazione finora trascurati dalla critica montaliana.

Muovendo da queste premesse, ho quindi deciso di unire lo spazio "letterale" della *spazialità* allo spazio "letterario" della *traduzione* attraverso un percorso interpretativo di funzionale perifericità ma che, allo stesso tempo, "segnala" sempre il "centro" della scrittura montaliana. Le riflessioni che propongo nei prossimi paragrafi si innestano allora in margine alle note vicende che hanno unito con il legame della traduzione il nome di Eugenio Montale a quello di T. S. Eliot e Léonie Adams, in questa sede, ma anche a quelli di autori tanto diversi quali – nell'ordine in cui sono stati disposti dal poeta-traduttore – Shakespeare, Blake, Dickinson, Hopkins, Melville, Hardy, Maragall, Joyce, Milosz, Yeats, Barnes, Pound, Guillén, Thomas e Kavafis.

In termini di forma, la scheda su due spazi di Montale traduttore –

---

[55] In un breve ma incisivo saggio sulla traduzione, Contini ha sottolineato che «[l]a crisi metrica, scoppiata insomma dichiaratamente con le barbare carducciane [...] ha avuto corollarî tutt'altro che aneddotici o laterali nell'arte del tradurre. E, in primo luogo, la rottura del canone o luogo comune del medio gusto umanistico ottocentesco, l'equivalenza di forma chiusa nostrana a forma chiusa straniera» (cfr. G. CONTINI, *Di un modo di tradurre*, in «Ansedonia», luglio-agosto 1940; ora in ID., *Esercizî di letteratura*, Einaudi, Torino, 1974, p. 372).

[56] Con riferimento agli sviluppi della poesia di Montale "paralleli" alle traduzioni poetiche, Lonardi fa rifermento ai *Mottetti*, sottolineando come «l'alta reattività del traduttore ai testi piú sollecitanti, nel senso di una poesia oggettuale, congesta, a pugno» – soprattutto la poesia di Hopkins, Yeats e Joyce, ma anche i sonetti di Shakespeare – confermi «indirettamente che gli esempi indigeni non bastavano» (cfr. G. LONARDI, *Dentro e fuori il tradurre montaliano*, in ID., *Il vecchio e giovane, e altri studi su Montale*, cit., p. 149).

[57] Cfr. S. SMITH, *The Origins of Modernism: Eliot, Pound, Yeats and the Rhetorics of Renewal*, Harvester Wheatsheaf, London, 1994, p. 6.

preceduta da una scheda su alcuni spazi di Montale poeta – va allora intesa come un tassello complementare a una visione d'insieme centrata sulla traduzione come *occasione* di contatto culturale e creativo: come, appunto, uno *spazio poetico privilegiato* tra i macrocosmi di autori diversi e i microcosmi dei testi in questione. In termini di contenuto, la scheda esamina per sommi capi gli "snodi" linguistici e letterari delle due traduzioni prese in considerazione in termini di "debiti" d'autore – quelli di Montale nei confronti di possibili mediazioni: in questo caso quella anglofona di Clizia (una mediazione resa ancora più profonda e significativa dal loro coinvolgimento sentimentale) e di "doni" d'autore – le "cifre", cioè, della scrittura montaliana, a cui l'autore-nel-traduttore non solo non rinuncia ma "applica" e "perfeziona". In ultima analisi, quindi, questi appunti si propongono di "misurare" «la consistenza più segreta»[58], nei termini in cui è stata formulata da Gilberto Lonardi, «del dialogo del poeta in proprio con il traduttore, anche là dove il secondo non basti del tutto a spiegare *direttamente* il primo».[59] Si tratta, in altre parole, del corto circuito tra "dipendenza" e "indipendenza", tra "debito" e "dono" presente in ogni processo traduttivo, ma caratteristico – ed estremo – nella traduzione poetica e, in modo ancora più marcato e illuminante, nel profondo «esercizio spirituale»,[60] affidandomi ancora alle parole di Franco Fortini, che sono le traduzioni poetiche di Eugenio Montale.

3. *Interno/Esterno*: da Milano a Milano via Firenze e New York

In questa scheda-intermezzo mi occuperò della spazialità di Montale poeta – in particolare di quella che fa da sfondo a uno dei suoi *late poem*

---

[58] Cfr. G. LONARDI, *Dentro e fuori il tradurre montaliano*, in ID., *Il vecchio e giovane, e altri studi su Montale,* cit., p. 163.

[59] Ibid. Giorgio Orelli, parlando di Montale traduttore in un saggio sull'importanza dell'elemento poetico nella traduzione di poesia, ha commentato che «[n]on occorre sottolineare che Montale (a parte qualche pensum anche lungo) traduce solo ciò che gli assomiglia, che in qualche modo gli serve (Hopkins gli somiglia più di Eliot). Naturale che la parola scelta dal traduttore possa coincidere con quella scelta dal poeta in proprio, a segno talvolta da illuminare tutta l'opera» (cfr. G. ORELLI, *Sulla «fedeltà» alla poesia nel tradurre,* in **La traduzione. Saggi e studi,* cit., p. 321).

[60] Cfr. F. FORTINI, *Traduzione e rifacimento,* in **La traduzione. Saggi e studi,* cit., p. 130.

– a cui è sottesa – con uno "scarto", *back-and-forth*, di quarant'anni («trent'anni»,[61] nella memoria forse volutamente "difettosa" del vecchio Montale ma "perfetta" per l'endecasillabo ipermetro "richiesto" dal suo orecchio di poeta) e con la "mediazione" di due *visiting angel* – la spazialità di Montale traduttore.

Testimone di questa sovrapposizione di spazialità autoriali (senza dimenticare l'immancabile matrice autobiografica) è un documento manoscritto ancora inedito. Questo due zone scritturali, che si ri-incontrano e "rintegrano"[62] dopo un intinerario circolare che da Milano riporta a Milano passando da Firenze e da New York – sono infatti "cucite" nel segno della presenza-assenza di due *figure femminili*: quella della musa americana del poeta e quella di un'amica italiana di lei (su cui ritornerò tra qualche paragrafo).

Grazie, *in primis*, ai puntigliosi contributi di Luciano Rebay[63], nonché ai due dettagliati (anche se non sempre lucidi) volumi di Paolo De Caro[64], si sa (quasi) tutto su Irma Brandeis (1905-1990), la *persona storica* di Clizia, la *musa* ispiratrice e poi anche dedicataria delle *Occasioni*.[65] La

---

[61] Cfr. E. MONTALE, *Interno/Esterno*, in ID., *L'opera in versi*, cit., p. 698, v. 21 («Volevo dirtelo, aggiunge, dopo trent'anni»). In altre poesie del "ciclo cliziano" di *Altri versi* questa connotazione cronologica presenta altre varianti: dai «trent'anni, forse quaranta» della poesia dedicata a Charles Singleton (cfr. *Sono passati trent'anno, forse quaranta*, in OV, p. 679, v. 1) al «mezzo secolo» di *Clizia dice* (cfr. *Clizia dice*, in OV, p. 695, v. 1) ai «quarant'anni fa» di *Quartetto* (cfr. Quartetto, in OV, p. 700, v. 2).

[62] Anche questa scelta lessicale è montaliana: il verbo appare infatti al v. 8 di *Interno/Esterno* («in attesa di rintegrarsi in noi»).

[63] Si veda in particolare: L. REBAY, *Montale, Clizia e l'America*, in «Forum Italicum», n. 16, Winter 1982, pp. 171-202 e *Ripensando Montale: del dire e del non dire*, in *Il Secolo di Montale: Genova 1896-1996*, a cura della «Fondazione Mario Novaro», il Mulino, Bologna, 1998, pp. 33-69. Sui rapporti tra Montale e l'America in generale rimando a due preziosi contributi di Guglielmi: M. GUGLIELMI, *L'immagine dell'America in Montale*, in «Quaderni di Gaia», 5, n. 8, 1994, pp. 9-31 e *Montale e la «poetica americana»*, in «Poetiche», I, 1, giugno 1996, pp. 33-46. In prospettiva traduttoria, rimando a un intervento di Venuti: L. VENUTI, *L'ombra di Montale*, in «Testo a fronte», n. 12, 1995, pp. 55-67.

[64] Cfr. P. DE CARO, *Journey to Irma: un'approssimazione all'ispiratrice americana di Eugenio Montale*, De Meo, Foggia, 1999 e *Irma politica: l'ispiratrice di Eugenio Montale dall'americanismo all'antifascismo*, M. De Meo, Foggia, 1999.

[65] È solo a partire dalla sesta edizione, pubblicata da Mondadori nel 1949, che compare la dedica dell'intero libro «a I.B.». Due anni prima, Irma Brandeis

tanto attesa pubblicazione del suo carteggio con Montale[66] – letta in contrappunto agli altri epistolari dei due corrispondenti e alle preziose pagine del suo diario[67] – ci permetterà finalmente, forse, di "completare" il ritratto di quella che è sempre stata, e forse resterà sempre, la più affascinante e complessa delle muse del poeta ligure: la sua *musa musarum*, la sua «only begetter»[68], la sua «divina» e il suo «tutto».[69]

Ma, come ho anticipato, vorrei arrivare alla scheda sulle due traduzioni poetiche montaliane che ho scelto di commentare partendo da una delle sue liriche che preferisco: *Interno/Esterno*. Questo testo, a mio avviso, non è soltanto una «imaginazione d'Amore», come l'ha definita Paolo De Caro,[70] ma anche un'acuta riflessione escatologica intelligentemente condotta con profondità e allo stesso tempo con leggerezza.

La poesia, scritta nel 1976, è stata edita per la prima volta in volume, cioè nella raccolta a cui appartiene, *Altri versi*: l'ultimo libro del poeta venuto alla luce in margine alla laboriosa e meticolosa edizione critica della sua opera in versi.[71] In questo "nuovo" libro, per così dire, si trova

---

aveva firmato il suo secondo intervento montaliano. Dopo la nota pubblicata in una prestigiosa rivista letteraria americana (cfr. I. BRANDEIS, *An Italian Letter. Eugenio Montale*, in «The Saturday Review of Literature», 18 July 1936, p. 16.), Cliza firma anche la "scheda" su Montale per un dizionario bio-bibliografico di letteratura europea contemporanea (cfr. I. BRANDEIS, *Eugenio Montale*, in *A Dictionary of Modern European Literature*, a cura di H. SMITH, Geoffry Cumberlege, Oxford University Press, London, 1947, p. 550).

[66] Il carteggio Montale-Brandeis può finalmente essere studiato: il sigillo ventennale richiesto al momento della donazione da Irma Brandeis è scaduto nel dicembre del 2003.

[67] Fotocopie delle pagine montaliane del Diario di Irma Brandeis sono state donate al «Gabinetto Vieusseux», dopo la morte della Brandeis, da Jean Cook, sua fedele amica e assistente. Ringrazio di tutto cuore Jean per avermi permesso di leggere e studiare gli originali di queste pagine (un mio articolo su questo documento è in preparazione per l'inserto culturale dell'«Irish Times»).

[68] Come regalo natalizio per il Natale del 1938, l'anno che segna la chiusura definitiva a ogni possibilità di vita insieme, Montale regala alla Brandeis un'edizione delle opere di Leopardi – ora in possesso di Jean Cook, alla cui amicizia e generosità devo questa segnalazione – con la dedica: «To the only begetter of my life is a Christmas gift».

[69] In un'altra poesia di *Altri versi*, scritta verosimilmente nel 1979 e lasciata senza titolo, Montale scrive infatti: «Mi pare impossibile, / mia divina, mio tutto» (cfr. E. MONTALE, *Mi pare impossibile*, in *L'opera in versi*, cit., p. 689, vv. 1-2).

[70] Cfr. P. DE CARO, *Journey to Irma: un'approssimazione all'ispiratrice americana di Eugenio Montale*. Parte prima. *Irma, un "romanzo"*, cit., p. 66.

[71] La presentazione più completa di *Altri versi* resta quella di Bettarini e

un gruppo di poesie incentrate ancora sulla *figura femminile* di Clizia. Anche se decisamente diversi, più per "qualità" (soprattutto stilistica) che per "quantità", da quelli del ciclo dei *Mottetti* – sono scritti, a mio avviso, piuttosto alla maniera degli *xenon* di *Satura* composti *in memoriam* della moglie – questi *altri versi* cliziani non sono meno importanti, anzi. Offrono, infatti, in modo piú diretto e accessibile, informazioni sulla "quotidianità" del rapporto tra Irma ed Eugenio. È proprio nei risvolti umani e nelle pieghe intellettuali dello "spazio quotidiano" condiviso dal poeta e dalla sua musa che si trova, come intendo dimostrare nella scheda successiva a questa, la chiave di lettura delle traduzioni di due poesie in inglese: *La figlia che piange* di T.S. Eliot e *Lullaby* di Léonie Adams, come ho già avuto modo di indicare. Ma si parta allora con il testo della poesia in questione:

Interno/Esterno

Quando la realtà si disarticola
(seppure mai ne fu una) e qualche sua parte
s'incrosta su di noi
allora un odore d'etere non di clinica
⁵   ci avverte che la catena s'è interrotta
e che il ricordo è un pezzo di eternità
che vagola per conto suo

Contini. Nella *Nota dei curatori* apposta all'edizione critica dell'opera in versi del poeta, i due filologi hanno parlato dell'ultima raccolta di Montale in questi termini: «*Una sezione del* Libro *in senso stretto, quella che lo chiude se si prescinde dall'appendice di traduzione, è una novità clamante, perché raccoglie le decine di poesie interamente inedite (tolta la sola in memoria di Enrico Pea) scritte dopo il* Quaderno di quattro anni. *Facendo un'eccezione ben significativa all'uso dominante di tutta una vita, che era stato quello di spargere i suoi versi in direzione dei più varî, anche eccentrici, giornali e periodici, quasi a saggiarne sùbito la resistenza, Montale si trova ad aver messo insieme una nuova raccolta di poesie non inferiore alle sue precedenti, e pure illibata per i lettori della presente opera. Non diremo che si tratti di una raccolta involontaria, ma in rapida dilatazione sì, per obbedienza a un felicemente sorprendente stimolo di fecondità. Le è rimasto il titolo inapparisciente che ci è sembrato il più montaliano possibile (*Altri versi *è già l'intitolazione di una sezione minore di* Ossi di seppia*), ma la sua organizzazione, che riflette alcuni punti ben fissi dell'autore, era soggetta, dopo ciascun nuovo arrivo, a un aggiustamento in cui si rifletteva la nuova proporzione, continuamente ritoccata, di quel rapporto tra vincolo e libertà che si è segnalato più sopra*» (cfr. OV, pp. 834-5).

forse in attesa di rintegrarsi in noi.
È perciò che ti vedo
10   volgerti indietro dall'imbarcadero
del transatlantico che ti riporta
nella Nouva Inghilterra
oppure assieme nella veranda
di 'Annalena'
15   a spulciare le rime del venerabile
pruriginoso John Donne
messi da parte i deliranti abissi
di Meister Eckart o simili.
Ma ora squilla il telefono e una voce
20   che stento a riconoscere dice ciao.
Volevo dirtelo, aggiunge, dopo trent'anni.
Il mio nome è Giovanna, fui l'amica di Clizia
e m'imbarcai con lei. Non aggiungo altro
né dico arrivederci che sarebbe ridicolo
25   per tutti e due.

Già dal titolo si evince che la spazialità – scandita in tre movimenti e
intesa sia sul piano letterale che su quello metaforico-allegorico – è l'asse
portante di questa lirica. La prima spazialità, a cui corrisponde il primo
movimento della poesia (vv.1-8), si potrebbe definire *interna*: non
soltanto in termini strettamente "logistici", per così dire – nello spazio,
cioè, dell'appartamento del poeta in Via Bigli 15 a Milano[72] – ma anche
"intellettuale" – nello spazio, cioè, della mente del poeta. Questi versi
d'apertura sembrano infatti un mini *tractatus* "escatologico" («l'odore
d'etere non di clinica» del v. 4 non può che alludere, come in altre poesie,

---

[72] Sull'appartamento come "privilegiato spazio poetico" si rimanda
all'intervento di un altro montalista irlandese Éanna Ó Ceallacháin: cfr. É. Ó
CEALLACHÁIN, *Montale's retreat: the home as privileged poetic space in Diario
del '71 e del '72 and Quaderno di quattro anni*, «The Italianist». Supplement I:
Italian poetry since 1956, a cura di P. HAINSWORTH e E. TANDELLO, n. 15, 1995,
pp. 52-70. Si veda inoltre: P.P. PASOLINI, *Satura*, «Nuovi Argomenti», n. 21,
gennaio-marzo 1971, pp. 17-20; M. GRIMSHAW, *Vertical and horizontal sightings
on Montale's Satura*, in «Italian Studies», n. 29, 1974, pp. 74-87; E. GRAZIOSI, *Il
tempo in Montale: storia di un tema*, La Nuova Italia, Firenze, 1978, pp. 111-41;
R. LUPERINI, *Storia di Montale*, Laterza, Bari, 1986, p. 236. Nel settembre del
1967 Montale si trasferisce dal n. 11 al n. 15 di Via Bigli (cfr. *Cronologia*, in E.
MONTALE, *Tutte le poesie*, cit., p. LXXVIII).

all'aldilà, e anticipa le letture, fatte insieme a Clizia, dei «deliranti abissi / di Meister Eckart o simili» dei vv. 17-18) che prende il la dal rapporto esistenziale tra realtà e ricordo (di cui la «catena» che «s'è interrotta» è un ideale correlativo oggettivo). Un doppio *ortus conclusus*, dunque, nel quale si "fissano" e allo stesso tempo "fuoriescono" i ricordi del passato.[73] La dinamica di questa "fissazione" e di questa "fuoriuscita" pare razionale, quasi di causa-effetto: "meccanica", dunque, per certi versi, nonché (apparentemente almeno) emotivamente distaccata. Cosi sembrano "avvisare" in un certo senso sia l'*incipit* della seconda spazialità e del secondo movimento – «È perciò che ti vedo» (vv. 9-18) – sia la chiusura, piuttosto disincantata e affidata alla "conversazione immaginaria" con una interlocutrice che ha postumamente[74] (dall'aldilà, quindi, ritornando alla venatura esclatogica sottolineata pocanzi) preso contatto telefonico con il poeta – «Non aggiungo altro / né dico arrivederci perchè sarebbe ridicolo / per tutti e due» (vv. 23-25).[75]

Come per il primo così anche per il secondo "tempo" della poesia siamo di fronte a una spazialità doppia: ora, tuttavia, inequivocabilmente *esterna* e, forse proprio per questo, esclusivamente in termini spaziali. Attraverso la memoria – anch'essa doppia: per Montale, infatti, è sempre una memoria di poeta – e attraverso quel processo compositivo che Maria Antonietta Grignani ha definito come «fissaggio mnestico»[76] – il poeta ri-vede Clizia e ri-scrive di lei. E anche per questo *aisling* si deve parlare di

---

[73] Si rimanda in particolare alla sezione del citato articolo di Ó Ceallacháin intitolata *The home as gateway to the past, to the* 'fuordeltempo': cfr. É. Ó CEALLACHÁIN, *Montale's retreat: the home as privileged poetic space in Diario del '71 e del '72 and Quaderno di quattro anni*, cit., pp. 63-69.

[74] La persona che telefona a Montale muore infatti due anni prima (1974) della stesura di questi poesia (1976).

[75] In questi versi si sente l'eco dell'affettuoso biglietto, di arrivederci e allo stesso tempo di addio, che Montale inviò a Clizia nel giugno del 1981 («about June 15, 1981», come si evince dall'annotazione a mano della Brandeis) per accompagnare la spedizione di una copia dell'edizione critica einaudiana della sua opera in versi: «Irma, you are still my Goddes, / my divinity. I praise first you, / for me. Forgive me please. [ma: Forgive my praise] / Quando, come ci riincontreremo? / Ti abbraccia il tuo / Montale» (cfr. L. REBAY, *Ripensando Montale: del dire e del non dire*, in *Il Secolo di Montale: Genova 1896-1996*, cit. p. 69).

[76] Per una completa analisi di questo aspetto rimando a due studi di Maria Antonietta Grignani: cfr. M.A. GRIGNANI, *Dislocazioni. Epifanie e metamorfosi in Montale*, Piero Manni, Lecce, 1998 e *Prologhi ed epiloghi. Sulla poesia di Eugenio Montale*, Longo Editore, Ravenna, 1987.

dualità. Nella prima "immagine", infatti, Irma è *lontana* da Montale: si sta imbarcando per ritornare in America e si volge indietro a salutarlo (e il tema stilnovistico del saluto è ripreso dal «dice ciao» del v. 20 con cui si apre l'immaginaria conversazione telefonica). Nella seconda, invece, la musa è *vicina* al suo cantore: sta leggendo «insieme» a lui, alimentandone se non guidandone l'ispirazione (tornerò piú avanti sull'importanza di queste "letture insieme")[77]. Questa "divaricazione" – tristemente simbolica, *esternamente*, non soltanto dell'impossibilità di una relazione tra Irma ed Eusebio ma anche dell'effettiva possibilità che si realizzasse – è "ricomposta", *internamente*, nel *locus poeticus* del testo. L'agente di questa riunione è proprio il ricordo che ha generato la divisione. In quanto «pezzo d'eternità», il ricordo, attraverso la poesia, si colloca «fuordaltempo»[78] e "fuordallospazio": fuori, quindi, dalle coordinate tradizionali di tempo e spazio entro i cui confini gli opposti restano incompatibili e inconciliabili. Nel tempo e nello spazio della poesia (e, analogamente, della traduzione poetica) – un tempo e uno spazio liminali e fluidi, e per questo "favorevolmente" montaliani – la verità «vagola» sospesa tra assenza e presenza, tra realtà e sogno, tra temporalità e eternità: in ultima analisi, tra *aldiqua* e *aldilà*.

La congiunzione avversativa «Ma» apre la terza e ultima spazialità e il rispettivo movimento: dopo la parentesi onirico-epifanica del *passato* attivata dal ricordo si ritorna alla realtà del *presente*. L'avverbio «ora» è tanto temporale quanto spaziale: ripristina infatti, inequivocabilmente, l'*hic et nunc* della poesia, cioè l'appartamento milanese del poeta e il 1976). Non arriva, come forse ci si aspetterebbe, una risoluzione della sospensione di cui ho parlato bensí il suo "prolungamento". La figura di Clizia è ancora al centro della memoria del poeta: in questo caso, però, "indirettamente" per non dire "obliquamente": Irma "ritorna" infatti attraverso la mediazione di una sua cara amica. Così lo squillo del telefono, per quanto postumo e dunque immaginario, "interrompe" un anello della catena dei ricordi e ne allaccia – seppure «a stento» (Montale scrive infatti: «una voce / che stento a riconoscere»: vv. 19-20) – un altro. La voce dall'altra parte della cornetta, dopo un semplice e familiare saluto

---

[77] In entrambi i casi la memoria di Montale è fotografica: così viene subito da pensare all'«istantanea ingiallita» citata nei versi di *Nel '38* e di *Quartetto* (cfr. *L'opera in versi*, cit., p. 699, vv. 1-8 e p. 698, vv. 1-10 rispettivamente).

[78] Ancora una volta si tratta di un vocabolo montaliano (cfr. E. MONTALE, *La pendola a carillon*, in ID. *L'opera in versi*, cit., p. 477, v. 26: è questa tuttavia l'unica occorrenza di una parola così carica di significato e così importante nell'ultimo Montale).

(«dice ciao»), si presenta come quella di Giovanna. E invece del cognome – si tratta della «bella e gentile»[79] Giovanna Calastri (1913-1974), figlia di Alma Landini Calastri, moglie dello scultore Olindo Calastri e proprietaria della «Pensione Annalena», dove Irma prese alloggio durante i suoi soggiorni fiorentini e dove lei e Montale passarono tanti momenti insieme[80] – la persona in questione "chiarisce" la propria identità con due indicazioni. In primo luogo afferma di essere stata («fui») l'amica di Clizia. E l'articolo determinativo è tutt'altro che secondario. Montale, infatti, opera qui una sottilissima allegoria in chiasmo: da un lato Giovanni il Battista, che preparò la via a Cristo, dall'altro Giovanna Calastri, che seguì Irma Brandeis, cioè la cristofora Clizia: come Beatrice «*typus Christi gerens* e teologico-teosofica portatrice d'Amore»[81]). Giovanna dice inoltre di essersi imbarcata («m'imbarcai») con lei.[82] A differenza di Montale, che non trovò mai il modo (il coraggio?) di lasciare la Mosca e di "seguire" Clizia in America (questo aspetto, tanto

---

[79] Cfr. P. DE CARO, *Journey to Irma: un'approssimazione all'ispiratrice americana di Eugenio Montale*. Parte prima. *Irma, un "romanzo"*, cit., p. 65.

[80] Come ha rilevato De Caro nel suo citato studio bio-bibliografico di Irma Brandeis, «dal 1934, nei suoi soggiorni fiorentini, Irma si era trasferita dall'abitazione di Costa San Giorgio alla vicina "Pensione Annalena", allogata in un antico edificio mediceo di via Romana 34, a pochi passi da Palazzo Pitti; un domicilio abituale, allora, per le ragazze americane di buona famiglia in visita a Firenze» (cfr. P. DE CARO, *Journey to Irma: un'approssimazione all'ispiratrice americana di Eugenio Montale*. Parte prima. *Irma, un "romanzo"*, cit., p. 65).

[81] Nella parte del suo 'romanzo cliziano' dedicata a questa poesia, De Caro propone un'affascinante e triplice lettura del nome Giovanna. Questo nome infatti contiene una matrice *evangelica* – «Johaness est nomen eius» (Lc, I, 63) – una matrice *stilnovistica* – Giovanna è la *donna* di Guido Cavalcanti, trasformata da Dante nell'amica-preannuncio di Beatrice – «E lo nome di questa donna era Giovanna, salvo che per la sua bieltade, secondo che altri [Cavalcanti] crede, imposto l'era nome Primavera. E appresso lei, guardando, vidi venire la mirabile Beatrice (*Vita Nuova*, XXIV)» – e una matrice *linguistica* anglofona che la denota come italo-americana – «my name is» («Il mio nome è Giovanna) – e la identifica in Giovanna Calastri (cfr. P. DE CARO, *Journey to Irma: un'approssimazione all'ispiratrice americana di Eugenio Montale*. Parte prima. *Irma, un "romanzo"*, cit., pp. 66-67).

[82] Scrive De Caro: «Giovanna Calastri..., che doveva poi stabilirsi definitivamente negli Stati Uniti conservando tenaci legami d'amicizia con Irma, divenne compagna di viaggio della Brandeis in Italia e in qualche traversata atlantica per l'America» (cfr. P. DE CARO, *Journey to Irma: un'approssimazione all'ispiratrice americana di Eugenio Montale*. Parte prima. *Irma, un "romanzo"*, cit., p. 65).

importante quanto delicato, emerge *apertis verbis* dalle pagine del diario di Irma; esce però dai confini di questo intervento e ne rimando quindi la discussione in altra sede[83]).

Giovanna compare, anonimamente in questo caso, in un altro scritto di Montale: si tratta di una prosa anteriore alla poesia *Interno/Esterno* in cui il poeta racconta il suo unico viaggio negli Stati Uniti per l'inaugurazione del volo Roma-New York. In questo scritto giornalistico – intitolato *Dove sono le donne importanti* e pubblicato sul «Corriere d'Informazione» del 24-25 luglio 1950 – Montale racconta:

> «A breve distanza da Washington Bridge, dove comincia il *bush* (un civilissimo *bush*), abita un'italiana di Firenze che è andata in America a diciannove anni ed ha sposato un americano. Ha quasi dimenticato la nostra lingua e sembra perfettamente felice; ma parlando con lei ho avuto l'impressione che il suo orizzonte si sia impoverito. Ha perduto le sue radici senza acquistarne veramente delle nuove».[84]

In un altro scritto giornalistico – intitolato *Andati e tornati in novanta ore* e pubblicato sulle colonne del «Corriere della Sera» del 13 luglio 1950 – Montale aveva raccontato il *tour-de-force* a cui era stata sottoposta la «brigata di circa trenta persone» invitate come il poeta a salire a bordo del Douglas DC 6 Lady «inaugurando il primo servizio regolare Roma-New York: delle novanta ora della missione inaugurale, quaranta erano stato di volo e quarantotto di «festeggiamenti americani» con «una serie infinita di *cocktail-parties* nella città dei grattacieli». Tra un *cocktail* e l'altro, Montale trova il tempo di telefonare all'«amica di Clizia» (che in *Interno/Esterno* reciproca quindi, postumamente, la cortesia) e di incontrarla, come si evince dal passo citato. E Clizia? Perché Montale non la incontra durante la sua «brief and only visit to N.Y.»?[85] Scrive in merito Jean Cook:

Following that visit Montale sent Irma a note in which he told

---

[83] Questi aspetti sono discussi in dettaglio nell'intervento in preparazione per l'inserto culturale dell'«Irish Times».

[84] Cfr. E. MONTALE, *Dove sono le donne importanti?*, in «Corriere d'Informazione», 24-25 luglio 1950; ora in Id., *Prose e racconti* (*Fuori di casa*) a cura e con introduzione di M. FORTI. Note ai testi e varianti a cura di L. PREVITERA, Mondadori («I Meridiani»), Milano, 1995, p. 334.

[85] Cito le parole di Jean Cook.

her that he had been in N.Y., had picked up the phone book, located what he knew was her address and phone number, picked up the phone, dialed, and hung up before the call went through. He offered no particular explanation of his peculiar behaviour, jus the information surrounding what he had done.[86]

Alla luce di questa informazione, la telefonata immaginaria che Montale riceve da Giovanna Calastri in *Interno/Esterno* – oltre ad essere, come ho indicato, la risposta a quella che Montale le ha fatto durante la sua visita lampo nella «Big Apple» – può essere inoltre caricata di un significato simbolico ancora piú profondo: potrebbe essere intesa, infatti, come una specie di *contrapasso* per la "mancata" telefonata a Clizia (e date le associazioni dantesche legate a Clizia – sia, come ho già detto, per il suo ruolo di "nuova" Beatrice[87], sia come studiosa della *Commedia*[88] – sarebbe una "punizione" consona al "peccato" commesso).

Milano, Firenze e New York e poi ancora Milano. E proprio a Milano – e, più precisamente, prima nei "sovraffollati" scaffali dell'appartamento di Montale e poi in quelli del «Fondo Montale» della Biblioteca Comunale «Sormani» e, ancora piú precisamente, nelle pagine di un libro appartenuto un tempo prima a Irma Brandeis e poi a Eugenio Montale – si trova un documento che, a mio avviso, ci permette di arrivare al significato più profondo delle due traduzioni poetiche dall'inglese di T.S. Eliot e Léonie Adams che Montale esegue e pubblica nel 1933.

4. Con il passaporto di Clizia? *La figlia che piange* e *Lullaby*

Delle poesie di T.S. Eliot che Montale traduce, *La figlia che piange* è l'unica per la quale non c'era in stampa una "contemporanea" traduzione in francese a cui il poeta avrebbe potuto fare riferimento (la traduzione montaliana di *A Song for Simeon* mostra infatti più punti di quel contatto

---

[86] Ringrazio ancora Jean Cook per avermi gentilmente permesso di citare le sue parole in merito a questo significativo aneddoto montaliano. Jean Cook mi ha inoltre detto di essere convinta che Irma abbia depositato questa nota ricevuta da Montale al «Gabinetto Vieusseux» di Firenze insieme al resto della loro corrispondenza.

[87] Si veda la nota 81.

[88] Cfr. I. BRANDEIS, *The Ladder of Vision*, Chatto and Windus, London, 1960.

con la versione francese di «brother Pierre»[89], Jean de Menache,[90] piuttosto che con l'originale eliotiano). La data di pubblicazione di questa versione, cioè la fine del 1933,[91] è quindi l'unico elemento utile – determinante, infatti – per comprendere la scelta di questa traduzione montaliana e fare luce sul suo significato.

Nello stesso anno, e nello stesso numero della rivista genovese «Circoli» in cui esce *La figlia che piange*, trova spazio anche un'altra versione montaliana dall'inglese: *Ninna nanna*, «adattamento» – come precisa il poeta – di *Lullaby*, una poesia della giovane poetessa americana Léonie Adams.[92] Anche di questa poesia non c'erano contemporanee traduzioni in francese (la poetessa è, sì, rappresentata in traduzione francese nell'*Anthologie de la nouvelle poésie américaine* curata nel 1928 da Eugene Jolas per i tipi parigini di Kra, ma da un altro testo, dal titolo eliotiano *Mortalité d'avril*[93]). E anche in questo caso l'anno di pubblicazione è determinante per andare a fondo di questa seconda traduzione d'autore.

Nella primavera del 1933 Montale – da qualche anno direttore del Gabinetto Vieusseux di Firenze – riceve la visita di Irma Brandeis, una giovane italianista americana di origine ebraica determinata a conoscere di persona l'autore di *Ossi di seppia*: ha cosí inizio il tempo di Clizia e dei *Mottetti*.[94]

---

[89] Cfr. *Eusebio e Trabucco*. Carteggio di Eugenio Montale e Gianfranco Contini, a cura di D. ISELLA, Adelphi, Milano, 1997, p. 75.

[90] Cfr. T.S. ELIOT, *Cantique pour Siméon* (*A Song for Simeon*), traduit par J. DE MENACHE, in «Le Roseau d'Or: œuvres et chroniques», n. 3, Paris, 1929, pp. 67-9 (Chroniques No. 7).

[91] Cfr. T.S. ELIOT, *La figlia che piange*; *Canto di Simeone*, traduzione di E. MONTALE, in «Circoli», a. III, n. 6, Genova, novembre-dicembre 1933, pp. 50-7.

[92] Cfr. L. ADAMS, *Ninna nanna*, «adattamento» di E. MONTALE, in «Circoli», a. III, n. 6, Genova, novembre-dicembre 1933, pp. 102-3.

[93] Cfr. L. ADAMS, *Mortalité d'avril*, in *Anthologie de la nouvelle poésie américaine*, par E. JOLAS, Kra, Paris, 1928, p. 9.

[94] Jean Cook racconta l'incontro tra Eugenio Montale e Irma Brandeis con queste parole: «Irma knew the work of Montale long before she knew the man behind it. Leo Ferrero, once a close friend, had introduced her to *Ossi di seppia* shortly after its publication. It was not until the summer of 1933, however, that she actually met Montale. The circumstances of that first meeting were at best awkward. Irma was doing research at the Gabinetto Vieusseux and inquired as to whether or not it might be possible to meet the man whose poetry she so much admired. He was, she was told, "unavailable". The next day, however, he sought her out and the rest, as they say, is history».

Questo, però, è anche il tempo di "gestazione editoriale" del numero di «Circoli» dedicato alla poesia nord-americana, a cui Montale contribuisce con due traduzioni di T.S. Eliot – *Canto di Simeone*, ristampata da «Solaria», e, appunto, *La figlia che piange*, inedita – e con *Ninna nanna*, adattamento di un testo di Léonie Adams.

Per prendere in seria considerazione l'ipotesi di un legame tra la traduzione della *Figlia che piange* e di *Lullaby* e la "presenza" di Clizia, il primo dubbio da sciogliere è di natura cronologica. Affinché queste due traduzioni possano essere considerate un "omaggio" alla musa delle *Occasioni*, è fondamentale stabilire che Irma ed Eugenio si siano conosciuti prima della stampa del numero di «Circoli» su cui le due versioni in questione sono pubblicate: prima, cioè, della fine del 1933.

Indipendentemente dal preciso dato cronologico e dalle circostanze esatte del loro incontro – secondo alcuni montalisti avvenuto nel 1932, secondo altri nel 1933 (e senza dimenticare che nell'Archivio «A. Bonsanti» del Gabinetto G.P. Vieusseux è segnalata la presenza di una cartolina di Montale alla Brandeis datata 25 novembre 1927)[95] – è proprio l'estate del 1933 il momento piú forte del loro incontro. Lo conferma un passo inedito dal diario di Irma relativo alla sua permanenza a Firenze tra il 24 giugno e il 14 settembre 1933: «But what happened this summer should be stated in Eugenio Montale's name».[96]

Il secondo dubbio, venendo quindi alle poesie in questione, è risalire con sicurezza alle fonti di cui Montale si è servito per le due traduzioni. Mentre la risposta per la poesia di T.S. Eliot può forse essere scontata – Mario Praz – per la poesia della Adams la situazione è diversa.

Tra i numerosi volumi donati dal poeta dopo la sua morte alla Biblioteca Comunale «Sormani» di Milano figura anche *High Falcon and Other Poems*, la seconda raccolta di poesie di Léonie Adams a cui appartiene *Lullaby*. Questo volume[97] mostra tre "tratti" distintivi: 1) una "nota di proprietà", in cui si legge: «ex-libris Irma Brandeis»; 2) un documento scritto della proprietaria; 3) la copia di una recensione della

---

[95] Devo questa segnalazione alla premura di Caterina Delvivo dell'Archivio Contemporaneo «Alessandro Bonsanti» del Gabinetto G.P. Vieusseux di Firenze.

[96] Ancora una volta devo la trascrizione di questo passo alla generosa premura di Jean Cook che ha messo a mia disposizione le commoventi pagine montaliane del diario della Brandeis.

[97] L. ADAMS, *High Falcon and Other Poems*, John Day Company, New York, 1929 (cfr. *Catalogo del Fondo Montale*, a cura di V. PETRONI, Biblioteca Comunale «Sormani», Milano, 1996, n. 952, F.M. FIR 1, p. 98: nota di proprietà e *memorandum* dattiloscritto con glossa autografa di Irma Brandeis).

poesia di Léonie Adams firmata dal critico e poeta americano Louis Untermeyer (particolarmente interessante l'accostamento della Adams a Hopkins: è forse anche grazie a questo riferimento indiretto che Montale prende atto dell'importanza – soprattutto ritmica e formale – del poeta gesuita?).

Il documento in questione è un biglietto non datato dattiloscritto sul retro di un foglio intestato con una nota autografa in calce. La parte dattiloscritta del testo legge:

> «Here's a copy of Leonie's Adams second book. I can't get one for you – -/both books seem to be out of print – but I'll watch for a copy/which may turn up somewhere. Will you send this back to me / when Mammina comes to New York in the Fall? Read December Solstice (last / poem in the book) for me; I don't know a poem I love much more. / Read them all, but skip the difficult-of-syntax ones at first and / begin with Country Summer, Two Words for Harvest, Send forth the High / Falcon, Many Mansions, which are *not* the best.»

La glossa autografa della Brandeis legge:

> «Excuse me for asking to have/the book again, but it's one of the / few I can't get along without».

Da questo *memorandum* – Irma chiede infatti a Eugenio di farle riavere il libro in questione alla prima occasione, cioè il ritorno a New York di un'amica comune identificata nel testo con «mammina»: è proprio Giovanna Calistri, la protagonista di *Interno/Esterno*? – si evincono importanti informazioni.

In primo luogo, Irma considera questo libro di poesie di Léonie Adams una delle sue letture preferite: spiega infatti, senza mezzi termini, di non poterne fare a meno. In secondo luogo, Clizia elenca a Montale i titoli di poesie da leggere, mettendo in guardia l'amico poeta dalla difficoltà di alcuni testi della Adams. Anche in questo caso, come con Praz per le poesie di T.S. Eliot, Montale può quindi contare su una competente "guida alla lettura".

Per avvalorare questo secondo snodo linguistico e letterario è determinante "legare" cronologicamente il *memorandum* della Brandeis alla traduzione montaliana di *Lullaby*. La gradazione del colore della carta («translucent yellow») e la disposizione tipografica dell'intestazione di questo documento fiorentino – il volume è infatti tra quelli sopravvissuti all'alluvione che nel 1966 colpì Firenze (dove Irma e Eugenio, come noto, si frequentarono intensamente anche se irregolarmente tra il 1933 e il 1938) – lo identificano come un "biglietto per messaggi" in uso al Sarah Lawrence College di New York tra il 17 luglio e il 16 dicembre 1933.[98] Il biglietto è quindi contemporaneo alla traduzione di *Ninna Nanna*.

Come ha sottolineato George Talbot, tuttavia, *Lullaby* «appears to present no thematic affinity with Montale's work».[99] La scelta di questo testo va quindi addebitata, probabilmente, a Clizia, alla quale il poeta potrebbe essersi rivolto come "consulente editoriale" proprio in vista del numero americano di «Circoli» in preparazione. In aggiunta, la traduzione di un testo "compatto" come *Lullaby* si sarebbe rivelata come un utile esercizio di scrittura in vista della stesura dei mottetti. L'analisi puntuale di Talbot ha messo in evidenza come Montale risponda in modo efficace agli abbondanti monosillabi dell'originale facendo ricorso a un'abbondanza di parole sdrucciole. La sua versione – fatto raro ma possibile e particolarmente evidente nella traduzione di poesia – è piú convincente dell'originale.

Considerando che Léonie Adams non era soltanto una delle letture poetiche predilette da Irma, ma anche una sua amica dai tempi dell'università – Barnard College e Columbia University – e dal 1932, cioè dall'anno prima, anche sua collega al Sarah Lawrence College (da cui proviene, come appena segnalato, la carta intestata del *Memorandum*) – sembra un'ipotesi credibile che la traduzione di *Lullaby* si possa interpretare, prendendo in prestito la formula suggerita da George Talbot, come «an act of ambigous homage» a Irma, un "saluto letterario in codice" al loro incontro e alla loro relazione amorosa. In caso contrario, l'unica interpretazione alternativa si esaurirebbe in una "coincidenza" di gusti letterari che ha visto coinvolti la redazione di «Circoli», Montale e una sua ammiratrice d'oltreoceano.

Sulla scorta della prima interpretazione, si può quindi leggere in chiave "cliziana" anche l'altra traduzione d'autore inedita pubblicata nel '33: quella, appunto, della *Figlia che piange* di T.S. Eliot.

Se, da un lato, non si riscontrano né *senhal* anagrammatici attorno alle

---

[98] Per questa decisiva verifica sono debitore all'efficienza di tutto il personale degli Archivi del «Sarah Lawrence College» e in particolare alla pezienza e alla cortesia di Christina Lehman.

[99] Cfr. G. TALBOT, *Montale's Mestiere Vile. The Elective Translations from English of the 1930s and 1940s*, cit., p. 221.

lettere del nome Irma (strategia individuata da Luciano Rebay all'interno di altri componimenti cliziani contemporanei a queste traduzioni), né "invocazioni" piú o meno esplicite del nome Clizia, come accade in alcuni testi anteriori e posteriori a questa traduzione, dall'altro si può però individuare la presenza di echi marcatamente cliziani. Non tanto, forse, nel suo tratto "teologico" di agente cristoforo (il verso «Ella si volse, ma col tempo di autunno / sforzò per molti giorni la mia mente, / per molti giorni e molte ore» dà comunque da pensare), ma piuttosto in quello stilnovistico di *visiting angel* e in quello mitologico di metamorfosi in girasole (si pensi al verso «tessi, tessi la luce del sole nei tuoi capelli»). La presenza e il significato di questi echi restano da verificare: a volte, infatti, possono sembrare nitidi e persuasivi; altre volte, invece, evanescenti e irrilevanti.

Anche in questo caso, quindi, si possono indicare soltanto conclusioni provvisorie, in attesa che la pubblicazione della corrispondenza tra Irma ed Eugenio possa avvalorare o smentire queste ipotesi d'interpretazione.

In aggiunta, da un punto di vista esclusivamente testuale, la traduzione di questa poesia – definita dalla critica, e dallo stesso Montale, «meno notevole»[100] di quelle del ciclo degli *Ariel Poems* – è decisamente piú "vicina" all'originale inglese di quanto non lo siano, come ho già avuto modo di sottolineare, le altre traduzioni montaliane di T.S. Eliot che la precedono e la seguono. Con le parole di George Talbot, «Montale's translation of "La figlia che piange" is a very faithful version both syntactically and semantically».[101] (In aggiunta, anche tra le righe dei «rifacimenti», come li ha descritti Montale, dei tre sonetti shakespeariani – «anteriori al '38», nella ricostruzione del poeta-traduttore, ma pubblicati solo tra il 1944 e il 1947 – è possibile cogliere la presenza di Clizia.[102])

Se la data della traduzione della *Figlia che piange* è effettivamente il 1933 – per quale motivo, altrimenti, se eseguita piú o meno nello stesso

---

[100] Questo commento di Montale, come segnalato in apertura del presente intervento, si trova appunto nella *Nota* che accompagna le sue traduzione eliotiane pubblicate su «Circoli» (cfr. OV, p. 1161).

[101] Cfr. *Mestiere vile*, p. 66.

[102] Si pensi, in particolare, a questi versi: «Quella beltà che ti ravvolge è ancora / parvenza del mio cuore che nel tuo / alberga – e il tuo nel mio» (sonetto XXII); «Anch'io sul far del giorno ebbi il mio sole / e il suo trionfo mi brillò sul ciglio: / ma, ahimé, poté restarvi solo un'ora sola, / rapito dalle nubi in cui s'impiglia» (sonetto XXXIII: l'anno in cui Irma e Eugenio si incontrano...); «Ma tu che rendi men che nulla questi / gioielli se ti mostri, tu mio primo / conforto e ora mio cruccio» (sonetto XLVIII).

periodo di *Canto di Simeone* e *Perch'io non spero*, cioè quasi un lustro prima, restò allora inedita fino al '33? – va forse colto in questa "doppia fedeltà", sintattica e semantica, il segno piú evidente della presenza e della mediazione di Irma Brandeis? E Mario Praz? Non è forse da prendere in considerazione un suo coinvolgimento anche in questa seconda traduzione montaliana? In *Casa della vita*, Praz indica con buona precisione la cronologia dei suoi soggiorni fiorentini e dei suoi "quasi quotidiani" incontri con Montale:

> Ci fu un tempo, tra il 1927 e il 1934, che nei miei soggiorni fiorentini non passava quasi giorno che non incontrassi Eugenio Montale; ci trovavamo al caffè e in trattoria, e, a giudicare dalle lettere di lui che mi rimangono, avevamo da dirci moltissime cose.[103]

Anche in questo caso, dunque, la sua presenza e la sua mediazione non possono essere escluse (se non altro in termini strettamente cronologici). Il nome di Praz, tuttavia, non sembra associabile in modo altrettanto convincente all'adattamento di una poesia di cui la giovane autrice non era molto conosciuta in Europa (anche se, oltre a quella citata in traduzione francese, un'altra poesia, *Caryatid*, è pubblicata a Parigi sulle pagine anglo-francesi di «This Quaster» nel 1930)[104] e comunque "ridimensionata" da qualsiasi accostamento a T.S. Eliot.

Alla luce di tutti questi elementi, *La figlia che piange* e *Ninna nanna* possono quindi essere considerate a ragione come "traduzioni cliziane", indipendentemente da un effettivo coinvolgimento di Irma Brandeis nell'esecuzione delle stesse.[105]

Jean Cook – che della giovane italianista americana è stata amica e assistente di «lunga fedeltà» – mi ha inoltre confermato che con Dante, Shakespeare, Hopkins, Léonie Adams e i poeti metafisici inglesi, anche

---

[103] Cfr. M. PRAZ, *La casa della vita*. Mondadori, Milano, 1958, p. 237.

[104] Cfr. L. ADAMS, *Caryatid*, in «This Quarter», vol. II, n. 2, Paris, 1930, p. 211.

[105] Nella seconda poesia di *Diario postumo*, intitolata *La tua età m'impaura*, Montale accenna a una simile pratica traduttoria "a quattro mani" eseguita insieme alla sua ultima musa, Annalisa Cima: «A caso tradurremo / domani qualche verso di Emily / insieme» (cfr. E. MONTALE, *Diario postumo. 66 poesie e altre*. A cura e con introduzione di A. CIMA, prefazione di A. MARCHESE, testo e apparato critico di R. BETTARINI, Arnoldo Mondadori Editore, Milano, 1991, p. 4, vv. 6-8).

T.S. Eliot era tra le letture poetiche preferite da Clizia[106] (in aggiunta, mi sembra significativo che la seconda parte di *Ash Wednesday* sia stata pubblicata sulla rivista americana «The Saturday Review of Literature», con cui collaboravano sia Léonie Adams sia Irma Brandeis).[107]

C'è dunque, oltre a quella di Praz, anche la mediazione di Clizia[108] per Montale traduttore di T.S. Eliot (e di Léonie Adams)? Nella prima parte di *Journey to Irma* – lo studio di «approssimazione all'ispiratrice americana di Montale» firmato da Paolo De Caro – si trova un'indicazione a mio avviso convincente:

> «Piú esternamente fu la lettura, e ancor di piú la poesia, ad avvicinarli. Irma, piú di Praz, piú di Cecchi, inverò – vorrei dire: fisicamente – una ricerca lirica che negli anni '20-'30 aveva congiunto l'imagismo, Pound e soprattutto T.S. Eliot ai poeti metafisici inglesi, alla Dickinson e a Dante; a una poesia densa di riferimenti concreti, realisticamente presenti, di datità, ma fitta di nascondimenti, di strategie retoriche e metalinguistiche non leggibili se non come "aura" indefinibile, come allusione e straniamento dai contenuti storici ed esistenziali.»[109]

5. Conclusioni provvisorie...

Considerando, come ho già avuto modo di sottolineare, lo spessore quantitativo e qualitativo della bibliografia montaliana, non deve stupire se che ciò che può ancora essere rimasto da "disseppellire" e da "discutere" emerga dagli spazi – davvero privilegiati – delle pagine di

---

[106] Anche per questa segnalazione sono debitore alla generosità di Jean Cook.

[107] Per un profilo letterario di Irma Brandeis si veda ancora il citato studio di Paolo De Caro, *Journey to Irma. Una approssimazione all'ispiratrice Americana di Eugenio Montale*. Parte prima. *Irma, un "romanzo"*.

[108] Nel contesto speculare di traduttrice del poeta ligure. Sui rapporti umani e letterari intercorsi tra Eusebio e Irma – una relazione che diventa particolarmente stretta e complessa all'interno delle dinamiche di traduzione – si veda l'ottimo intervento di Alessandro Rebonato (cfr. A. REBONATO, *La «pianola» di Montale. Irma Brandeis e la traduzione dei mottetti*, in *Sulla traduzione letteraria. Figure del traduttore – Studi sulla traduzione – Modi del tradurre*, a cura di F. MASI, Longo Editore, Ravenna, 2001, pp. 113-34).

[109] Cfr. P. DE CARO, *Journey to Irma. Una approssimazione all'ispiratrice Americana di Eugenio Montale. Parte prima. Irma, un "romanzo"*, cit., p. 55.

manoscritti e carteggi[110] o dalle annotazioni a libri e riviste appartenuti all'autore.[111] Per chi scrive, la conferma di questa sensazione è arrivata prontamente e proprio da due corrispondenze montaliane: quella con il poeta Antonio Barolini e quella con la traduttrice americana Edith Farnsworth.

Nella prima corrispondenza si trova infatti un testimone ancora sconosciuto di una poesia della *Bufera*: *L'ombra della magnolia...*[112] Si tratta di un dattiloscritto con varianti autografe su ambo i lati: particolarmente interessante quella del sostantivo maschile «oltrecielo» in luogo del sostantivo femminile «oltrevita»: questo termine, infatti, non ritornerà piú nell'opera in versi del poeta.[113] La mano – come ha confermato la vedova, Helen Barolini – è quella di Barolini, poeta che Montale recensisce benevolmente sulle pagine del «Corriere della Sera» e direttore della rivista letteraria «Le Tre Venezie» in cui la poesia in questione è pubblicata alla fine dello stesso anno. Montale recensisce benevolmente sulle pagine del «Corriere della Sera»[114] e direttore della rivista letteraria «Le Tre Venezie» in cui la poesia in questione è pubblicata alla fine dello stesso anno[115] – piuttosto che quella di Montale

---

[110] L'attenzione della critica è attualmente concentrata su tre sostanziose corrispondenze: quella con Irma Brandeis è conservata dal 1983 nell'«Archivio Bonsanti» del Gabinetto G.P. Vieusseux di Firenze; quella con Sergio Solmi – conservata e protetta dai famigliari – e quella con la «Volpe», Maria Lusia Spaziani (le lettere, di cui è stato pubblicato un catalogo ragionato – cfr. *Catalogo delle lettere di Eugenio Montale a Maria Luisa Spaziani. 1949-1964*, a cura di G. POLIMENI, premessa di M. CORTI, Università degli Studi, Pavia, 1999 – sono conservate sotto sigillo presso il «Centro di Ricerca sulla Tradizione Manoscritta di Autori Moderni e Contemporanei» dell'Università degli Studi di Pavia).

[111] Non esiste ancora uno studio ragionato, per esempio, della biblioteca di Montale. La pubblicazione del catalogo dei libri donati dal poeta alla Biblioteca Comunale «Sormani» di Milano – cfr. *Catalogo del Fondo Montale*, a cura di V. PETRONI, Biblioteca Comunale «Sormani», Milano, 1996 – è stato, per chi scrive, un punto di riferimento indispensabile.

[112] Cfr. E. MONTALE, *L'ombra della magnolia...* (*La bufera e altro*), in ID., *L'opera in versi*, cit., p. 252.

[113] Cfr. G. SAVOCA, *Concordanza di tutte le poesie di Eugenio Montale*, Olschki, Firenze, 1987, vol. II, p. 485.

[114] Cfr. E. MONTALE, *Barolini («Letture»)*, in «Corriere della Sera», 9 aprile 1954; ora in ID., *Il secondo mestiere. Prose 1920-1979*, a cura di G. ZAMPA, Mondadori («I Meridiani»), Milano, 1996, vol. I, p. 1687. Secondo Montale nei versi di Barolini ci sono «non poche strofe belle e persuasive» (p. 1689).

[115] Cfr. E. MONTALE, *L'ombra della magnolia*, in «Le Tre Venezie. Rivista

(il cui *ductus*, altrimenti, sarebbe decisamente piú calligrafico del solito).[116]

Nella seconda corrispondenza – oltre alle coordinate topografiche di una lirica diaristica, *In un giardino "italiano"*[117] (il giardino in questione è quello della casa toscana della Farnsworth, all'Antella, dove «beccheggia» e «arranca» la sua tartaruga azzoppata protagonista della poesia, e dove Montale si reca nel giugno del 1972[118]) – si trova una poesia inedita. Anche in questo caso si tratta di un dattiloscritto – intitolato *E ora dimentica le balle* e che ricorda, per "occasione compositiva" e per "stile", la "cartolina-poesia" *Da una Pesa*[119] – è stato scritto da Montale "in calce", per così dire, agli "scrupoli filologici" della sua traduttrice americana Edith Farnsworth. Nei versi in questione il poeta fa infatti riferimento a un'altra poesia particolarmente difficile della *Bufera, Gli orecchini,*[120] su cui Silvio D'Arco Avalle aveva da poco pubblicato un importante saggio.[121] Questa poesia inedita e il carteggio a cui appartiene fanno parte degli «Edith Farnsworth Papers» conservati presso la «Newberry Library» di Chicago.[122]

---

d'umanità, lettere e arti», a. XXI, n. 10-11-12, Ottobre-Novembre-Dicembre 1947, p. 311; ora in *L'opera in versi*, cit., p. 252.

[116] Mi è stato possibile documentare l'esistenza di questo testimone montaliano grazie alla premurosa sollecitudine di Helen e Teodolinda Barolini, vedova e figlia di Antonio Barolini, che ringrazio sentitamente.

[117] Cfr. E. MONTALE, *In un giardino 'italiano'* (*Diario del '71 e del '72*), in Id., *L'opera in versi*, cit., p. 481, vv. 1-5: «La vecchia tartaruga cammina male, beccheggia / perché le fu troncata una zampetta anteriore. / Quando un verde mantello entra in agitazione / è lei che arranca invisibile in geometrie di trifogli / e torna al suo rifugio».

[118] Le prima redazione manoscritta della poesia, senza titolo, reca la data «3/6/72», che compare anche nella redazione dattiloscritta interamente cassata dal poeta. Nell'edizione a stampa – cfr. E. MONTALE, *Nel nostro tempo*, Rizzoli, Milano, 1972, p. 11 – il testo della poesia è corredato sia da una «indicazione topografica» sia dalla data: «Antella, 3.VI.72» (cfr. *L'opera in versi*, cit., p. 1090).

[119] Cfr. E. MONTALE, *Da una Pesa* (*Poesie disperse*), in ID., *Tutte le poesie*, cit., p. 824.

[120] Cfr. E. MONTALE, *Gli orecchini* (*La bufera e altro*), in Id., *L'opera in versi*, cit., p. 194.

[121] Cfr. D'A. S. AVALLE, *Tre saggi su Montale*, Einaudi, Torino, 1970.

[122] Mi è stato possibile documentare l'esistenza di questa corrispondenza montaliana grazie alla premurosa sollecitudine di Alex Sapoznik, che ringrazio sentitamente.

Una lettura preliminare di questi documenti ha già portato alla luce nuove spazialità montaliane, topografiche e poetiche. Lettori e critici del poeta sono quindi avvertiti: la valigia va tenuta sempre pronta.

IN THE SAME SERIES

Published by Troubador

Anna Cole – *Out of the Matrix*
Larry Jaffe – *The Anguish of the Blacksmith's Forge*
Astremo/Ciofi/ Lucini/Passannanti – *Poesia del dissenso*
Francesco Agresti – *Itaca o dell'isola impossibile*
George Wallace – *Burn My Heart in Wet Sand*
Mario Moroni and John Butcher (eds)
From Eugenio Montale to Amelia Rosselli: Italian Poetry in the Sixties and Seventies
Erminia Passannanti
Il Corpo & Il Potere: Salò o le 120 Giornate di Sodoma, di Pier Paolo Pasolini
Grace Russo Bullaro – *Beyond Life is Beautiful*
Erminia Passannanti *Il Roveto*
Gillian Ania – *Moments of Being*
Alessio Zanelli – *Straight Astray*
Jason Lee and Peter Lewin – *Lost Passports*
Erminia Passannanti and Brian Cole – *Machine*
Laura Incalcaterra
McLoughlin – *Spazio e Spazialitá Poetica nella poesia italiana del Novecento*
Rossella Riccobono and Erminia Passannanti (eds) – *Vested Voices*

Published by Ripostes

Rip Bulkeley – *War Times*
Jeremy Hilton – *Slipstream*
Helen Kidd – *Ultraviolet Catastrophe*
Erminia Passannanti – *Mistici*
Ennio Abate – *Salernitudine*
Jill Haas – *The Last Days*
Brian Levison – *Adding an A*
Erminia Passannanti – *La realtà*